道路交通网络运行
安全状态分析与预测

秦 勇 杨艳芳 著

科学出版社

北 京

内 容 简 介

　　本书从理论和方法上对道路交通网络运行与安全状态进行了系统介绍,主要内容包括绪论、高速公路网结构性能分析方法、城市道路交通网络结构性能分析方法、基于网络结构性能分析的城市交警指挥调度应用、基于网络结构性能分析的高速公路网结构动态评价应用、道路网络交通运行预测、道路交通运行安全辨识。

　　本书可供从事道路交通网络等领域工作的研究人员,以及高等院校相关专业的师生参考。

图书在版编目(CIP)数据

道路交通网络运行安全状态分析与预测/秦勇等著. —北京:科学出版社,2024.6

ISBN 978-7-03-067695-5

Ⅰ.①道… Ⅱ.① 秦… Ⅲ.①道路网-交通运输安全研究 Ⅳ.①U412.1

中国版本图书馆 CIP 数据核字(2020)第 262412 号

责任编辑:童安齐 / 责任校对:马英菊
责任印制:吕春珉 / 封面设计:东方人华平面设计部

科学出版社 出版

北京东黄城根北街 16 号
邮政编码:100717
http://www.sciencep.com

北京中科印刷有限公司印刷
科学出版社发行　　各地新华书店经销
*

2024 年 6 月第　一　版　　　开本:B5(720×1000)
2024 年 6 月第一次印刷　　　印张:12
字数:230 000

定价:150.00 元

(如有印装质量问题,我社负责调换)
销售部电话 010-62136230　编辑部电话 010-62139281

前　　言

随着我国高速公路和城市道路交通建设运行的快速发展，网络化运行特征愈加显著，在面向路网层面的综合感知、运行安全状态分析及区域路网的协同运行管理等方面存在着迫切的需求。传统的、基于路段的交通流状态分析方法已无法满足路网运行安全监管的需求，必须进行适用于区域路网的结构性能分析、运行安全态势分析理论方法及其技术的研究。

基于上述背景和行业迫切需求，作者撰写了本书，旨在提出并创建以道路交通路网结构性能分析、路网结构动态评价、路网交通流分析预测、交通事故检测与风险预测为核心的道路交通路网运营与安全状态分析预测理论方法体系，为建立精细化和主动化的路网运行安全监管提供理论技术支撑。

本书共 7 章，内容包括绪论、高速公路网结构性能分析方法、城市道路交通网络结构性能分析方法、基于网络结构性能分析的城市交警指挥调度应用、基于网络结构性能分析的高速公路网结构动态评价应用、道路网络交通运行预测、道路交通运行安全辨识等。

本书由秦勇、杨艳芳撰写。

本书作者衷心感谢科技部、交通运输部、交通运输部公路科学研究院、北京市公安局公安交通管理局（简称北京市交管局）、北京交通大学轨道交通控制与安全国家重点实验室、北京市城市交通信息智能感知与服务工程技术研究中心对本书的支持和资助。在相关课题研究过程中，还得到了北京交通大学董宏辉教师，研究生彭怀军、张庆、刘文文、努尔兰·木汉、贾献博、孙智源、吕玉强的参与和帮助，在此一并表示诚挚的感谢！

限于作者水平，书中存在的疏漏和不足之处在所难免，恳请读者批评指正。

目　　录

1 绪　　论

1.1　背景与意义

道路交通是城市交通系统中的重要组成部分，与居民的日常生活息息相关，它对服务群众生活、保障社会和谐稳定起到重要的作用。城市道路如同一个城市的血管，道路的通畅是城市高效运转的重要前提。以北京市为例，为了不断满足日益增长的居民出行需求及丰富居民出行方式选择，北京市城区道路长度和道路面积持续增长（图1-1）。与此同时，汽车保有量也保持着增长趋势。2020年，北京市机动车保有量达到765万辆，其中私人机动车保有量达到534.3万辆。机动车增长率及私人机动车增长率分别为3.2%和4.2%；全市机动车驾驶员数量增势迅猛，截至2020年，驾驶员总数达到1176.5万人，比2019年增加13.4万人[1-2]。

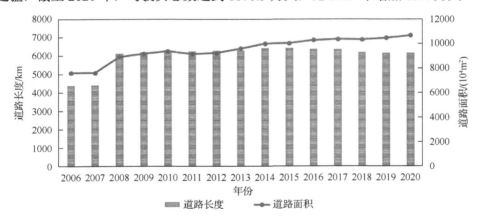

图 1-1　2006～2020年北京市道路发展示意图

车辆行驶里程、机动车和驾驶员数量及道路交通运量都保持着迅猛增长的趋势，在机动车给人们生产生活带来便捷的同时，交通拥堵已成为道路交通的普遍问题。最近几年，虽然不少省市交通管理部门出台了一系列缓解交通拥堵的措施，但总体上交通拥堵状况仍然日趋严峻。同时，各地交通管理部门基层警力资源普遍不足，警力增长远远滞后于道路交通发展和交通管理工作任务的需求。

交通警力资源缺乏与城市道路交通拥堵的矛盾日益加剧，给交通管理部门带来巨大的压力和严峻的挑战，也带来不容忽视的安全隐患。为了使我国道路交通安全行驶得到迅速改善，自2003年以来，国务院全面部署道路交通安全工作，如加强对长途客运和旅游客源的安全管理，加强旅游包车、三类以上班线客车、危险品运输车和校车等车辆动态监管等。2008 年，国家科技部、公安部和交通运输部三部委联合签署了"国家道路交通安全科技行动计划"，以群死群伤等特大恶性交通事故为重点，针对交通参与者行为干预、车辆安全和运输组织、道路基础设施安全保障、道路交通管理与安全保障四个方面进行了关键技术研究和典型示范，采用一系列措施有效遏制我国道路交通事故高发的事态。虽然我国目前针对道路交通安全主动保障关键技术攻关取得了一定研究成果，示范效果良好，但是基于区域化的路网交通运行主动安全保障相关成套技术装备还有待开发，与美国、日本等发达国家相比还存在较大差距。

此外，我国人口众多、城市化与机动化快速发展的形势决定了人、车、路、环境、管理等影响城市道路交通安全的因素比任何国家都要复杂，在当今大数据时代，智能交通系统（intelligent traffic system, ITS）的普及，让交通出行者和管理者有能力实时掌握道路交通运行状态的相关数据，而这些交通运行状态信息与交通事故风险息息相关[3-7]。充分挖掘交通流因素与交通事故风险的关联性，研究城市道路交通事故发生规律，实时辨识、预测交通事故，对发现数据背后的潜在规律和构建城市道路交通主动安全保障体系，提高整个城市道路交通系统安全水平有着重要的理论研究意义、实际效用及良好的应用前景。

1.2　国内外研究现状

1.2.1　道路交通网络结构特性分析研究现状

道路交通系统是一个典型的结构复杂、功能复杂的巨系统[8-9]，利用复杂网络理论来模拟道路交通系统中实体（路段、地铁站、公交站等）之间的联系并在此基础上分析其结构、交通流的演化机制一直是研究的热点和难点[10]。道路网络是交通系统中极其重要的组成部分，因此国内外许多研究学者先后利用复杂网络理论对道路交通网络进行建模和结构特性分析[11]。

目前针对道路交通网络的建模主要是基于图论相关理论来实现的，大体可以分为两类。一类是原始法（primal approach）[12-13]。原始法是一种非常简单、直观的方法，它符合人们的认知，在利用原始法对道路交通网络进行建模时，通常将路网中的交叉口、路网的边界点定义为节点，而连接节点间的路段为边。另一类为对偶法（dual approach）[14-15]。利用对偶法建模时对网络节点和边的定义与原始法相反，对偶法忽略了原有实体一些属性（如交叉口的地理位置、道路的长度等），将交叉口定义为边，交叉口间的道路则定义为节点。对偶法的优点在于突出了实体之间的联系，然而对偶法在定义道路时存在着一定的主观性，不同的人划分的道路不同，则构造的网络也不同。

在道路交通网络模型建立的基础上，利用复杂网络理论的统计特性指标对路网的拓扑结构进行分析。如 Jiang 等[16]采用对偶法对城市街道网络建模并得出其网络拓扑结构满足小世界特性。Kalapala 等[17]采用对偶法分别对美国、英国和丹麦的城市道路进行建模和分析，得出这些网络具有拓扑和地理尺度不变性，均满足幂律分布且分布指数取值范围为（2.0, 2.5）。高中华等[18]以无锡市新区城市道路网络为例，采用原始法对城市道路网络进行建模并分析其小世界特性。王雪[19]利用对偶的方法构建城市路网模型并分析城市路网的基本复杂特性，以西安市道路网络为实例验证得出城市路网符合小世界网络特性，但是不一定属于无标度网络的结论。Masucci 等[20]分别用原始法和对偶法对伦敦市城市道路网络建模，得出伦敦城市交通网络是自组织型的。Masucci 等[14]利用复杂网络理论对伦敦城市交通网络的发展规律进行分析，实例证明了伦敦市交通网络拓扑结构的增长可以用对数正态分布函数进行刻画。Zhao 等[21]构建了不同粒度下的城市道路网络模型：微观模型（以交叉口为节点）、中观模型（以整条道路为节点）和宏观模型（以社区为节点）。上述相关的研究仅仅停留在网络实体之间是否有联系，但是联系的强度未得到进一步验证。

针对上述问题，国内外学者通过构建加权网络用以表征道路网络中实体之间的联系强度。如马春宇[22]构建了基于路段通行能力的边权网络，提出加权介数概念并将其用于预测交通通行能力。张尊栋[23]将道路的服务水平等级属性考虑进来，认为当交叉口之间的路段服务水平低到一个给定阈值后，交叉口之间是逻辑不连通的，从而构建了一个可变结构的加权动态交通网络。Tian 等[24]考虑了城市道路交通网络中路段静态功能属性（路段长度和通行能力）和动态功能属性（交通流量、速度和密度），将这些属性作为边地权重构建了实时交通状态边权道路交通网络模型。

通过以上实例研究，国内外学者根据实际交通网络自身的特点进行网络建模，建立的交通网络分别呈现出满足小世界[25]和无标度[26]网络特性。除了上述的利用复杂网络的统计指标分析道路交通网络结构特征的相关研究之外，城市路网中重要路段的空间分布特征是城市交通网络结构特征分析的重要组成部分，对于提高城市道路交通网络的鲁棒性具有重要意义和实用价值。

道路网络中重要路段的空间分布特征的核心问题是辨识路网中的重要路段（即需要辨识网络中的重要节点或者边）并分析其空间布局特征。所谓的重要节点（边），是指在网络中相较于其他节点（边）能更大程度地影响网络的结构或功能的节点（边）[27]。边的重要性测量和节点重要性测量相似，因此本书主要介绍节点重要性测算方法的研究现状。节点重要度排序在信息科学、社会学、经济学、交通等领域得到了广泛的应用，在线社交网络平台可以对所感兴趣方向内的具有影响力的用户进行排名，进而为其他用户提供推荐信息功能，帮助其快速找到相关信息源[28]。目前常用的节点重要性测算方法有以下四类。

1）考虑节点紧邻信息的节点重要性测算方法

该类方法有度中心性测算（degree centrality measurement）方法、K-壳分解（K-shell decomposition）法等。度中心性测算方法[29-30]认为网络中节点度越大的节点在网络中的位置就越重要。K-壳分解法[31-32]是对度中心性测算方法的一种扩展。K-壳分解法认为节点的重要性不仅要考虑节点度的多少，还需要考虑节点在网络中的位置：处于网络核心的节点度即使很小也很重要；而处于网络边缘的节点度即使很大，其影响力也往往有限。在考虑了节点间的联系强度后，上述方法又衍生出针对加权网络的含权的度中心性测算方法[33]和含权的K-壳分解法[34]等。

2）基于最短路径的节点重要性测算方法

该类方法通过寻找最短路径长度来评价节点重要性，对于那些网络中节点度很小但是在连通几个区域的路径上占据重要位置的节点的重要性评价很有效，因此该类方法在交通网络中经常被使用。该类方法主要有偏离中心性测算（eccentricity measurement）方法、接近中心性测算（closeness centrality measurement）方法、介数中心性测算（betweenness centrality measurement）方法等。偏离中心性测算方法[35]指若网络中一个节点到其余节点的最短路径长度的最大值越接近网络半径，则该节点越重要。接近中心性测算方法[36]克服了偏离中心性测算方法的缺点，它通过计算网络中一个节点到其余节点的最短路径长度的平均值来刻画节点的中心性，一个节点的接近中心性越小则越接近中心。介数中心性测算方法通常是指基于最短路径的介数中心性测算方法[37-38]，该方法一般认为路网中所有节点对的最短路径中经过一个节点的最短路径越多，该节点在网络中的位置越重要。介数中心性测算方法无法有效识别分布不均匀的节点的重要性，如某类节点到大部分节点的最短路径长度都很小，仅到个别节点的最短路径长度很大，该类节点的离心介数就会很大。此外，还有流介数中心性测算（flow betweenness centrality measurement）方法[39]、连通介数中心性测算（communicability betweenness centrality measurement）方法[40-41]和随机游走介数中心性测算（random walk betweenness centrality measurement）方法[42]等。

3）基于特征向量的排序方法

该类方法不仅考虑了邻接节点的数量，还考虑了邻接节点质量对节点的影响。代表的算法有 PageRank 算法[43-44]、LeaderRank 算法[45]和累计提名测算（cumulative nomination measurement）方法[46-47]等。基于特征向量的排序方法认为单个节点的重要性是所有其他节点的声望的线性组合，声望越高的节点对其他节点的影响也越大。

4）基于系统科学的排序方法

该类方法主要通过考察节点对网络连通结构或者抗毁性等网络功能的破坏程度来评价节点的重要度。其常用的方法有节点删除法[48]、节点收缩法[49]等。基于系统科学的排序方法在交通网络中的应用非常广泛，如 Sullivan 等[50]基于路段通行能力丧失的关键路段辨识方法。Shen 等[51]利用节点删除法辨识高速公路网中关键节点和关键路段。洪增林等[52]利用节点收缩法找到道路交通网络中的重要节点，指出道路交通网络中的节点重要度由节点在网络中的位置和通过该节点的流量所决定。张勇等[53]考虑了路段排队容量约束和断面通行能力约束，通过依次断裂各路段并分析其对网络脆弱性的影响，从而找出道路网络中脆弱性明显的关键路段。赵妍等[54]将路段在路网中的位置定义为 K-shell 值，以度和 K-shell 值对路段进行排序，并分析路段依次失效对路网连通性的影响。张喜平等[55]利用场论理论模拟节点拥堵现象，并分析拥堵对路网的影响，从而确定路网中的关键路段。

　　综上所述，目前国内外关于道路交通网络建模的研究大多从道路网络本身的道路结构出发建立网络模型，根据道路属性不同在节点或边上增加不同的权重，这样的建模方法虽然较好地体现了相邻路段的交通流相关特性，但是无法体现出与不邻接的路段的交通流相关特性，因此，很难深层次地揭示交通网络所具有的复杂交通动力学特性。此外，目前针对路网关键路段辨识大多从路网的拓扑结构、连通性、抗毁性和脆弱性等角度出发，一些研究也考虑了节点交通流的特性对节点重要性的影响，然而，道路网络从属于路网的基础设施，因此在评价路段重要性时也应将其自身的地理因素考虑进来，才能使各类路段重要性评价方法更适合于道路交通网络节点重要性评价的实际应用。

1.2.2　道路交通流空间相关性分析方法研究现状

　　现实中的道路网络以一定的规则连接起来，因此每条路段不是孤立存在于城市路网当中，而交通流作为依附在道路上的一种交通现象，目标路段上的交通流时间序列除了在时间维度上遵循自身的变化规律外，还可能受到道路网络内其他路段上交通流对其产生的影响[56]。交通流的时间自相关性是指当前时刻的交通状态受前一段时间的交通状态影响，而且也会影响后一段时间的交通状态。吴建军等[57]通过元胞自动机模拟分析了路段的交通流特性在时间维度上的变化，得出车流密度在一个范围之内与交通状态时间序列长程相关，而车流密度过小或过大时，与交通状态时间序列短程相关。由于交通状态能够通过道路载体以一定的方式进行传播，相关路段的交通状态在一段时间内必存在相应的时空关联性[58]。赵婷婷等[59]对北京市二环路上 300 个路段检测器采集到的交通状态序列进行相关性分析，通过实证分析得出路段间交通状态相关性平均值随距离增加呈指数衰减，而且经去趋势处理的交通状态相关系数会变大，通过仿真试验得到随着路网的负荷增加，路段的相关性会变大的结论。Yang 等[60]通过实例分析也得出路段行程时间相关性平均值随着距离增加呈指数衰减的趋势。上述研究采用的是交通流变量相关系数的均值，体现了一般规律，而网络中交通状态的分布具有复杂性，因此路段交通流相关性在空间的分布并非是各向同性的，应具有异质性的特点[61-63]，即交通状态的传播（影响）并非是各向同性扩散的，因此对于单个路段而言，它与区域内路段的交通流相关系数的变化也并非完全都呈指数衰减。

交通流空间依赖性的研究一般是结合交通分析实际问题展开的，一个交通网络中分析交通状态空间依赖性主要为了解决三个经典问题[64]：①交通流预测问题[65-66]；②可靠路径搜索问题[67-69]；③故障事故数据修复问题[70-71]。

考虑交通流空间相关性可以提高交通流预测精度，尤其是针对拥堵时段的交通流预测和长期的交通运行状态预测[72-73]，Yang[74]首次利用互相关函数（cross correlation function, CCF）分析路段之间的时空依赖性，并指出分析路段间交通流的时空依赖性是交通流预测的核心。Head[75]利用上游交叉口的数据预测当前交叉口的交通流数，取得了较好的预测效果，同时研究指出考虑空间相关信息有助于提高预测的精度。Messer 等[76]通过试验证明上游路段与目标路段的交通流量是高度相关的。Stathopoulos 等[77]分析了城市主干道上邻接上游路段与目标路段交通状态相关性，利用上游路段交通状态信息预测目标路段交通状态。

除了考虑上游路段（交叉口）对当前路段（交叉口）的影响，下游路段（交叉口）对目标路段（交叉口）的影响也得到了实例验证。Lint 等[78-79]分析了邻接上下游路段与目标路段的旅行时间相关性，并指出在拥挤的情况下下游路段对目标路段的影响比上游路段的影响大。Jiang 等[80]分析了北京市南四环快速路上下游邻接路段与目标路段行驶速度的相关性，并进行行驶速度短时预测。Djuric 等[81]利用连续条件随机场（continuous conditional random field）对行驶速度进行预测，并指出考虑上下游邻接传感器与目标传感器的交通流时空相关性可以提升预测的精度。

此外，相关学者也对 i 阶相邻的路段与目标路段的交通状态相关性开展了研究。如常刚等[82]根据路网的拓扑结构明确路段间的上下游关系，分析目标路段与上下游路段的时空依赖性，根据经验数据得出：对于下游路段而言，$n \leqslant 2$ 阶的上游路段与目标路段时空依赖性是较强的，而 $n \geqslant 3$ 阶的上游路段与目标路段时空依赖性是较弱的；并根据这个结论修改了 STARIMA 模型的空间权重属性，取得了较好的交通运行状态预测效果。Cai 等[83]对目标路段及周边区域构成的区域路网进行研究，通过等效距离和相关系数找到与目标路段相关联的路段，然后利用 K 近邻（K-nearest neighbor，K-NN）模型进行区域网络交通预测。Ran 等[70]对用张量模式完全覆盖目标路段所在高速公路走廊上的所有上游/下游传感器的空间相关关系，并对缺失的交通流数据进行估计。

研究分析路网中交通流的空间相关性的分布规律，为路段交通流预测需要考虑周边路段的范围的选取提供了依据，也为后续区域交通控制、诱导及其协同联动的子区域划分给出了参考[59]。然而，目前对交通运行状态相关性空间分布模式的分析大多是针对局部范围的，如所考察的路段是直接邻接（上下游）或者 i 阶邻接（较近距离的路段），没有针对大范围路网的交通状态空间依赖性分布规律的研究，而掌握大范围路网的交通流空间相关性特征有助于理解路网交通运行状态演变的规律，对揭示交通流演变复杂性具有重要意义。

1.2.3　道路交通流短时预测方法研究现状

交通流预测就是利用历史道路交通运行状态数据，利用相关理论或者方法来推测未来时段的交通运行状态。道路交通流短时预测一般是指预测周期在 15min 以内的预测，目前国内外的学者已经针对交通运行状态短时预测开展了大量的研究工作，已经提出了很多的预测理论和方法，并不断提高预测的精度。

目前，应用于道路交通流短时预测的方法主要有以下几类。

1.2.3.1　基于统计理论的预测方法

基于统计理论的预测模型侧重于从概率的角度挖掘交通流的时空模式，并利用这种时空相关信息进行预测。常见的方法有时间序列方法、卡尔曼滤波（Kalman filtering）方法、马尔可夫链（Markov chain，MC）和贝叶斯网络（Bayesian network）等。

时间序列方法是指将交通流数据看作一组时间序列并利用时间序列分析方法分析其变化趋势，时间序列分析方法中应用最为广泛的要数自回归移动平均模型（autoregressive integrated moving average model，ARIMA）。Levina 等[84]提出了基于博克斯-詹金斯（Box-Jenkins）时间序列分析的预测模型，用于分析高速公路交通流数据，并得到针对不同的统计间隔的交通流时间序列 ARIMA(0,1,1)模型适用性最好。Hamed 等[85]将 ARIMA 模型应用于城市主干道的交通流预测问题。此外很多研究在 ARIMA 的基础上进行了改进，如季节性 ARIMA 预测模型[86-87]、时空 ARIMA 模型[88]、附带解释变量的 ARIMA 模型（ARIMA with explanatory variables，ARIMAX）[89]和子集 ARIMA 模型[90]。此外，基于时间序列的预测方法还包括谱分析方法和结构化时间序列分析方法。Nicholson 等[91]提出了基于谱分析的交通流预测模型。Ghosh 等[92]给出结构化的时间序列模型并用于预测道路交通运行状态。

将卡尔曼滤波、马尔可夫链和贝叶斯网络模型应用于交通流短时预测的研究也取得了大量的研究成果。如 Okutani 等[93]提出了基于卡尔曼滤波的交通流量预测模型，该模型用邻近预测误差改进参数，结果表明预测效果较好。Wang 等[94]提出了一种基于扩展的卡尔曼滤波的快速路交通状态实时预测方法。石曼曼[95]提出相空间重构理论和卡尔曼滤波相耦合的预测方法，试验结果表明多点数据融合在相空间卡尔曼滤波预测模型中的应用效果较好。董春娇等[96]分析了阻塞流状态下交通流时空相关的关系，并设计了基于卡尔曼滤波求解的道路网交通状态短时预测方法。Yu 等[97]利用一个高阶的马尔可夫链刻画交通状态转移过程并对交通流进行短时预测。丁栋等[98]利用隐马尔可夫过程刻画节点间交通流的相互作用过程并进行交通流预测。Ghosh 等[99]提出了基于贝叶斯时间序列的交通状态预测方法。Sun 等[100]将相邻路段之间的交通流用一个贝叶斯网络进行建模，数据源路段和被预测的路段之间的联合概率密度函数可以利用混合高斯模型表示，试验结果表明贝叶斯网络对于完备数据集和不完备数据集的预测效果都很显著。

1.2.3.2　基于机器学习的预测方法

由于交通流具有随机性和非线性的特点，研究者们开始尝试将机器学习算法应用于交通流预测中。Davis 等[101]用 K-NN 方法短期预测快速路的交通流参量，并指出 K-NN 与线性时间序列分析方法相比效果差不多。Chang 等[102]提出了一种基于 K-NN 非参数回归的动态多区间交通流预测模型。于滨等[103]分析了上下游交通状态在时间和空间上对目标路段交通状态的影响，构造了带有时空参数的 K-NN 交通流预测模型。谢海红等[104]提出了一种基于模式距离搜索的 K-NN 模型，并用于交通流短期预测。在机器学习算法中，支持向量机被认为是一种很有效的学习算法，因此被广泛应用于各个领域。Zhang 等[105]提出了基于最小二乘支持向量机的交通流预测模型。Asif 等[106]利用回归型支持向量机模型对交通流进行预测，并指出考虑交通流时空变化趋势可以提高预测的精度。许子鑫[107]研究了支持向量机在交通流预测中的可行性，并分析了参数选择对预测结果的影响。

在交通流预测方法中，神经网络模型是另一类深受学者欢迎的模型，主要有多层前馈（back propagation，BP）神经网络、径向基函数（radical basis function，RBF）神经网络、模糊神经网络及神经网络与其他算法组合的预测模型。Çetiner 等[108]利用神经网络对城市主要路口的交通流进行预测。Quek 等[109]将模糊逻辑和神经网络相结合，提出了基于模糊神经网络的交通流预测方法。Chan 等[110]为了提高神经网络的预测精度，将指数平滑方法、莱文贝格-马奎特（Levenberg-Marquardt，LM）算法与神经网络结合起来，其中指数平滑方法用于数据预处理，LM 算法用于训练神经网络的权值。李松等[111]利用遗传算法优化 BP 神经网络参数，从而提高交通流预测精度。关伟等[112]基于 BP 神经网络和 RBF 神经网络构建了城市快速路交通流实时预测模型。

1.2.3.3　基于交通仿真的预测方法

基于交通仿真的预测方法是利用交通仿真工具对交通运行状况进行模拟，并进行估计的方法，常见的交通仿真软件有 VISSIM、PARAMICS、TRANSIMS 等。Chrobok 等[113]对路网进行微观仿真，通过在线仿真获取交通运行状态信息并进行预测。吴楠[114]将卡尔曼滤波预测模型植入仿真软件中，以预测值作为仿真输入值，实现交通流的间接预测。Kan 等[115]对现实场景进行微观仿真，从仿真输出获取交通运行状态数据，然后利用基于小波分析和 ARIMA 模型对交通运行状态进行预测。

1.2.3.4　其他方法

除了上述预测方法外，国内外研究学者还对非线性系统理论在交通流预测中的应用展开了研究，主要研究方法有基于小波分析的预测方法[116-117]、基于突变理论的预测方法[118]、基于混沌理论的预测方法[119]等。

综上所述，当前道路交通流短时预测更多地侧重单个断面或者单个检测点的预测问题，大多数忽略了交通流的空间相关特性，部分研究也仅从邻近路段对目标路段的影响去分析交通流相关性，未从路网的角度对交通流进行预测。同时目前的预测手段、方法大多数是在传统的统计模型、浅层的神经网络基础上进行改进的，不具备同时处理和分析路网层级的交通流数据的能力。

1.2.4 基于交通流因素的交通安全辨识方法研究现状

道路交通事故预警是指采用一些统计推理方法，研究各个因素对交通事故产生影响的规律，进而掌握交通事故产生和发展的规律，辨识当前交通运行安全状态，并对未来交通事故的产生进行推测，从而能在事故发生前采取措施将事故风险降到最低，或者在事故发生后最短时间内掌控局面并迅速制定有效的措施，避免事故进一步扩大[120]。

早期的道路交通安全分析主要是针对事故发生起数、事故严重程度、伤亡人数等描述性统计，利用数学统计方法进行宏观的事故分析和预测，如 Atkins 等[121]利用频率分析方法分析非机动车属性、机动车属性与事故发生数和事故严重程度的关系。Lefler 等[122]利用频率分析法和交叉列表分析法对行人事故数据进行分析，分析机动车属性和道路属性对行人事故次数和严重程度的影响。刘建齐等[123]构建了基于灰色预测理论的 GM（1,1）模型，并用于预测道路交通事故数和死亡人数，试验结果表明 GM（1,1）模型尤其适合"小样本"的随机不确定问题。卫丽君[124]将 GM 模型与 BP 神经网络结合，对事故造成的经济损失进行预测。针对交通事故的宏观预测起步较早，理论较为简单，缺点在于忽略了事故的个体特性，未能充分发掘数据的价值，在精确道路交通事故辨识和预测中并不适用。

随着道路交通智能感知技术的不断发展，海量交通监测数据让研究者可以掌握更多实时的交通运行信息和交通事故信息，丰富的信息量让针对单个道路交通事故的预测成为可能。近年来针对单件交通事故的检测和交通事故风险预测成了研究热点，也取得了丰硕的研究成果。多种因素与交通事故风险的关系被揭示，其中交通流变量与交通事故发生概率的关系就是其中之一。本书侧重研究交通流因素对道路交通运行安全的影响，利用交通流变量构建交通事故预警模型，因此，本节仅总结关于交通流变量与交通运行安全相互关系挖掘的研究成果，分析目前研究成果中存在的问题。

近年来，许多研究学者利用基于线圈传感器、微波传感器等采集的交通流数据分析了交通流变量与交通运行安全状态之间的关系，研究表明，它们的关系是息息相关的。

Oh 等[125]于 2001 年建立了第一个基于交通流变量的交通运行安全状态预测模

型。他们将道路交通运行状态分为两类，即正常的交通运行状态和遭到破坏的交通运行状态，利用贝叶斯模型来估计交通流数据在这两种情况下的可能性。随后他们将 52 个交通事故数据与对应的线圈传感器检测到的交通运行状态数据进行匹配，用非参数贝叶斯方法预测了交通事故发生的可能性，结果表明速度的标准方差与交通事故发生的关系是显著的，可以用来建立交通运行安全状态预测模型[126]。此外，他们还用概率神经网络（probabilistic neural network，PNN）和 t 检验分别分析了流量、速度、占有率三类交通流变量的均值和方差与交通运行安全状态的关系，结果表明速度的标准差和占有率的平均值可以用来构建模型[127]。

Lee 等[128]利用对数线性模型对高速公路上交通流变量和交通事故的关系进行建模和预测，该预测结果为高速公路主动安全保障管理系统提供了决策依据。Abdel-Aty 等[129]利用 PNN 模型去训练区分交通运行安全状态和非安全运行状态，试验表明距离事故发生点最近的上游传感器检测到速度变化系数非常适合用作交通事故风险预测模型的预测因子。此外，Abdel-Aty 等[130]用配对案例对照逻辑回归（matched case-control logistic regression）模型分析道路交通事故预测与交通流特征的关系。研究结果表明，影响交通事故发生最重要的因素是交通事故发生地最近的上游传感器的平均占有率和下游传感器的速度变化系数。Pande 等[131]利用一对线圈传感器检测到的交通流数据构建了交通事故预测模型。他们用分类树和神经网络对数据进行训练，试验结果表明，该模型可用来识别由于车辆换道行为引起的交通事故。Hossain 等[132]将高速公路分为上下游出入口和基本路段几部分，然后基于随机森林、分类与回归树算法分别构建交通运行安全状态预测模型，结果表明不同路段中影响交通事故的关键因素是不同的。Xu 等[133]利用均值聚类分析方法将交通运行状态分为五类，通过逻辑回归模型分析交通运行状态与交通事故之间的关系。Sun 等[134]利用贝叶斯置信网对一条长度为 250m 的高速公路路段建立了实时交通事故风险预测模型，用于估计 4～9min 后交通事故发生的概率。Shi 等[135]构建了一个多级贝叶斯框架，用于预测交通事故发生概率，试验效果良好。

国外针对交通流变量与交通事故风险相互关系的研究开始较早，而国内对这部分内容研究较少。与国外研究相比，国内在建模方法、模型应用等方面还有待深入研究。

1.3　主要研究内容和技术路线

针对目前我国道路交通网络结构特性分析方法、城市路网交通流预测、交通事故预警研究中存在的不足，本书以道路路网交通运行状态分析和主动安全保障的现状和实际需求为背景，分别从高速公路和城市道路网结构特性分析及应用、基于交通流空间相关性的城市路网多断面交通流预测，以及基于交通流因素的交通事故预警等问题进行了深入研究，并通过实例验证、数值分析等方法验证了这些方法的实用性和有效性。本书的研究内容和研究方法概括如下。

1.3.1 高速公路网结构性能分析方法

从网络的角度对高速公路交通网络进行定义，从高速公路网的属性维度、空间维度和时间维度三个维度对高速公路交通网络进行定义，建立了分别从时间、空间和属性等维度对路网拓扑结构、网络能力及运行效率进行全方位定量描述的网络模型。根据复杂网络相关理论，分析研究区域路网的统计特征，同时基于高速公路的功能属性对路网结构特性进行分析。

1.3.2 城市道路交通网络结构性能分析方法

基于复杂网络理论，利用网络描述城市道路网络中路段之间交通流空间关联性及关联强度。在构建的城市道路交通网络模型中，节点代表路网中路段，节点之间的边是否存在取决于节点对上交通流序列空间相关程度，其中交通流序列空间相关程度通过显著性检验得出。在网络模型基础上，考虑路段在道路网络中的地理属性，提出了一种考虑地理权重的 PageRank 算法（geographical weight based PageRank algorithm，GWPA），用以测算道路交通网络中路段的重要度。

1.3.3 基于网络结构性能分析的城市交警指挥调度应用

研究应用于定点岗位识别的交通网络路口节点关键性评价指标体系及综合评价方法。具体研究内容包括：应用定点岗位识别影响的动态和静态影响因素构建拓扑结构网络模型和运行状态网络模型；研究并提出一套适用于定点岗位识别应用的路口节点关键性评价指标体系；研究基于熵权法的 RBF 神经网络综合评价方法和基于聚类算法的广义 RBF 神经网络评估方法，进行定点岗位识别的综合评价；应用实际数据进行试验，验证算法可行性和指标体系及综合评价方法的特性。

1.3.4 基于网络结构性能分析的高速公路网络结构动态评价应用

在构建的基于复杂网络的高速公路路网多维时空模型的基础上，构建面向路网日常运营管理和应急管理的路网结构性质评价，研发高速公路网结构动态评估系统，实现路网结构动态评估。

1.3.5 基于交通流相关性的城市路网多断面交通流短时预测方法

在路网层面上分析交通流空间相关特性，依据构建的城市道路交通网络表征对象的特点，将复杂网络中社区结构特征与交通流空间相关性分析进行关联，从社区探索的视角对路段交通流相关性在空间上的分布特征进行分析。在社区划分的基础上，利用深度学习中的长短期记忆（long short-term memory）神经网络对每个社区的路段集进行多断面道路交通流短时预测，为交通事故预警提供必要的交通流数据。

1.3.6　基于交通流因素的交通事故预警

从城市道路交通事故检测和交通事故风险预测两方面分别对路段构建交通事故预警模型。引出交通安全域的概念，利用数据挖掘算法识别影响交通事故的主要交通流变量，分析交通流参数变化与交通事故发生的关联性，构建道路交通运行状态空间，并利用区域划分的概念对交通运行状态进行辨识和预测。

1.4　本书内容结构

基于 1.3 节提到的本书主要研究内容和主要技术路线，将研究内容和方法分为 7 章来进行阐述。本书的结构安排如下。

第 1 章为绪论。首先简单介绍研究背景和意义、研究问题的提出；其次根据列出的研究问题从四个相关技术和方法入手阐述了国内外的研究现状；最后根据目前国内外研究工作开展的现状和存在的不足，给出了本书具体的研究内容和技术路线。

第 2 章和第 3 章涉及基于复杂网络模型的高速公路网结构性能分析方法和城市道路交通网络结构性能分析方法研究。针对高速公路网络，从属性维度、空间维度和时间维度三个维度，建立对网络拓扑结构、网络能力以及运行效率进行全方位定量描述的网络模型。针对城市道路交通网络，构建一个体现交通流空间相关性的城市道路交通网络模型，为分析道路交通流空间相关性提供基础。第 2 章和第 3 章是全书的基础部分，接下来的基于路网结构性能的城市交警指挥调度应用、高速公路网络动态评价应用、多断面交通流短时预测、交通事故预警都是在此基础上进行的。

第 4 章重点研究了交通网络路口节点关键性评价指标体系及综合评价方法，解决交通警力资源部署中的定点岗位识别问题。首先，对定点岗位识别的影响因素进行分析；其次，分别应用动态和静态影响因素构建拓扑结构网络模型和运行状态网络模型，基于这两个网络模型，构建了一套适用于定点岗位识别应用的指标体系，并详细阐述了各项计算方法和指标含义；再次，提出了基于熵权法的逼近理想解排序法（technique for order preference by similarity to ideal solution, TOPSIS）的组合综合评价方法，以及基于聚类算法的广义 RBF 神经网络评估方法，用于实现定点岗位识别的综合评价；最后，通过北京路网实际数据计算验证了算法可行性，并对各项试验结果数据进行对比分析，展现了指标体系及两种综合评价方法。

第 5 章涉及基于网络结构性能分析的高速公路网结构动态评价应用研究。该章节是在第 2 章构建的基于复杂网络的路网多维时空模型基础上开展的，引入测度论理论，考虑高速公路的通行能力、里程等功能属性，建立面向路网日常运营管理和应急管理的路网结构性质评价指标，分为路网结构连通性测度与路网结构均衡性测度。研发高速公路网结构动态评估系统，实现路网结构的动态评估。

第 6 章涉及基于交通流空间相关性的城市路网多断面交通流的短时预测方法。该章节是在第 3 章对交通流空间相关模式区域划分的基础上开展的，根据数据实例验证了算法的有效性，为后续的交通事故预警提供交通流参数。

第 7 章对道路事故预警方法进行深入研究。其中，提出一种基于 SFS-PCA-LSSVM 的安全域估计方法，并将交通安全域应用到交通事故检测中；提出一种基于可靠性理论的交通可靠性模型，用于预测交通事故风险。根据不同的数据样本提取出与交通事故密切相关的交通流变量，并用于交通事故的识别和风险预测。

2 高速公路网结构性能分析方法

2.1 基于复杂网络的路网多维时空模型

高速公路广义网络拓扑模型就是从网络的角度对高速公路交通网络进行定义，本节基于复杂网络理论，从高速公路网的属性维度、空间维度和时间维度三个维度对高速公路交通网络进行定义，分别建立从属性、空间、时间等维度对路网拓扑结构、网络能力以及运行效率进行全方位定量描述的网络模型 $RTN_{t,s,p}$，即基于复杂网络的路网多维时空模型，给出一个普适性的数学表达式。模型构建示意图如图 2-1 所示，在三个维度点构成的空间中，点 A 代表 t_3 时刻基础设施层局域网络模型；点 B 代表 t_3 时刻动态属性层全局网络模型。

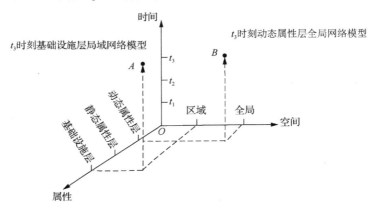

图 2-1 基于复杂网络的路网多维时空模型构建示意图

2.1.1 维度的定义

2.1.1.1 属性维度

高速公路交通网络整体具有系统的特性，可以将其看成是一个综合性的大系统，它由具有实体、属性、行为及环境等表征系统特征的基础设施层、静态功能属性网络层（简称静态属性层）、动态功能属性网络层（简称动态属性层）构成，层与层之间具有相互作用，并具有其独特的功能属性。因此，高速公路交通网络的属性维度是指高速公路网的基础设施拓扑结构网（简称基础设施层）、静态功能属性网络和动态功能属性网络三层。

1）基础设施拓扑结构网

高速公路网的基础设施拓扑结构网由路网中高速公路路段及其附属路段上基础设施（如收费站）组成。高速公路网基础设施层是高速公路系统的基础承载层，承载着高速公路网的静态功能属性和动态功能属性，基础设施层的网络拓扑结构体现了高速公路网中基础设施的连接关系。

2）静态功能属性网络

网络都有其本质的静态功能属性，这些功能体现在节点与边上。对于高速公路网络，这些静态功能属性主要体现在路段上。高速公路网静态属性功能网是以基础设施拓扑结构网为载体，在此基础上赋予高速路网路段及基础设施具体的静态功能属性参数，如路段里程、最大通行能力等。静态功能属性网络层不仅包含了高速公路基础设施层的结构属性，同时还从能力和功能的层面反映了高速公路网的运输能力特性。

3）动态功能属性网络

高速公路网络最高层定义为路网动态功能属性网络层。该网络是在路网静态功能属性网的基础上，将路网的动态变化特性（如交通量、路段平均速度、密度等）作为网络系统的输入和输出进行加载。高速公路网的动态功能属性网络层涵盖了基础设施拓扑结构网和静态属性功能网，其不仅具备拓扑结构网的结构属性和路段及基础设施的静态能力属性，而且具备了网络的动态变化属性和服务于动态交通流运输的特定服务功能属性，实现了交通流在高速公路网环境下的运行状态评估及动态配置。

2.1.1.2 空间维度

空间维度从网络建模范围出发，将网络分为局域网络和全局网络两类。局域网络模型反映了局域内部的高速路网连通情况；全局网络模型以城市为节点，主要反映了城市之间的连通情况。同时，每一个城市节点可视为一个局域网络，城市节点之间的连接关系受局域路网的结构特性的影响。

2.1.1.3 时间维度

时间维度是在分析公路网的动态属性时加上时间要素的角度，反映了不同时间点高速公路网的结构特征，时间维度定义如图 2-2 所示。

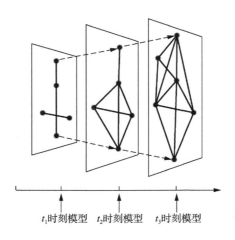

t_1时刻模型　　t_2时刻模型　　t_3时刻模型

图 2-2　时间维度定义

2.1.2　模型要素的界定

由于实际公路网是由多层网络构成，其节点的选取和节点粒度多样，差异化较大；而且连接节点间的路段的里程、部分路段的车道数及限速值在不同桩号位置也有所不同。因此，为了便于研究，本书对公路网节点的选择粒度和路段的特性进行了界定和简化处理。

1）节点粒度界定

高速公路网的节点选择是一个面向对象、解决问题的过程，因此需要根据实际应用中需要解决的问题来选择不同的节点粒度。本书的主要研究内容是研究路网结构动态评估技术，建立多层级的路网拓扑结构评估指标体系与评估模型。构建公路网拓扑结构模型具有跨区域、多层级的特点，因此选取宏观和微观两种节点粒度。其中，宏观粒度是以高速公路网所覆盖的行政划分的城市作为节点来处理，而微观粒度是以局域高速公路网所覆盖的收费站作为节点来处理。

2）路段属性界定

为了便于分析，在构建公路网拓扑模型过程中认为同一公路路段内的几何要素（宽度、等级、车道数等、交通信息、流量、车种组成、平均车速等）都是相同的。

3）高速公路网功能属性确定

高速公路网的主要功能是实现人、车和物的位移。在构建路网基础设施拓扑结构网中，边代表具有实际物理意义的路段。同时，这些路段具有里程、通行时间、通行能力、速度、交通流、密度等诸多静态功能属性和动态功能属性，其中里程和通行能力是高速公路网路段的核心静态功能属性。给定一个基础设施拓扑结构网络时，其里程和通行能力即是确定的静态功能属性，不因其他因素影响而发生变化。当赋予基础设施拓扑结构网络中边以里程或通行能力等静态功能属性时，便形成了路网静态功能属性网。

公路里程为实际通车里程，是公路建设发展规模的重要指标，也是计算运输网密度等指标的基础资料。

公路通行能力是指公路设施在正常的公路条件、交通条件和驾驶行为等情况下，在一定的时间（通常取 1h）内可能通过设施的最大车辆数。公路通行能力反映了公路设施所能疏导交通流的能力，作为公路规划、设计和运营管理的重要参数。通行能力根据使用性质和要求，通常分为基本通行能力、设计通行能力和实际通行能力。

本书主要对高速公路网物理网络的结构特性进行研究，因此路段通行能力的功能属性值以设计通行能力为依据确定。设计通行能力能够体现路段一定服务水平下满负荷时的最大通过车辆数，且在路段车道数和设计时速给定情况下可简单计算得出，数据易获得，能够简化分析复杂度。

动态属性是指路段上加载的速度、交通量等交通流参数和阻断信息。

2.1.3 基于复杂网络的路网多维时空建模

基于复杂网络的路网多维时空模型的数学表达方式是一种普适的方式，能够适用于所有高速公路交通网络在多个维度上的建模，简单地描述不同节点粒度下的高速公路网的基本拓扑关系，准确地反映高速公路的静态功能属性，以及实时地刻画高速公路的动态属性。

在实际高速公路网中，路段一般为双向通行，且节点有限，因此高速公路网可看成是无向有限网络。基于复杂网络的路网多维时空模型的表达可以通过下式描述：

$$\text{RTN}_{t,s,p} = (T, S, N, E, ES, ED(t)), \quad t \in T \qquad (2\text{-}1)$$

式中：$\text{RTN}_{t,s,p}$ 为基于复杂网络的路网多维时空模型，其中，t 为时间维度，s 为空间维度，p 为属性维度；$T = \{t_1, \cdots, t_m\}$，为时间集合；$S = \{S(1), S(2)\}$，为路网空间维度上的选择集合，其中，$S(1)$ 为局域网络模型，局域网络的构建以高速公路的附属设施为节点，$S(2)$ 为全局网络模型，全局网络的构建以城市为节点；$N = \{1, 2, \cdots, n\}$，为路网中节点的有限集合，即节点的个数；$E = \{e_{ij} \mid i, j \in N\}$，为路网中边的有限集合，其中，$e_{ij} = 0$ 表示节点 i 和节点 j 之间不存在边，$e_{ij} = 1$ 表示节点 i 和节点 j 之间存在边，E 描述了高速公路网络中所有的两个节点之间存在的邻接关系（有向或无向）；$ES \in P(SA)$，为路网中边的一个或多个静态功能属性的有限集合，其中，$P(SA)$ 表示静态功能属性集合的幂集，SA 表示赋予路网中边的静态功能属性的集合，如路段长度集合、最大通行能力集合或者由多个静态功能属性融合计算得出的综合指数集合等，以 $SA = \{EL, EC\}$ 为例，其中 $EL = \{wl_{ij} \mid$

$i, j \in N$} 可以表示路段里程的集合，$EC = \{wc_{ij} \mid i, j \in N\}$ 可以表示路段最大通行能力的集合；$ED(t) \in P(DA(t))$，为 t 时刻路网中边的一个或多个动态功能属性的有限集合，其中，$P(DA(t))$ 表示 t 时刻路网动态功能属性集合的幂集；$DA(t)$ 表示赋予路网中边的 t 时刻的动态功能属性集合，如路段在 t 时刻的交通量、平均速度、密度或者由多个动态功能属性融合计算得出的综合指数等，以 $DA(t) = \{EF(t),$ $EV(t), EO(t)\}$ 为例，其中，$EF(t) = \{wf_{ij}(t) \mid i, j \in N\}$ 可以表示路段在 t 时刻的交通量集合，$EV(t) = \{wv_{ij}(t) \mid i, j \in N\}$ 可以表示路段在 t 时刻的平均速度集合，$EO(t) = \{wo_{ij}(t) \mid i, j \in N\}$ 可以表示路段在 t 时刻的密度集合。

由上述定义可以得出，一个高速公路网可以被一个六元组唯一定义，其中元组中的任何元素的取值和关系的变化，都意味着它所代表不同的网络。基于复杂网络的路网多维时空模型对不同网络的表示方式如图 2-3 所示。

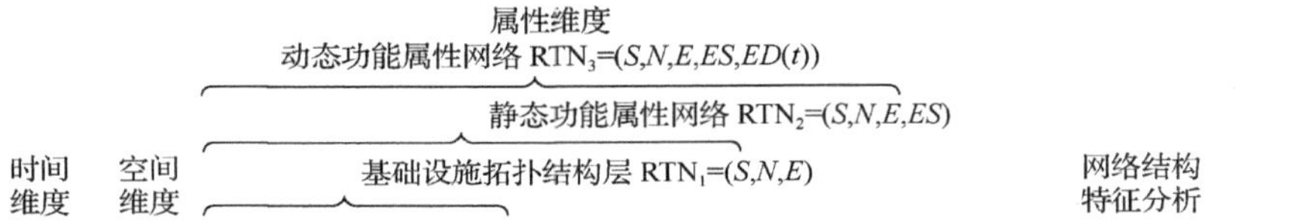

T	S	节点 N	边 E	静态功能属性 ES	动态功能属性 $ED(t)$	对网络要素的主要测度
$t_1 \sim t_m$	局域	以基础设施为节点	基础设施间高速公路段	公路里程、公路通行能力等	流量、阻断信息等	节点：度与度分布，接近中心性、介数中心性等
	全局	以城市为节点	两城市的连接关系			边：路段介数等

图 2-3　基于复杂网络的路网多维时空模型对不同网络的表示方式

2.2　基于复杂网络的高速公路结构特性指标

2.2.1　常用复杂网络统计指标

2.2.1.1　节点的度和度分布

节点的度定义为与该节点直接连通的边的条数。节点的度是一个非常简单但又非常重要的概念，是网络拓扑研究的基本指标之一。

一般而言，节点的度是节点"关键"程度的度量指标，一个节点的度越大，表明与之连通的边数越多，与其他节点的连接关系就越大，从而证明该节点越"关键"。在高速公路网络中，收费站的度越大，则意味着与该收费站连接的边越多，在高速路网中的作用和重要度越大。节点度的计算公式为

$$k_i = \sum_i a_{ij} \qquad (2\text{-}2)$$

式中：k_i 为节点 i 的度；a_{ij} 为路网邻接矩阵中的元素，即为节点 i 与节点 j 的连接关系。

度分布是指特定度值的节点占网络节点总数的比例，具体表达式为

$$p(k=i) = n(k=i)/n \qquad (2\text{-}3)$$

式中：$p(k=i)$ 为节点 i 的度分布值；n 为网络中节点的总数，$n(k=i)$ 为网络中节点的度为 i 节点的总数。

通过分析节点的度的大小，可以反映网络中的节点与路网联系的密切程度。节点度越大，连接的边越多，与路网的联系越密切。

2.2.1.2 接近中心性

接近中心性需要考察每个节点到其他节点的最短路径的平均长度，表达式为节点与其余节点最短距离的和的倒数。对于一个节点而言，它距离其他节点越近，在网络中与其余节点连接越紧密，那么它的中心度越高，其表达式为

$$C(i) = \frac{1}{\sum_j^N d_{ij}} \qquad (2\text{-}4)$$

式中：$C(i)$ 为节点 i 的接近中心性取值；d_{ij} 为节点 i 与节点 j 的最短距离。

2.2.1.3 介数中心性

介数中心性指的是一个节点担任其他两个节点之间最短路径的次数。一个节点充当"中介"的次数越高，它的介数中心性就越大。如果要考虑标准化的问题，可以用一个节点承担最短路径的次数除以所有的路径数量来表示，即

$$C_B(i) = \frac{2}{(N-1)(N-2)} \sum_{s \neq i \neq t} \frac{g_{st}(i)}{g_{st}} \qquad (2\text{-}5)$$

式中：$C_B(i)$ 为节点 i 的介数中心性取值；g_{st} 为节点 s 到节点 t 的所有最短路径的数量，$g_{st}(i)$ 为节点 s 到节点 t 的所有最短路径中经过节点 i 的数量；$2/[(N-1)(N-2)]$ 是归一化的公式，N 为节点总数。

2.2.1.4 路径长度与平均最短路径

路径长度被定义为连接节点 v_i 和 v_j 之间最短路径需要经过的边数，路径可以不止一条，网络中任意两个节点之间距离的最大值就是网络的直径 D。

平均最短路径长度，又称为网络的特征路径长度，是指路网中所有节点对间最短路径长度的平均值。它可以用来衡量网络节点间的分离程度，能在一定程度

上描述复杂网络程度的大小，其计算公式为

$$L = 2 \sum_{i,j \in V, i \neq j} \frac{d_{ij}}{N(N+1)} \tag{2-6}$$

式中：L 为平均最短路径；d_{ij} 为节点 v_i 和 v_j 之间的最短路径长度；N 为网络中的节点总数。

2.2.1.5　聚集系数

描述复杂网络中节点聚集情况的指标称为聚集系数，通过计算聚集系数的大小可以得到网络中节点间的稠密程度。聚集系数的计算方法为：假设节点 v_i 与其他 k 个节点通过 k 条边相连接，假如这 k 个节点之间都存在边，则它们之间应该存在的边数为 $k(k-1)/2$，但是实际情况下如果这 k 个节点之间只存在 m 条边，则节点 v_i 的聚集系数 $C(v_i)$ 为

$$C(v_i) = \frac{2m}{k(k-1)} \tag{2-7}$$

整个网络的聚集系数 C 等于网络中所有节点聚集系数的平均值，即

$$C = \frac{\sum_{i=1}^{n} C(v_i)}{n} \tag{2-8}$$

式中：n 为网络中的节点总数。

2.2.1.6　网络效率

网络效率是以路径长度为基础的，定义为网络中任意两节点间最短路径长度的倒数的和的平均值。它可以作为衡量网络通行能力的指标，节点间的距离越近，网络效率 E 越高，有

$$E = \frac{\sum_{i,j \in V, i \neq j} \dfrac{1}{d_{ij}}}{N(N-1)} \tag{2-9}$$

式中：N 为网络中的节点总数；d_{ij} 为节点 v_i 和 v_j 之间的最短路径长度。

2.2.1.7　路网平均节点度

路网平均节点度 K_V 是指连接强度模型中所有节点的度的平均值，它在一定程度上描述了路网的连通性；路网平均节点度越大，表明整个路网中所有节点平均连通的边数越多，路网连通性越好。因此，该指标可用于比较不同网络的连通性。其计算公式为

$$K_V = \sum_{i=1}^{n} \frac{k_i}{n} \qquad (2\text{-}10)$$

式中：k_i 表示节点 v_i 的度；n 表示路网中的节点总数。

2.2.1.8 路网平均节点介数

路网平均节点介数 B_V 是指路网中所有节点介数的平均值，其计算公式为

$$B_V = \sum_{m=1}^{n} \frac{b_{v_m}}{n} \qquad (2\text{-}11)$$

式中：b_{v_m} 为节点 v_m 的节点介数；n 为路网 V 的节点总数。

2.2.1.9 路网平均路段介数

路网平均路段介数 B_E 是指路网中所有路段介数的平均值，其计算公式为

$$B_E = \sum_{e=1}^{N} \frac{b_e}{N} \qquad (2\text{-}12)$$

式中：b_e 为路段 e 的路段介数；N 为路网中路段总数。

2.2.2 考虑功能属性的高速公路结构特性指标

2.2.2.1 节点空间占有度

根据空间占有率的定义（观测路段中行驶的车辆总长度占该路段长度的百分比），本书把节点空间占有度定义为与该节点相连接的路段的总长度占高速公路网络模型中所有路段长度之和的百分比。它描述了该节点在路网结构连通中所能够起到的作用大小，节点空间占有度越大，表明通过该节点的路段里程总数越大，该节点在路网连通中越重要。其公式可描述为

$$k_L(i) = \frac{\displaystyle\sum_{j=1}^{n} l_{ij}(e_{ij})}{\displaystyle\sum_{i,j=1}^{n} l_{ij}} \qquad (2\text{-}13)$$

式中：$k_L(i)$ 为节点 v_i 的空间占有度；l_{ij} 为节点 v_i 和节点 v_j 之间最短路径中边的长度；e_{ij} 为节点 v_i 和节点 v_j 之间是否有边相连的元素，若节点 v_i 和节点 v_j 之间有边相连，则 $e_{ij}=1$，否则 $e_{ij}=0$，并且 $l_{ij}(e_{ij})=l_{ij}e_{ij}$；$n$ 表示网络中的节点总数。

2.2.2.2 节点通行度

与节点空间占有度类似，把节点通行度定义为与该节点相连的所有路段的通行能力总和。如果把路段类比为通道，则节点通行度可类比为通过该节点的所有

通道的流量之和。它描述了该节点在进行流量传输中的作用大小，节点通行度越大，表明通过该节点的流量越大，该节点越重要。其公式可表示为

$$k_C(i) = \sum_j c_{ij}(e_{ij}) \qquad (2\text{-}14)$$

式中：$k_C(i)$ 为节点 v_i 的通行度；c_{ij} 为通过节点 v_i 和节点 v_j 之间边的通行能力；e_{ij} 为节点 v_i 和节点 v_j 之间是否有边相连的元素，若节点 v_i 和节点 v_j 之间有边相连，则 $e_{ij}=1$，否则 $e_{ij}=0$，并且 $c_{ij}(e_{ij})=c_{ij}e_{ij}$。需要指出的是，如果节点 v_i 和节点 v_j 之间有边相连，且该条边包含多条路径，由于不同路径的通行能力大小不同，那么由节点 v_i 和节点 v_j 之间的边连通的通行能力取所有路径中的最小值。

2.2.2.3　节点空间介数

在节点空间占有度的基础上，节点空间介数是指最短路径中通过节点 v_m 的最短路径长度之和与高速公路网络模型中所有节点间最短路径长度总和的比值。节点空间介数越大，表明该节点在整个路网连通性中所起到的作用越大，最短路径经过该节点的次数越多，该节点越重要。其计算公式为

$$b_L(v_m) = \dfrac{\sum\limits_{\substack{i,j=1 \\ i \neq j}}^{n} l_{ij}(v_m)}{\sum\limits_{\substack{i,j=1 \\ i \neq j}}^{n} l_{ij}} \qquad (2\text{-}15)$$

式中：$b_L(v_m)$ 为节点 v_m 的节点空间介数；$l_{ij}(v_m)$ 为经过节点 v_m 的最短路径的路径长度；$\sum\limits_{\substack{i,j=1 \\ i \neq j}}^{n} l_{ij}(v_m)$ 为在高速公路网络模型中经过节点 v_m 的最短路径总长度；l_{ij} 为网络中的最短路径长度；$\sum\limits_{\substack{i,j=1 \\ i \neq j}}^{n} l_{ij}$ 为经过高速公路网络模型中的最短路径总长度；n 为网络中的节点总数。

2.2.2.4　节点通行介数

在节点通行度的基础上，将节点通行介数定义为通过节点 v_m 连通的最短路径的通行能力总和与高速公路网络模型中所有最短路径通行能力总和的比值。它描述了该节点在高速公路网络模型中连通、疏导交通流的容量大小，该值越大，表明通过该节点连通的最短路径中车流量越大，该节点越重要，一旦损坏，将会对网络产生重大影响。其计算公式为

$$b_C(v_m) = \frac{\sum\limits_{\substack{i,j=1 \\ i \neq j}}^{n} c_{ij}(v_m)}{\sum\limits_{\substack{i,j=1 \\ i \neq j}}^{n} c_{ij}} \qquad (2\text{-}16)$$

式中：$b_C(v_m)$ 为节点 v_m 的通行介数；$c_{ij}(v_m)$ 为经过节点 v_m 的最短路径的通行能力；$\sum\limits_{\substack{i,j=1 \\ i \neq j}}^{n} c_{ij}(v_m)$ 为在高速公路网络模型中经过节点 v_m 的最短路径通行能力总和；c_{ij} 为网络中的最短路径的通行能力；$\sum\limits_{\substack{i,j=1 \\ i \neq j}}^{n} c_{ij}$ 为经过高速公路网络模型中的最短路径的总通行能力；n 为网络中的节点总数。

2.2.2.5 路段空间介数

与节点空间介数的定义类似，路段空间介数是指最短路径中通过路段 e 连通的最短路径长度之和与高速公路网络模型中所有路段间最短路径长度总和的比值。它描述了路段在路网连通中的桥梁作用，路段空间介数越大，表明路网中最短路径通过该路段的次数越多，该路段越不可或缺，越处于枢纽地位，其计算公式为

$$b_L(e) = \frac{\sum\limits_{\substack{i,j=1 \\ i \neq j}}^{n} l_{ij}(e)}{\sum\limits_{\substack{i,j=1 \\ i \neq j}}^{n} l_{ij}} \qquad (2\text{-}17)$$

式中：$b_L(e)$ 为路段 e 的路段空间介数；$l_{ij}(e)$ 为经过路段 e 的最短路径的路径长度；$\sum\limits_{\substack{i,j=1 \\ i \neq j}}^{n} l_{ij}(e)$ 为在高速公路网络模型中经过路段 e 的最短路径总长度；l_{ij} 为网络中的最短路径长度；$\sum\limits_{\substack{i,j=1 \\ i \neq j}}^{n} l_{ij}$ 为经过高速公路网络模型中的最短路径总长度；n 为网络中的节点总数。

2.2.2.6 路段通行介数

本书把通过路段 e 连通的最短路径的总通行能力之和与路网中所有路段的通行能力之和的比值称作路段通行介数。它很好地描述了最短路径中路段 e 能够通行的流量总和，能够反映路段 e 在影响整个高速公路网络模型中通行能力的大

小。该值越大，路段 e 影响路网总通行能力的程度越大，该路段越重要。其计算公式为

$$b_C(e) = \frac{\sum\limits_{\substack{i,j=1 \\ i \neq j}}^{n} c_{ij}(e)}{\sum\limits_{\substack{i,j=1 \\ i \neq j}}^{n} c_{ij}} \qquad (2\text{-}18)$$

式中：$c_{ij}(e)$ 为经过路段 e 的最短路径的通行能力；$\sum\limits_{\substack{i,j=1 \\ i \neq j}}^{n} c_{ij}(e)$ 为在物理拓扑网络中经过路段 e 的最短路径总通行能力；c_{ij} 为网络中的最短路径的通行能力；$\sum\limits_{\substack{i,j=1 \\ i \neq j}}^{n} c_{ij}$ 为经过高速公路网络模型中的最短路径总通行能力；n 为网络中的节点总数。

2.2.2.7　路网平均节点空间占有度

高速公路网络模型中所有节点空间占有度的平均值 K_L，其计算公式为

$$K_L = \frac{1}{n} \sum_{i=1}^{n} k_L(i) \qquad (2\text{-}19)$$

式中：n 为路网的节点总数；$k_L(i)$ 为节点 v_i 的节点空间占有度。

2.2.2.8　路网平均节点通行度

高速公路网络模型中所有节点通行度的平均值 K_C，其计算公式为

$$K_C = \frac{1}{n} \sum_{i=1}^{n} k_C(i) \qquad (2\text{-}20)$$

式中：n 为路网的节点总数；$k_C(i)$ 为节点 v_i 的节点通行度。

2.2.2.9　路网平均节点空间介数

高速公路网络模型中所有节点空间介数的平均值 VB_L，其计算公式为

$$VB_L = \frac{1}{n} \sum_{i=1}^{n} b_L(v_m) \qquad (2\text{-}21)$$

式中：n 为路网的节点总数；$b_L(v_m)$ 为节点 v_m 的空间介数。

2.2.2.10　路网平均节点通行介数

高速公路网络模型中所有节点通行介数的平均值 VB_C，其计算公式为

$$VB_C = \frac{1}{n} \sum_{i=1}^{n} b_C(v_m) \qquad (2\text{-}22)$$

式中：n 为路网的节点总数；$b_C(v_m)$ 为节点 v_m 的节点通行介数。

2.2.2.11 路网平均路段空间介数

高速公路网络模型中所有路段空间介数的平均值 EB_L，其计算公式为

$$EB_L = \frac{1}{n} \sum_{i=1}^{n} b_L(e) \qquad (2\text{-}23)$$

式中：n 为路网的节点总数；$b_L(e)$ 为路段 e 的路段空间介数。

2.2.2.12 路网平均路段通行介数

高速公路网络模型中所有路段通行介数的平均值 EB_C，其计算公式为

$$EB_C = \frac{1}{n} \sum_{i=1}^{n} b_C(e) \qquad (2\text{-}24)$$

式中：n 为路网的节点总数；$b_C(e)$ 为路段 e 的路段通行介数。

2.2.2.13 最短路径

在高速公路网络模型中涉及了路径的长度，节点 v_i 和节点 v_j 之间的最短路径指的是节点 v_i 和节点 v_j 之间所有路径中长度最小的那条路径的长度。其计算公式为

$$L_{\text{shortest}} = \min\left\{L_{ij}^1 \quad L_{ij}^2 \quad \cdots \quad L_{ij}^m\right\} \qquad (2\text{-}25)$$

式中：L_{shortest} 为节点 v_i 到节点 v_j 的最短路径长度；L_{ij}^m 为节点 v_i 到节点 v_j 的第 m 条路径的长度；m 为节点 v_i 到节点 v_j 的路径总数。

2.3 实 例 分 析

2.3.1 模型的构建

以河南、安徽、江苏三个省的高速公路网络模型构建为例，说明建模过程。局域网络模型的节点表示原始路网中收费站，边代表收费站之间的高速路段。局域路网模型描述了局域内部节点之间，即收费站与实际高速公路路段的连通关系。全局网络模型的节点表示三个省的 46 个市及上海市共 47 个城市，边代表城市间有高速公路连通。路网模型可表示为

$$\text{RTN} = [T, S, N, E, EL(e_{ij}), EC(e_{ij}), EF(t), EB(t)], \quad t \in T \qquad (2\text{-}26)$$

式中：$N = \{n_1, n_2, \cdots, n_M\}$ 为路网中节点的有限集合，其中 M 为节点的个数；$E = \{e_{ij} \mid i \neq j, i, j \in \{1, 2, \cdots, M\}\}$ 为路网中边的有限集合；$EL(e_{ij})$ 为节点间公路段的

里程数，单位为 km；$EC(e_{ij})$ 为节点间路段通行能力；$EF(t) = \{wf_{ij}(t) \mid i, j \in N\}$ 为路段在 t 时刻的交通量集合；$EB(t) = \{wb_{ij}(t) \mid i, j \in N\}$ 为路段在 t 时刻的阻断信息集合。

2.3.2　网络结构特征分析

2.3.2.1　局域网络部分结构特性指标分析

1）度与度分布

在河南、安徽、江苏三个省的高速路网结构分析中，节点的度表示收费站之间的连接数，可以计算三个省高速公路网节点的度值，局域网络节点度值统计如表 2-1 所示。

表 2-1　局域网络节点度值统计

节点度值	1	2	3	4	5	6	7
节点数量/个	39	314	101	183	40	13	2
比例%	5.6	45.4	14.6	26.5	5.7	1.9	0.29
度平均值	2.88						

从表 2-1 的统计结果来看，三省高速路网中的度值为 3 的节点数 101 个，度值为 4 的节点数 183 个，度值为 5 的节点数 40 个，度值为 6 的节点数 13 个，以及度值为 7 的节点数 2 个，共计 339 个。这些节点连通度高，与路网中其余的节点连接较多，也实现了高速路网的贯通。试验路网节点度的比例分布如图 2-4 所示。

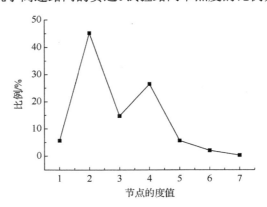

图 2-4　局域网络节点度的比例分布图

由图 2-4 可见，节点的度分布比例峰值在度值为 2 处，度平均值为 2.88，说明大多数节点的度值都为 2。在河南、安徽、江苏三个省的高速公路网络中，有 314 个节点的度值为 2，约占节点总数的 45.4%，即在实际路网中，约有 45.4% 的收费站仅与相邻的 2 个收费站连接。由于高速公路的建设耗费巨额经费，并且受地形影响较大，建设里程有限，无法纵横交错，相比公交网络节点重复率低，因此度值普遍偏低。

度值为 3～5 的节点数量稍逊于度值 2 的节点，分别为 101 个、183 个和 40 个，分别约占总数的 14.6%、26.5% 和 5.8%，即在实际路网中，有约 47% 的收费站会连接 3～5 个收费站，这一类收费站有益于人们日常出行，也便于地区之间的贸易与沟通。度值为 2～5 的节点约占了 92.2%，这些收费站点形成了河南、安徽、江苏三个省高速公路的主骨架。度值为 1 的节点约占 5.6%，这类收费站相对重要程度较低，一般作为高速公路的端点存在；而度值为 6 和 7 的节点，分别只有 13 个和 2 个。

度值为 6 的收费站分别分布在河南省郑州市、江苏省苏州市、江苏省无锡市及江苏省南京市，其中苏州、无锡和南京往来人员众多，因此交通也相对便利；而郑州既有节点度值为 6 又有节点度值为 7 的收费站，因为其在中原腹地，所以交通自然四通八达，节点度值普遍较高；另一个节点度值为 7 的收费站——宁海收费站隶属于江苏省连云港市，连云港市位于连接安徽、山东、江苏及沿海的重要交界处，因此交通十分便捷，而且宁海收费站地处 G30（连霍高速）、G25（长深高速）、G15（沈海高速）的交界地段，所以宁海收费站节点度达到峰值。

平均度值为 2.88 代表每个收费站平均都要连接将近 3 条高速公路，对于路网来说，基本可以实现贯通。

在路网后续建设中，应当优先考虑节点度值大于 2 的收费站，这样才能提高路网的整体连通性；同时，度值较大的收费站在路网车流量较大，这些收费站周边容易积压大量物流客流资源，为了在运营管理过程中减少拥堵以及事故的发生，应当提高车流容量，防止因发生意外而产生的连锁反应，造成大范围拥堵。

2）接近中心性

根据河南、安徽、江苏三个省收费站构成的局域网络模型，利用 Pajek 等网络分析工具可得各个节点的接近中心性数值，如图 2-5 所示。

路网收费站节点按照 ID（identity document）排序的接近中心性数值范围在 0.02～0.06，本节按照数值降序排列，取前 10% 的数据进行筛选，超过 0.05 即视为路网的中心部分。前 10% 的数据点普遍出现在中间位置的安徽省，安徽省的高速路网为河南中原地区以及江苏沿海地区的交流沟通起到了至关重要的作用。从另一个角度而言，越接近省市中心部分的节点，相对越繁华，因此在路网的养护过程中，应当更加重视接近中心的节点，才能维持路网的正常运营与路况的稳定。

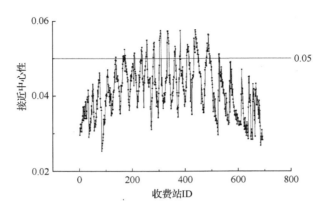

图 2-5　局域网络模型接近中心性数值

3）介数中心性

介数中心性指标反映了节点与周围节点的转换方便程度，即周围节点在路网中选择介数中心性节点的次数越多，表示为最短路径经过的次数越多。

根据河南、安徽、江苏三个省收费站构成的局域网络模型，利用 Pajek 等网络分析工具可得各个节点的介数中心性数值，如图 2-6 所示。

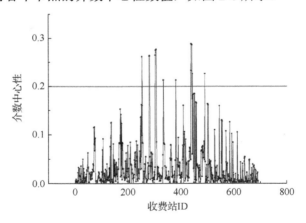

图 2-6　局域网络模型中介中心性数值

路网收费站节点按照 ID 排序的介数中心性数值范围在 0.0～0.3，本节通过将计算数值降序排列，取前 1/3 的数据进行筛选，超过 0.2 即视为路网的枢纽转换程度较高的部分。这些节点在路网中经过的最短路径次数最多，因此成为东西连接的重要通道。从筛选结果可以得出，介数中心性较高的节点呈段状地出现在 G36（宁洛高速）、G3（京台高速）及 G40（沪陕高速）上，将郑州、蚌埠、合肥、滁州、南京等多个城市连接起来，成为连接中原地区与长江三角洲沿海核心区的交通走廊。

2.3.2.2　全局网络部分结构特性指标分析

1）节点空间占有度、节点通行度

全局网络的节点空间占有度，由与该节点相连的所有路径经过的所有路段长度相加，然后除以路网长度总和得出；全局网络的节点通行度，由与该节点相连的所有路径通行能力的最小值相加得到。

全局网络中节点空间占有度和节点通行度（排名前 5 的节点）对比如表 2-2 所示，路网中每个节点的节点空间占有度和节点通行度的散点图如图 2-7 所示。结合表 2-2 和图 2-7 分析可知，苏州、上海、无锡三个城市的节点空间占有度和节点通行度排名一致，说明这三个城市所连接的路段总里程占路网规模的比值较大，经过这三个城市的交通流量最大，是在路网中承担枢纽交通作用的重要节点。通过把里程和通行能力作为边权得到的分析结果与实际情况相符，能够作为分析城市节点重要性的依据。宣城的节点空间占有度较大而节点通行度较小，表明通过宣城连接的路段里程总数较大而通过该节点城市的交通流量较小。

表 2-2　节点空间占有度和节点通行度对比

排名	节点编号（1）	城市（1）	节点空间占有度	节点编号（2）	城市（2）	节点通行度
1	12	苏州	0.345 4	12	苏州	1 220 800
2	47	上海	0.337 3	47	上海	1 176 000
3	11	无锡	0.183 6	11	无锡	683 200
4	28	宣城	0.138 1	10	常州	515 200
5	10	常州	0.135 8	28	宣城	487 200

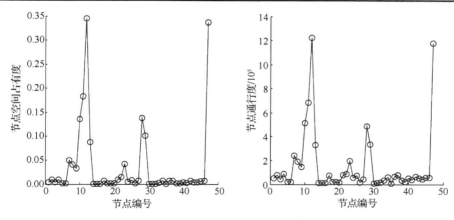

图 2-7　节点空间占有度和节点通行度的散点图

2）节点空间介数、节点通行介数

无论是节点空间介数还是节点通行介数，都指的是最短路径中通过该节点的路径长度或通行能力占所有最短路径的比例。节点空间介数和节点通行介数（排名前 5 的节点）对比如表 2-3 所示，路网中每个节点的节点空间介数和节点通行介数的散点图如图 2-8 所示。合肥的节点空间介数最大、节点通行介数排名第二，说明合肥连接的道路总里程在整个路网中所占的比例最大，对路网的连通性起到至关重要的作用；同时经过合肥的交通流量较大，是所建立的高速路网的要塞，对整个网络运输能力的影响非常大。合肥位于安徽省正中央，说明江苏省的城市到达河南省的城市，经过合肥的最短路径次数最多。

表 2-3 节点空间介数和节点通行介数对比

排名	节点编号（1）	城市（1）	节点空间介数	节点编号（2）	城市（2）	节点通行介数
1	21	合肥	0.0967	22	六安	0.1146
2	38	开封	0.0844	21	合肥	0.0925
3	17	阜阳	0.0692	23	马鞍山	0.0844
4	42	周口	0.0641	38	开封	0.0841
5	1	徐州	0.0630	42	周口	0.0838

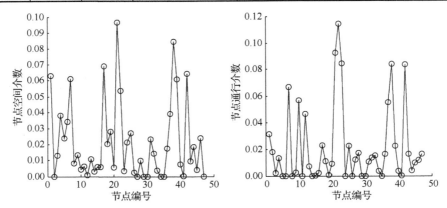

图 2-8 节点空间介数和节点通行介数的散点图

3）路段空间介数、路段通行介数

路段空间介数、路段通行介数都是指最短路径中经过该路段的路段里程、通行能力占所有最短路径路段里程、通行能力之和的比值。路段空间介数和路段通行介数（排名前 5 的路段）对比如表 2-4 所示，路网中每条路段的路段空间介数和路段通行介数的散点图如图 2-9 所示。

通过分析表 2-4 和图 2-9 可以得出：徐州—商丘（1—39）的路段空间介数最大，说明整个网络中通过该路段连通的最短路径数量最多，该路段在整个网络中起到连通枢纽作用；其次分别为阜阳—周口（17—42）、南京—合肥（7—21）、合肥—六安（21—22）、开封—商丘（38—39）。这些路段几乎都集中在安徽省，因此可以得出路段空间介数不仅与路段长度有关，还与路段在网络中的位置有关。路段合肥—马鞍山（21—23）、合肥—六安（21—22）的路段通行介数较大，说明通过该路段连通的最短路径的通行能力较大，路网中的交通流较多地经过该路段。

表 2-4　路段空间介数和路段通行介数对比

排名	路段编号（1）	路段空间介数	路段编号（2）	路段通行介数
1	1—39	0.0473	21—23	0.0663
2	17—42	0.0438	21—22	0.0647
3	7—21	0.0407	22—42	0.0531
4	21—22	0.0395	38—42	0.0521
5	38—39	0.0356	37—38	0.0477

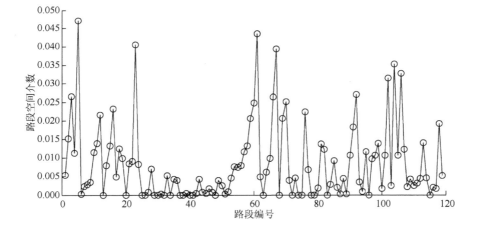

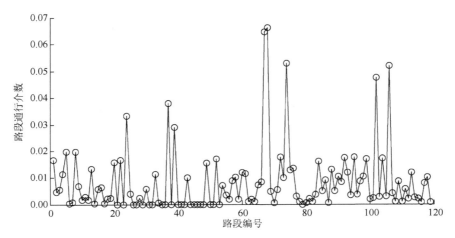

图 2-9　路段空间介数和路段通行介数的散点图

4）最短路径

最短路径描述了任意两个城市节点间最短路径的长度。路网中任意两个节点间最短路径长度如图 2-10 所示。

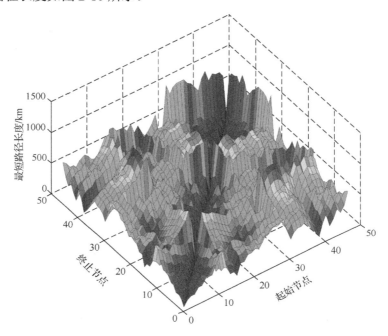

图 2-10　路网中任意两个节点间距离

2.4　结　　语

本章面向跨区域、大范围的高速公路网，从属性维度、空间维度和时间维度，建立了基于复杂网络的路网多维时空模型，并提出了路网广义拓扑模型普适性表达，使得模型可以对应于各种不同的路网。在此基础上，分别从复杂网络常用统计分析和考虑功能属性的高速公路结构特性分析，来评价高速公路网络的结构特性。

3 城市道路交通网络结构性能分析方法

3.1 城市道路交通网络建模

城市道路交通系统可以表示为一个由路网中的路段，以及路段之间交通流相互作用构建的网络。网络的节点代表路网中的路段，路段之间交通流相互作用抽象为边。路段之间交通流相互作用是指路段之间交通流空间相关性。节点对之间的边是否存在取决于交通流空间相关程度。本节将详细介绍城市道路交通复杂网络的建模过程。

3.1.1 空间相关系数

与其他的时间序列不同，准周期性和不规则波动（如每月、每天、每小时交通数据的波动）在交通流时间序列中占主导地位。图 3-1 为位于北京市二环快速路的某路段上的传感器采集的交通流时间序列。图 3-1（a）～（c）分别为 2012年 10 月 15～24 日共 10d 从该路段采集到的三类交通流时间序列，即交通流量、速度和占有率。图中横轴代表时间周期数，该数据以 2min 为一个统计周期，如第一个时间周期代表 2012 年 10 月 15 日 00:00:00～2012 年 10 月 15 日 00:01:59，第721 个时间周期代表 2012 年 10 月 16 日 00:00:00～2012 年 10 月 16 日 00:01:59。纵轴代表给定统计周期内采集到的交通流数据。从图 3-1（a）～（c）可以看出，由于准周期性和不规则波动现象共存，交通状态不断地从有序到无序再到有序，反复转换。交通流序列通常显现出不规则性和复杂性，如每天当交通状态进入或离开阻塞时间段时，交通流会发生突然变化，如突然达到最大（或最小）值。此外，交通流的日周期性会导致交通流时间序列出现强时间自相关，这种强时间自相关可能会放大路网中两个不同路段之间的时空相关性，而这种放大的结果会掩盖两个路段之间的交通时间序列的差异[136-137]。本节重点研究不同路段之间的空间相关性，为此在计算空间相关系数之前，需要消除交通流时间序列的日周期性。本节将采用 Z-score 模型去除交通流时间序列的日周期性。

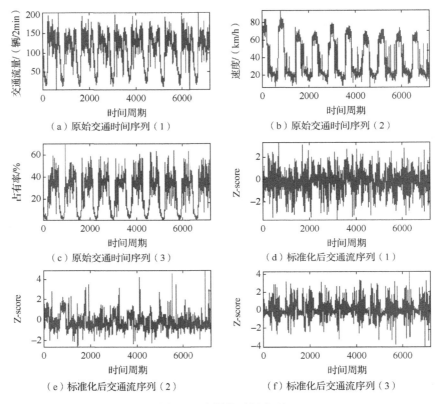

图 3-1　交通流时间序列

设 $X_i = (x^i_{11}, x^i_{21}, \cdots, x^i_{td}, \cdots, x^i_{TD})$ 代表于第 i 个路段上采集到的一个交通流时间序列。x^i_{td} 代表第 d 天的第 t 个时间统计周期采集到第 i 个路段上的交通流数据，其中，$i = 1, 2, \cdots, N$，$t = 1, 2, \cdots, T$，$d = 1, 2, \cdots, D$。交通流时间序列 x^i_{td} 可通过 Z-score 进行标准化，即

$$y^i_{td} = \frac{x^i_{td} - \overline{x}^i_t}{\sigma^i_t} \tag{3-1}$$

式中：$\overline{x}^i_t = \dfrac{1}{D}\displaystyle\sum_{d=1}^{D} x^i_{td}$ 为第 i 个路段上统计周期 t 内的交通流均值；

$\sigma^i_t = \sqrt{\dfrac{1}{D-1}\displaystyle\sum_{d=1}^{D}(x^i_{td} - \overline{x}^i_t)^2}$ 为第 i 个路段上统计周期 t 内的交通流标准差。

通过标准化处理后，得到一个新的时间序列 $Y_i = (y^i_{11}, y^i_{21}, \cdots, y^i_{td}, \cdots, y^i_{TD})$，这个新的时间序列均值为 0，标准差为 1。图 3-1（d）～（f）为举例路段的 3 个交通流时间序列经消除日周期性处理后得到的新的时间序列。通过计算时间序列中的每个数据偏离相应统计时间周期内的均值的程度，并以对应时间周期内的波动系

数（标准差）对该偏离程度进行缩放，从而将日周期性从序列中剔除。从图 3-1（d）～（f）中可以直观地看出，新生成的序列的自相关性明显低于原始数据［图 3-1（a）～（c）］。

本节利用交通流时间序列之间的偏差程度来量化路网中路段之间的关系，因此采用互相关函数（cross correlation function，CCF）[74, 138-139]来度量节点对之间的交通流空间相关性。两个交通流时间序列 Y_i 和 Y_j，其相应的空间相关系数 r_{ij} 可以通过下面公式计算得出：

$$r_{ij} = r(Y_i, Y_j) = \frac{\sum_{d=1}^{D}\sum_{t=1}^{T}(y_{td}^i - \overline{y}_i)[w_{ij}(y_{td}^j - \overline{y}_j)]}{\sqrt{\sum_{d=1}^{D}\sum_{t=1}^{T}(y_{td}^i - \overline{y}_i)^2 \sum_{d=1}^{D}\sum_{t=1}^{T}(y_{td}^j - \overline{y}_j)^2}} \tag{3-2}$$

式中：$\overline{y}_i$ 和 $\overline{y}_j$ 分别为交通流时间序列 Y_i 和 Y_j 的均值；w_{ij} 为空间权重。在之前相关研究工作中，w_{ij} 的取值取决于相应路段的邻接关系，即若路段 i 和路段 j 相邻接，则 $w_{ij} = 1$；反之，$w_{ij} = 0$。在本节中，城市道路交通网络建模需考虑所有路段之间的空间相关性，因此令 $w_{ij} = 1$，$\forall 1 \leqslant i \leqslant N$，$1 \leqslant j \leqslant N$。

3.1.2 城市道路交通网络模型构建

城市道路交通网络（urban road traffic network，URTN）可以通过一个三元组表示，即 URTN = (N, E, R)，其中，$N = \{n_i \mid i = 1, 2, \cdots, N\}$ 为网络节点有限集合，节点代表路网中的路段，$N = |N|$ 为网络中节点的个数；$E = \{e_{ij} \mid i \neq j, i, j \in \{1, 2, \cdots, N\}\}$ 为网络中边的有限集合，边由路段之间交通流相互作用抽象得出，若节点 n_i 和节点 n_j 之间存在边，则 $e_{ij} = 1$，反之，$e_{ij} = 0$；$R = \{r_{ij} \mid i \neq j, i, j \in \{1, 2, \cdots, N\}\}$ 为网络中所有节点对的空间相关系数的有限集合。

城市道路交通网络需要通过节点对之间的交通流空间相关程度来判定该节点对之间的边是否存在。设定阈值[140-141]或统计方法[136]是判断交通流空间相关程度最常用的方法，相较于设定阈值方法而言，统计方法更具有可解释性且更适合本节的研究，因此，本节采用显著性检验的方法判断交通流空间依赖程度。对于任意一个节点对，首先对空间相关系数进行费希尔（Fisher）变换[142]，其次在给定置信区间条件下，采用双边检验来判断节点对之间的边是否存在。上述过程可通过以下数学公式描述：

$$e_{ij} = \begin{cases} 1 & P(|Z| \geqslant Z(r_{ij})) \leqslant 2\beta \\ 0 & P(|Z| \geqslant Z(r_{ij})) > 2\beta \end{cases}, \quad i \neq j, i, j \in \{1, 2, \cdots, N\} \tag{3-3}$$

$$Z(r_{ij}) = \sqrt{TD - 3}\left(\frac{1}{2}\log\frac{1 + r_{ij}}{1 - r_{ij}}\right) = \sqrt{TD - 3}\ \text{arctanh}\,(r_{ij}) \tag{3-4}$$

式中：Z 为 Fisher 变换；$P(|Z| \geqslant Z(r_{ij}))$ 为假设检验的 P 值；T 为 1d 的时间周期

数；D 为监测交通状态的天数；TD 应大于 3；β 为显著性水平，本节中 $\beta = 1 \times 10^{-8}$。

3.2 城市道路交通网络的结构特性分析

3.2.1 基于复杂网络理论的统计特征分析

小世界网络模型和无标度网络模型的提出可看作复杂网络研究的开始，本节通过特征路径长度（characteristic path lengh）、聚类系数（clustering coefficient）和节点的度分布（degree distribution）来描述构建的城市道路交通网络的复杂网络特性。

（1）特征路径长度（L），又称网络的平均路径长度，是指网络中所有节点对之间最短路径长度的平均值，其表达式为

$$L = \frac{1}{N(N-1)} \sum_{\substack{i,j \in N \\ i \neq j}} l_{ij} \tag{3-5}$$

式中：l_{ij} 为节点 n_i 和节点 n_j 之间的最短路径长度，即从节点 n_i 到节点 n_j 需要通过最少的边的数目。

（2）聚类系数。节点 n_i 的聚类系数 C_i 是节点 n_j 与相邻节点之间的连接数，以及它们所有可能存在连接数的比值。

$$C_i = \frac{2|e_{jk}|}{k_i(k_i - 1)} \tag{3-6}$$

式中：$|e_{jk}|$ 为网络中节点 n_j 与相邻节点之间实际的连接数；k_i 为节点 n_i 的度，即连接节点 n_i 的边数。

网络的聚类系数 C 是网络中所有节点聚类系数的平均值。通常用聚类系数刻画网络的聚集情况，即

$$C = \frac{1}{N} \sum_{i=1}^{N} C_i \tag{3-7}$$

特征路径长度与聚类系数是判断小世界网络特性的两个主要指标。若网络同时具有较小的特征路径长度和较大的聚类系数，则为小世界网络。一般可表示为

$$L \geqslant L_{\text{rand}}, \quad C \gg C_{\text{rand}} \tag{3-8}$$

式中：L_{rand} 和 C_{rand} 分别代表具有相同规模的随机网络的特征路径长度和聚类系数，可表示为

$$L_{\text{rand}} \approx \ln(N) / \ln(\langle k \rangle), \quad C_{\text{rand}} \approx \langle k \rangle / N \tag{3-9}$$

式中：$\langle k \rangle = \frac{1}{N} \sum_{i=1}^{N} k_i$ 为网络中节点度的平均值。

（3）节点的度分布。节点度为 k 的概率，度分布 $p(k)$ 可表示为

$$p(k) = n_k/N \tag{3-10}$$

式中： n_k 为节点度为 k 的节点个数。

度分布是判断无标度网络的一个很重要的指标。若可以用一个幂函数近似地表示网络中某个特定节点度的节点数目与该特定的度之间的关系，即 $p(k) \sim n_k \sim k^{-\gamma}$（ γ 为度指数），换句话说，在双对数坐标下，度分布近似呈现为一条右倾的直线，则表明该网络具有无标度网络特性。

3.2.2 重要路段分布特征分析

道路网络重要路段布局分析是判断哪段路段失效会对路网交通运行造成致命破坏的重要依据，是城市交通网络结构特征分析的重要组成部分，对提升道路网络防灾减灾能力具有重要意义。在分析城市道路网络中重要路段分布特征之前需要对路段的重要度进行测算。本节对常用的节点排序算法，即 PageRank 算法（PageRank algorithm，PA）进行改进，使其适用于城市道路网络中路段重要度测算问题。

3.2.2.1 PageRank 算法

PageRank 算法是 Google 专有算法，用于衡量特定网页相对于搜索引擎中的其他网页而言的重要程度。PageRank 算法认为网络中一个节点的重要性取决于它指向其他节点的数量和质量，如果一个节点被很多高质量的节点指向，则该节点的质量也高。目前，PageRank 算法已经被成功应用于复杂网络节点重要度测算。PageRank 算法[143-144]可看作对 Google 矩阵主特征值 $\lambda_1 = 1$ 对应的特征向量 $\boldsymbol{X}_1 = \{x_1(1), x_1(2), \cdots, x_1(i), \cdots, x_1(N)\}$ 的求解，其中 $x_1(i)$ 为节点 n_i 的重要度值。

设一个无向图由 N 个节点构成， $\boldsymbol{N} = \{n_1, n_2, \ldots, n_N\}$ ，其邻接矩阵为 $\boldsymbol{A} = (e_{ij})_{i,j=1}^N \in \mathbb{R}^{N \times N}$ ，其中， $e_{ij} = 1$ 时节点 n_i 和节点 n_j 之间存在边；反之， $e_{ij} = 0$ 时相应的转移矩阵 $\boldsymbol{A}^* = (a_{ij})_{i,j=1}^N$ 可以定义为

$$a_{ij} = \begin{cases} \dfrac{1}{\sum_{i=1}^N e_{ij}} & e_{ij} = 1 \\ 0 & e_{ij} = 0 \end{cases}, \quad 1 \leqslant i, j \leqslant N \tag{3-11}$$

转移矩阵 $\boldsymbol{A}^*$ 中的每个元素 a_{ij} 是邻接矩阵 $\boldsymbol{A}$ 对应列所有元素之和的倒数，则 PageRank 算法的 Google 矩阵可表示为

$$\boldsymbol{G} = (1-\alpha)\boldsymbol{A}^* + \frac{\alpha}{N}\boldsymbol{I}_{N \times N} \tag{3-12}$$

式中： $\boldsymbol{G}$ 为 Google 矩阵； α 为阻尼因子， α 一般取值为 0.15； $\boldsymbol{I}_{N \times N}$ 为 $N \times N$ 元素全为 1 的矩阵。

Google 矩阵 G 是一个随机的本原矩阵,因此可根据佩龙-弗罗贝尼乌斯(Perron-Frobenius)定理[138]求其最大特征根 $\lambda = 1$ 对应的特征向量 X_1:

$$G \cdot X = 1 \cdot X_1 \qquad (3\text{-}13)$$

特征向量 X_1 也被称为 PageRank 向量,是排序的最终结果。向量的每个元素值代表节点的重要度值,所有元素和为 1。

3.2.2.2　考虑地理权重的 PageRank 算法

式(3-12)中矩阵 $I_{N \times N}$ 中所有元素均为 1,因为 PageRank 算法假设所有的节点与其他节点连接都是无偏好的。然而在实际路网中,路段上的交通流受地理环境的影响,交通流相关性存在明显偏好,主要体现在两方面:一方面是交通流时空相关系数均值随距离发生改变,研究表明,在一定范围内路段间的交通流相关性平均强度存在着随距离增加而递减的现象[60];另一方面是路段所处的地理位置,路段周边的设施、建筑物也对路段的重要性产生影响。因此本节考虑地理因素对路段重要度的影响,提出了考虑地理权重的 PageRank 算法。GWPA 算法通过添加一个距离权重矩阵和一个属性矩阵对矩阵 $I_{N \times N}$ 进行重新定义,从而让 PA 算法更好地适用于城市道路交通网络中路段中心性的评价问题。

设 $W = (w_{ij})_{i,j=1}^{N}$ 为距离权重矩阵,元素 w_{ij} 为节点 n_i 和节点 n_j 之间的最短路径长度的倒数,即

$$w_{ij} = \begin{cases} \dfrac{1}{d_{ij}} & i \neq j \\ 0 & i = j \end{cases}, \quad 1 \leqslant i, j \leqslant N \qquad (3\text{-}14)$$

式中: d_{ij} 为实际路网中节点 n_i 和节点 n_j 之间的最短路径长度,单位为 km。

设 v 是一个 $N \times 1$ 维列向量, N 代表在城市道路交通网络中有 N 个路段(节点)。向量 v 的元素 $v_i = 1$ 表明路段 i 具有某种位置属性,该位置属性根据研究对象而设定; $v_i = 0$ 表明路段 i 不具有定义的位置属性($1 \leqslant i \leqslant N$)。如本节主要考虑节点(路段)周边的中央商务区、风景名胜区、医院或者购物中心对路段重要性的影响,因此将位置属性定义为路段周边存在中央商务区、风景名胜区、医院或者购物中心,则属性矩阵 F 可通过以向量 v 为一个列向量复制 N 次得到,即

$$F = (v, v, \cdots, v)_{1 \times N} \qquad (3\text{-}15)$$

给定了距离权重矩阵 W 和属性矩阵 F 之后,可以得到一个新的权重矩阵 K:

$$K = (k_1, k_2, \cdots, k_j, \cdots, k_N) = W + F \qquad (3\text{-}16)$$

式中: k_j($1 \leqslant j \leqslant N$)是矩阵 K 第 j 列向量。

为了让矩阵 K 每一列成为不可约的随机向量,需要对每一列向量 k_j 进行标准化处理,并构成一个新的矩阵 K_N:

$$k_j^* = \left(\frac{k_{1j}}{\|k_j\|}, \frac{k_{2j}}{\|k_j\|}, \cdots, \frac{k_{Nj}}{\|k_j\|} \right)^{\mathrm{T}} \tag{3-17}$$

$$K_N = (k_1^*, k_2^*, \cdots, k_j^*, \cdots, k_N^*)$$

式（3-12）中，$I_{N \times N}$ 被 K_N 替代，从而生成一个新的 Google 矩阵 G^*。因此，考虑地理权重的 PageRank 算法（GWPA 算法）的流程（图 3-2）如下所示。

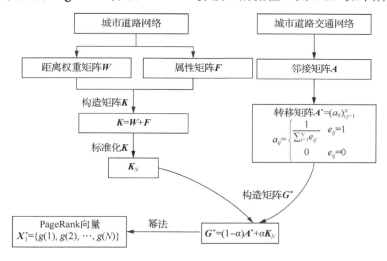

图 3-2　GWPA 算法流程

步骤 1：从城市道路交通网络中获取邻接矩阵 A，并利用式（3-11）计算转移矩阵 A^*；

步骤 2：在城市道路网络中计算任意两条路段的最短路径长度并构造距离权重矩阵 W；

步骤3：根据研究问题定义位置属性，获取向量 v 并构造属性矩阵 F；

步骤4：利用式（3-17）构造矩阵 K 并对其标准化，得到 K_N；

步骤5：利用矩阵 A^* 和 K_N 构造新的 Google 矩阵 $G^* = (1-\alpha)A^* + \alpha K_N$；

步骤6：利用幂法[145]求解矩阵 G^* 特征根 $\lambda_1 = 1$ 对应的特征向量 $X_1^* = (g(1), g(2), \cdots, g(N))$。

综上所述，在实际城市道路交通系统中，经 GWPA 算法测算出的路段重要度主要是从路网中路段与其他路段交通流相关程度及路段在路网中的地理位置两个方面体现路段在路网中的重要性的，该结果可为路网中关键路段的辨识和路网交通流空间相关聚类分析提供依据。

3.2.2.3　举例说明

本节以一个由 10 个节点构成的简单网络为例，说明考虑地理权重的 PageRank

算法的计算过程。这个简单网络的拓扑结构如图 3-3 所示。

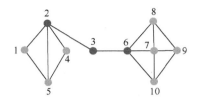

图 3-3　一个由 10 个节点构成的简单网络

依据节点对网络连通的影响将网络中节点分为两类：割点（节点 n_2、n_3 和 n_6）和非割点（节点 n_1、n_4、n_5、n_7、n_8、n_9 和 n_{10}），则向量 $\boldsymbol{v}$ 为[0; 1; 1; 0; 0; 1; 0; 0; 0; 0]，根据属性矩阵 $\boldsymbol{F}$ 的定义，$\boldsymbol{F}$ 是以 $\boldsymbol{v}$ 为列向量复制 10 次，构成了一个 10×10 的矩阵。设每条边的长度为 1，则相应的属性矩阵 $\boldsymbol{F}$、转移矩阵 $\boldsymbol{A}^*$ 和距离权重矩阵 $\boldsymbol{W}$ 分别为

$$
\boldsymbol{F} = \begin{bmatrix}
0 & 0 & 0 & 0 & 0 & 0 & 0 & 0 & 0 & 0 \\
1 & 1 & 1 & 1 & 1 & 1 & 1 & 1 & 1 & 1 \\
1 & 1 & 1 & 1 & 1 & 1 & 1 & 1 & 1 & 1 \\
0 & 0 & 0 & 0 & 0 & 0 & 0 & 0 & 0 & 0 \\
0 & 0 & 0 & 0 & 0 & 0 & 0 & 0 & 0 & 0 \\
1 & 1 & 1 & 1 & 1 & 1 & 1 & 1 & 1 & 1 \\
0 & 0 & 0 & 0 & 0 & 0 & 0 & 0 & 0 & 0 \\
0 & 0 & 0 & 0 & 0 & 0 & 0 & 0 & 0 & 0 \\
0 & 0 & 0 & 0 & 0 & 0 & 0 & 0 & 0 & 0 \\
0 & 0 & 0 & 0 & 0 & 0 & 0 & 0 & 0 & 0
\end{bmatrix}
$$

$$
\boldsymbol{A}^* = \begin{bmatrix}
0 & 1/4 & 0 & 0 & 1/3 & 0 & 0 & 0 & 0 & 0 \\
1/2 & 0 & 1/2 & 1/2 & 1/3 & 0 & 0 & 0 & 0 & 0 \\
0 & 1/4 & 0 & 0 & 0 & 1/4 & 0 & 0 & 0 & 0 \\
0 & 1/4 & 0 & 0 & 1/3 & 0 & 0 & 0 & 0 & 0 \\
1/2 & 1/4 & 0 & 1/2 & 0 & 0 & 0 & 0 & 0 & 0 \\
0 & 0 & 1/2 & 0 & 0 & 0 & 1/3 & 0 & 1/3 \\
0 & 0 & 0 & 0 & 0 & 1/4 & 1/4 & 1/3 & 1/3 & 1/3 \\
0 & 0 & 0 & 0 & 0 & 1/4 & 1/4 & 0 & 1/3 \\
0 & 0 & 0 & 0 & 0 & 1/4 & 1/3 & 0 & 1/3 \\
0 & 0 & 0 & 0 & 0 & 1/4 & 1/4 & 0 & 1/3 & 0
\end{bmatrix}
$$

$$W = \begin{bmatrix} 0 & 1 & 1/2 & 1/2 & 1 & 1/3 & 1/4 & 1/4 & 1/5 & 1/4 \\ 1 & 0 & 1 & 1 & 1 & 1/2 & 1/3 & 1/3 & 1/4 & 1/3 \\ 1/2 & 1 & 0 & 1/2 & 1/2 & 1 & 1/2 & 1/2 & 1/3 & 1/2 \\ 1/2 & 1 & 1/2 & 0 & 1 & 1/3 & 1/4 & 1/4 & 1/5 & 1/4 \\ 1 & 1 & 1/2 & 1 & 0 & 1/3 & 1/4 & 1/4 & 1/5 & 1/4 \\ 1/3 & 1/2 & 1 & 1/3 & 1/3 & 0 & 1 & 1 & 1/2 & 1 \\ 1/4 & 1/3 & 1/2 & 1/4 & 1/4 & 1 & 0 & 1 & 1 & 1 \\ 1/4 & 1/3 & 1/2 & 1/3 & 1/4 & 1 & 1 & 0 & 1 & 1 \\ 1/5 & 1/4 & 1/3 & 1/5 & 1/5 & 1/2 & 1 & 1 & 0 & 1 \\ 1/4 & 1/3 & 1/2 & 1/4 & 1/4 & 1 & 1 & 1/2 & 1 & 0 \end{bmatrix}$$

本节依次选用度中心测算方法、PA 测算方法和 GWPA 测算方法三种模型对网络节点重要度进行测算，并对结果进行比较分析，排序结果如表 3-1 所示。首先采用度中心性的方法进行测算。度中心性方法依据节点度的大小进行排序，节点度越大，则重要度越高。网络中节点 n_2、n_6 和 n_7 的节点度最大，因此排在网络中的首位。其次利用 PageRank 算法对网络中的节点进行排序。通过式（3-11）构造 Google 矩阵 G，其特征根 $\lambda_1 = 1$ 对应的特征向量 X_1 和排名如表 3-1 第 4 列和第 5 列所示。从 PageRank 向量 X_1 的中各元素的值可以看出，PA 算法测算出节点 n_2 的重要度是 0.4351，拥有整个网络最大的重要度，因此节点 n_2 是网络中最重要的节点。同时，节点 n_3 的重要度是 0.2202，拥有网络中最小的重要度值，因此节点 n_3 是网络中影响力最小的节点。对比度中心性排序结果和 PA 排序结果可以看出，PA 的结果与度中心性排序结果是相一致的，两类算法都认为节点度越大则重要度越大。这两类方法都无法识别网络中位置比较关键但是节点度较小的节点的重要性。如节点 n_3 与网络中两个度最大的节点（n_2 和 n_6）相邻接，而且它的存在对整个网络的存在至关重要，去除节点 n_3 将会让整个网络变得不连通。因此，考虑节点连通属性和节点间的拓扑距离对节点重要性的影响，重新构造 Google 矩阵 G^*，通过 GWPA 算法计算得到的矩阵排序结果对比如表 3-1 的第 6 列和第 7 列所示。

表 3-1　三类排序方法的结果对比

节点	节点度	排序一	X_1	排序二	X_1^*	排序三
n_1	2	8	0.2346	8	0.2152	9
n_2	4	1	0.4351	1	0.4755	1
n_3	2	8	0.2202	10	0.2802	5
n_4	2	8	0.2346	8	0.2152	9
n_5	3	4	0.3382	4	0.3107	4
n_6	4	1	0.3832	2	0.4302	2
n_7	4	1	0.3737	3	0.3432	3

节点	节点度	排序一	X_1	排序二	X_1^*	排序三
n_8	3	4	0.2892	6	0.2669	6
n_9	3	4	0.2896	5	0.2493	8
n_{10}	3	4	0.2892	6	0.2644	7

与度中心性排序法、PA 方法结果不同，节点 n_3 的重要性上升到了第 5 位，排在节点 n_2、n_6、n_7 和 n_5 之后。结果表明，GWPA 方法能较好地识别位置关键但是节点度较小的节点的重要性。

考虑阻尼因子 α 对评价结果的影响，除了取 $\alpha=0.15$ 外，本节分别令阻尼因子 α 取 0.3、0.5、0.7 和 0.9，分析其对评价结果的影响，表 3-2 分别列出 PA 模型和 GWPA 模型在阻尼因子 α 取不同值情况下的测算结果。

表 3-2　不同 α 取值下 PA 模型和 GWPA 模型的测算结果

算法	节点	α			
		0.3	0.5	0.7	0.9
PA 模型	n_1	0.2476	0.2638	0.2820	0.3036
	n_2	0.4277	0.4078	0.3793	0.3405
	n_3	0.2333	0.2524	0.2747	0.3011
	n_4	0.2476	0.2638	0.2820	0.3036
	n_5	0.3413	0.3392	0.3332	0.3232
	n_6	0.3733	0.3614	0.3471	0.3282
	n_7	0.3617	0.3494	0.3372	0.3237
	n_8	0.2898	0.2948	0.3021	0.3111
	n_9	0.2916	0.2982	0.3059	0.3132
	n_{10}	0.2898	0.2948	0.3021	0.3111
GWPA 模型	n_1	0.2060	0.1913	0.1778	0.1666
	n_2	0.4983	0.5119	0.5160	0.5144
	n_3	0.3399	0.4039	0.455	0.4977
	n_4	0.2061	0.1914	0.1779	0.1667
	n_5	0.2854	0.2491	0.2157	0.1863
	n_6	0.4582	0.4859	0.5036	0.5137
	n_7	0.3050	0.2641	0.2296	0.2001
	n_8	0.2466	0.2255	0.2082	0.1936
	n_9	0.2172	0.1864	0.1643	0.1487
	n_{10}	0.2420	0.2187	0.1995	0.1835

图 3-4 给出了在阻尼因子取不同值时，PA 模型测算的各节点重要度的变化情况。在图 3-4 中，从纵向看，随着 α 的变大，网络中度较小的节点（如 n_1、n_3 和 n_4）

的重要度值都有所变大，度较大的节点（如 n_2 和 n_6）的重要度值都有所变小。从横向看，随着 α 的变大，路网中 10 个节点的重要度曲线的波动越来越平缓，即 α 越大，路网中 10 个节点的重要度都逐渐向均等值 1/10 靠近。然而无论 α 的取值变化如何，节点排序的结果都没有发生改变，即节点度大的节点在网络中的位置仍然是最重要的。

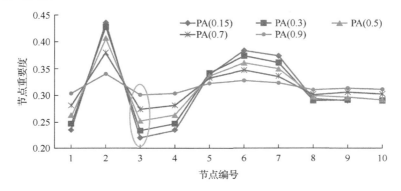

图 3-4　α 取不同值 PA 模型测算的各节点重要度的变化情况

图 3-5 给出了在阻尼因子取不同值时，GWPA 模型测算的各节点重要度的变化情况。与 PA 模型不同，随着 α 的变大，节点的地理位置属性在评价中起的作用越来越大，如节点 n_3，当 α=0.15 时，n_3 排在节点 n_2、n_6、n_7 和 n_5 之后，当 α=0.9 时，n_3 上升至第三位，排在节点 n_2 和 n_6 之后。因此，根据 α 的取值不同，GWPA 模型测算结果会发生变化，使用者在使用 GWPA 模型对节点重要性进行评价时是偏向考虑网络拓扑结构还是认为节点在网络中的地理位置对节点重要性影响更大，都会对最终的测算结果产生影响。

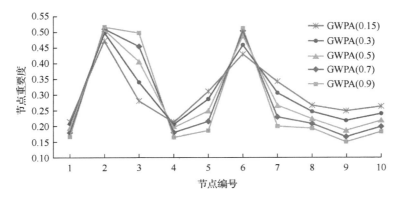

图 3-5　α 取不同值 GWPA 模型测算的各节点重要度的变化情况

3.3 实 例 分 析

3.3.1 数据准备

本节对北京市快速路和主干路构成的道路网络进行实例研究，其中快速路上的交通流检测器是微波传感器，主干路上的传感器是线圈传感器。整个道路网络依据传感器的设置被划分为 1661 条路段，每条路段上有一个交通流检测器与之对应。北京市道路交通网络中节点分布情况如图 3-6 所示。传感器每 2min 都会采集到三类能表征交通状态的交通流参数，即交通流量、速度和占有率，采集时间从 2012 年 10 月 1 日～31 日。本节分别利用这三类交通流变量时间序列进行建模分析，每一条路段代表一个节点，每个节点上每类交通流时间序列共有 31×720=22 320 个数据。

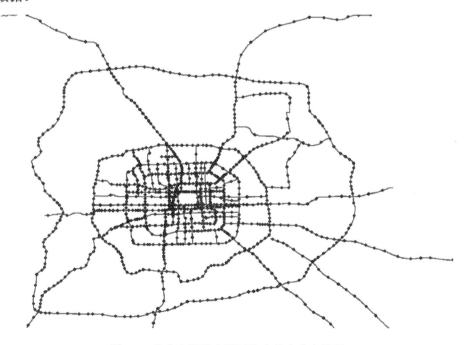

图 3-6 北京市道路交通网络中节点分布情况

3.3.2 结果与分析

3.3.2.1 网络拓扑特性

使用 3.1 节介绍的城市道路交通网络建模方法，本节依据不同类型的交通流时间序列构建了 3 个独立的道路交通网络，分别是基于流量变量的网络（network based on volume variable，NVV）、基于速度变量的网络（network based on speed variable，NSV）和基于占有率变量的网络（network based on occupancy variable，NOV）。接下来利用 3.2.1 节中介绍的统计量来分析上述三个网络的拓扑特性。首先，计算节点数（N）、边数（E）、特征路径长度（L）和聚类系数（C），随后对特征路径长度（L）和聚类系数（C）分别与同规模大小的、随机网络的特征路径长度（L_{rand}）和聚类系数（C_{rand}）做比较，统计特征分析如表 3-3 所示。

表 3-3　统计特征分析

网络	特征参数					
	N	E	L	C	L_{rand}	C_{rand}
NVV	1 661	515 056	1.813 2	0.677 6	1.292 6	0.186 7
NSV	1 661	421 766	1.847 0	0.683 6	1.339 2	0.152 9
NOV	1 661	363 406	1.868 2	0.777 3	1.376 2	0.131 7

从表 3-3 中可以看出，上述三个网络具有较小的特征路径长度和较大聚类系数，即同时满足不等式 $L \geqslant L_{rand}$ 和 $C \gg C_{rand}$。换言之，上述三个网络均满足小世界网络特性。

分析上述三个网络的节点度分布情况。图 3-7 为北京市城市道路交通网络节点度分布。从图 3.7 中看出，网络节点度和对应的概率间的双对数关系，两者基本呈线性关系。图中星号符号对应节点度概率值，直线对应经过回归拟合后得出的幂函数，其分布指数分别为 $\gamma_{NVV} = 1.0098$、$\gamma_{NSV} = 1.0813$ 和 $\gamma_{NOV} = 1.2102$。拟合优度通过决定系数（coefficient of determination）R^2 和均方根误差（root mean square error，RMSE）评价，R^2 越接近 1，RMSE 越小则说明拟合效果越好，三个网络的拟合优度如表 3-4 所示。从表 3-4 中可以看出，三个网络的节点度分布拟合效果显著，即均有较大的 R^2 和较小的 RMSE。因此，基于不同交通流变量的时间序列构建的网络都满足无标度网络特性。

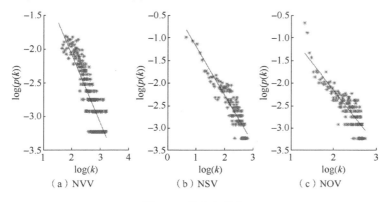

（a）NVV　　　　　（b）NSV　　　　　（c）NOV

图 3-7　节点度分布

表 3-4　三个网络的拟合优度

网络	分布指数	R^2	RMSE
NVV	1.009 8	0.805 4	0.214 9
NSV	1.081 3	0.835 7	0.194 5
NOV	1.210 02	0.758 4	0.223 1

3.3.2.2　路段重要度空间布局分析

在本节中,考虑地理权重的 PageRank 算法用来测算基于不同交通流变量时间序列构建的三个道路交通网络中节点（路段）的重要性,并分析路网中重要路段的空间布局特性,为制定城市交通管理策略和出行计划提供参考。本节试验中,着重考虑网络的拓扑结构对节点重要度的影响,设阻尼因子 $\alpha=0.15$。同时,路段的位置属性主要考虑节点（路段）周边的中央商务区、风景名胜区、医院或者购物中心对节点重要性的影响,因此向量 v 内的元素可以通过如下规定进行赋值:

（1）$v_i=1$,若节点（路段）n_i 附近有中央商务区、风景名胜区、医院或者购物中心等建筑物存在;

（2）$v_i=0$,若节点（路段）n_i 附近没有中央商务区、风景名胜区、医院或者购物中心等建筑物存在。

在定义了属性矩阵 F 和距离权重矩阵 W 后,构造新的 Google 矩阵 G^*,通过幂方法求解得到 x_1^*,每个元素代表城市道路交通网络中节点的重要度值。

图 3-8（a）显示了北京市道路网中道路类型布局情况,其中红线代表快速路或高速公路,绿线代表城市干道。快速路、高速公路主要包括北京市路网中的五个环线（二环、三环、四环、五环和六环）和环线之间的联络线。城市干道主要分布在北京市中心区域。图 3-8（b）～（d）分别描述了交通网络 NVV、NSV 和 NOV 中路段经过 GWPA 算法测算后得到的路段的重要度值。路段的重要度大小通过路段上的颜色体现,路段颜色越红,表明路段的重要度越大,在路网中的位置越重要;反之,路段颜色越绿,表明路段的重要度越小。从图中可以直观地看出,NVV 网络重要路段主要位于五环外的高速公路和城市主干道上,而网络 NSV 和 NOV 的重要路段空间分布比较相似,主要位于五环内的道路上。NVV 网络与 NSV、NOV 的差异性主要是由五环外高速公路与五环内道路上交通流特征的差异性引起的。

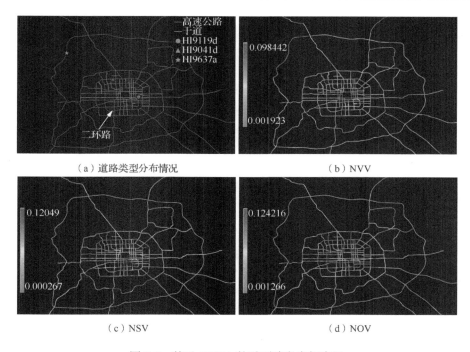

图 3-8 基于 GWPA 的重要路段空间布局

本节以三个路段为例说明上述交通流特征的差异性。这三个路段分别位于建国路、北四环和西六环上，路段类型分别为主干道、快速路和高速公路，路段 ID 号分别为 HI9119d、HI9041d 和 HI9637a，如图 3-8（a）所示。图 3-9 分别描绘了三个路段于 2012 年 10 月 16 日采集的交通流量、行驶速度和占有率三类交通流序列。每张图中左边的竖线代表早高峰开始的时间（北京市早高峰开始时间一般为7:30，对应的统计时间间隔为 225），右边的竖线代表晚高峰结束的时间（本节选20:00，对应的统计时间间隔为 600）。通过对比可以得出三个路段上交通流量的变化趋势基本一致，即进入早高峰时交通流量有急剧变化，晚高峰结束后交通流量趋于平缓。与交通流量不同，路段 HI9637a 的行驶速度和占有率的变化趋势与路段 HI9119d 和路段 HI9041d 有着明显不同。路段 HI9119d 和路段 HI9041d 上的行车速度和占有率变化比较明显，尤其在高峰时候，路段 HI9637a 上全天处在一个占有率较低速度较快的状态。因此路段 HI9637a 与路段 HI9119d、路段 HI9041d 的交通流时间序列空间相关性较强，但速度和占有率时间序列空间相关性较弱。因此，NVV 的重要路段空间分布特点与 NSV 和 NOV 网络的分布特点有差别。

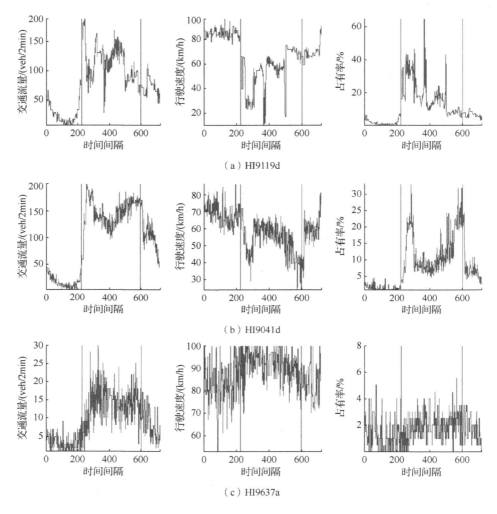

图 3-9　交通流序列

更为具体地，本节对二环以内的路段重要度评价结果进行了分析，并与 PageRank 算法的评价结果比较，二环内路段的重要路段空间分布情况如图 3-10 所示，图中第一列为基于 GWPA 模型的测算结果，第二列为基于 PA 模型的测算结果。通过对比两列图可以看出，对于二环内的道路尤其是城市主干道来说，基于 GWPA 模型的测算结果明显高于基于 PA 模型的测算结果。为了说明这种差异是由于考虑路段的地理因素引起的，表 3-5 列出了三个网络不同道路类型的节点度的描述性统计值。从表 3-5 中可以看出，在北京市道路网络中，表征城市主干道的节点在整个网络中只是很小的一部分，大部分的节点表征了高速公路、快速路，而且大部分表征城市主干道节点的节点度值比较低，节点度值较高的点主要分布在表征快速路的节点上。PageRank 算法仅仅从节点间的连接程度（即节点度的大小）来对节点进行评价，对于一个无向图来说，往往拥有较大节点度的节点重要性就大，而节点度小的节点重要性就小，该结论在 3.2.2.3 节的简单网络中也得到了验证。本节提出的 GWPA 模型根据实际路网的地理特征，考虑了相邻重要度较大的节点和周边设施对节点的影响，其测算结果与实际情况更为相符。

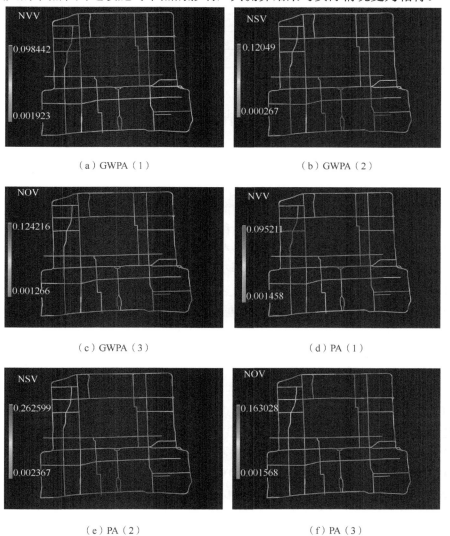

（a）GWPA（1）　　　　　　　　（b）GWPA（2）

（c）GWPA（3）　　　　　　　　（d）PA（1）

（e）PA（2）　　　　　　　　（f）PA（3）

图 3-10　二环内的重要路段空间分布情况

表 3-5　节点度的描述性统计值

网络名称	道路类型	节点数	最小值	最大值	均值	标准差
NVV	高速公路、快速路	1417	33	1654	347.9435	301.5524
	城市主干道	244	2	1654	90.2459	318.8039
NSV	高速公路、快速路	1417	3	1661	288.7876	220.2658
	城市主干道	244	3	736	51.4508	134.3126
NOV	高速公路、快速路	1417	19	1661	245.5752	240.8040
	城市主干道	244	19	1661	63.2213	163.4664

3.4　结　　语

　　本章将城市道路交通系统看作一个由路网中路段之间交通流空间相关性构成的关系网络，建模方法最显著的特点是不同路段之间的连接不依赖于空间的邻接关系，而是基于路段上交通流时间序列的空间相关性的显著性。该方法的优点在于，基于交通流时间序列分析的网络建模方法可以很好地解释在一个更大空间范围内城市道路交通网络中交通流空间分布的复杂性。

　　本章对城市道路交通网络的结构特征进行了分析，主要从基于复杂网络理论的统计特征和重要路段布局特征两方面进行。统计特征包括特征路径长度、聚类系数和度分布。重要度路段布局是指根据改进的 PageRank 算法测段的路段重要度值的空间分布情况，与原有的 PageRank 算法不同，改进后的 PageRank 算法考虑了实际路网的地理特性，认为路段的重要性不仅依赖于与之相关联的路段的数量，还与路段自身所处的位置有关。

　　本章将建模与分析方法分别应用于一个简单的网络和北京道路网络中。根据选用的交通流数据类型不同，构建了体现三个交通状态变量空间相关性的城市道路交通网络，分别为 NVV、NSV 和 NOV。试验结果表明，三个网络均同时满足小世界网络特性和无标度网络特性。路网重要路段布局分析结果表明，NVV 网络的重要路段布局特征不同于 NSV 和 NOV 的空间分布特征，该差异由五环外的高速公路与五环内城市道路的交通流特性的差异性引起。通过与 PageRank 算法作对比得出，GWPA 模型能有效地识别路网中处于比较重要的地理位置但是度比较小的路段的重要性，而且 GWPA 的测算结果受到权重因子 α 值的影响。总之，网络建模和结构特征分析方法具有较高的适用性，其分析结果为本书下面章节的研究工作奠定了模型基础。

4 基于网络结构性能分析的城市交警指挥调度应用

交通警力资源部署的定点岗位识别是指通过识别城市路网中关键路口作为交通管理的对象，交通警力资源的部署将围绕识别的关键点进行。本章利用复杂网络理论对道路交通网络中的路口节点进行关键性排序，将关键的路口节点作为交通警力部署的定点岗位。目前复杂网络节点重要性指标主要针对无权网络中节点重要性排序问题，而在警力资源部署的定点岗位选取过程中，关键路口的选定需要考虑路网拓扑结构、道路等级、交通流特性等多种因素，因此，本章依据上述影响因素构建不同特性的加权网络，进而提出路口关键性评价指标体系。此外，针对单方面的评价指标无法全面评价路口关键性的问题，在提出的定点岗位识别指标体系的基础上，采用多指标综合评价方法对道路网络中路口节点关键性进行综合评价，为交通警力部署的定点岗位选取提供依据。

4.1 定点岗位识别影响关键因素

定点岗位识别的目的是选定关键路口进行交通勤务日常保障，提高路网通行效率，减少路网交通拥堵和通行延误。定点岗位警力保障的关键路口是指在其受到事故影响使得通行能力降低或堵塞后，会造成路网的连通性、可靠性及运行效率急剧下降的路口节点。如果关键路口节点受到破坏，路网通行能力整体下降，网络拓扑结构发生变化，路网性能影响严重。日常交通勤务关注的关键路口具备以下特征。

（1）对路网运行效率影响大的路口节点。此类路口节点处于出行需求大的 OD 最短路径上，对提高路网效率起着主导性作用，其被破坏后对路网影响程度很大。

（2）对路网运输能力影响大的路口节点。此类路口节点对路网运输能力起主导作用，其被破坏后，大大降低路网运输能力。

（3）极易拥堵且影响范围大的路口节点。此类路口节点容易受交通流的影响而发生拥堵，拥堵后对周边交通影响比较大。

路网运行效率、运输能力和拥堵受路网拓扑结构、交通流特性等多种因素的影响，因此在定点岗位识别中，需要将这些因素以权值的方式应用在交通网络模型中，形成不同特性的加权网络进行研究，评估路口重要程度。本节以典型的且易获取的数据指标项作为影响因素来研究，路网拓扑结构影响因素为道路长度和通行能力，路网交通流特性影响因素为交通流量和速度。具体符号如下。

l_{ij}：路口节点 i 到 j 之间道路的长度（单位为 m），$l_{ij} \in R^+$；

c_{ij}：路口节点 i 到 j 之间道路的通行能力，$c_{ij} \in R^+$；

$Q_{ij}(t)$：t 时刻前的固定间隔时间内，路口节点 i 到 j 之间道路驶过的车辆数量，$Q_{ij}(t) \geqslant 0$；

$v_{ij}(t)$：在 t 时刻路口节点 i 到 j 之间道路车辆行驶速度，$v_{ij}(t) \geqslant 0$。

根据随时间变化特征，可以把这些影响定点岗位识别的因素分为静态影响因素和动态影响因素。静态影响因素主要是长期不发生变化的因素，如道路长度、通行能力等，应用这些因素评估路口关键性，体现路口在路网结构上的枢纽和控制作用。动态影响因素主要是随着时间不断变化的因素，如交通流量、行驶速度，应用这些因素评估路口关键性，体现路口在交通服务上的运行效率和服务能力。

在定点岗位识别方法的研究中，我们将静态影响因素和动态影响因素作为权值分别形成静态和动态加权网络，运用复杂网络的方法来进行节点的关键性评估，选取重要的关键路口作为警力部署的定点岗位。

4.2 交通网络模型的构建

研究交通网络路口节点的关键性，首先需要运用复杂网络方法构建交通复杂网络模型[146]。把交通网络抽象成复杂网络可以有效地反映复杂网络的特性[147]，对于解决交通网络问题，尤其是现实中的交通网络状况具有非常大的帮助。交通路网包含路段和交叉口两大元素，由于实际路网中道路有不少特殊情况，因此在交通网络拓扑特性研究中，网络拓扑中的道路与实际道路有一定区别：①只关注环路、主干道和次干道，次干道以下等级的支路由于对城市路网影响小，往往被忽略不考虑；②对路网影响较小的断头路或无交叉的较长路段往往简化或忽略考虑；③并行的多条道路（如主辅路）往往作为一条道路考虑。

应用复杂网络来解决定点岗位识别中关键节点的评估，首先需要构建交通网络模型。应用原始法构建复杂网络有利于对节点的研究，因此本节应用原始法构建交通网络模型，以便进行关键路口的评估。在本节中，由静态影响因素为权值形成静态加权网络，称为拓扑结构网络；由动态影响因素为权值形成动态加权网络，称为运行状态网络。下面分别介绍这两类加权网络。

4.2.1 拓扑结构网络

以静态影响因素为权值构建静态加权交通网络模型，称为拓扑结构网络，可

以表示为

$$\mathbf{TN} = (\mathbf{N}, \mathbf{E}, \mathbf{W}) \tag{4-1}$$

式中：N 为路口节点集合，可用节点编号表示 $N = \{1, 2, \cdots, n\}$，n 为路口节点数量；E 为道路集合，$\mathbf{E} = (a_{ij}), i, j \in N$，$\dim(\mathbf{E}) = m$，$m$ 为道路数量，其中 $a_{ij} = 1$ 表示节点 i 和节点 j 之间相连，否则为 $a_{ij} = 0$；W 为所有道路权值的集合，$\mathbf{W} = (w_{ij})$，w_{ij} 为道路 a_{ij} 的权值。

拓扑结构网络反映了路网拓扑结构特性，下面分别介绍本节构建的几种静态加权交通网络模型。

（1）以道路长度作为权值，构建的静态加权网络可称为距离拓扑网络，可以表示为

$$\mathbf{TN}^L = (\mathbf{N}, \mathbf{E}, \mathbf{W}_L) \tag{4-2}$$

式中：W_L 为所有道路长度权值的集合，$\mathbf{W}_L = (w_{ij}^l)$，$w_{ij}^l$ 的取值如下：

$$w_{ij}^l = \begin{cases} l_{ij} / L_{\max}, & a_{ij} = 1 \\ 0, & a_{ij} = 0 \end{cases} \tag{4-3}$$

$L_{\max} = \max(l_{ij})$，为所有道路长度最大值。可以看出 w_{ij}^l 是进行了归一化的相似性权值，$w_{ij}^l \in [0, 1]$，$w_{ij}^l = 0$ 时，节点 i 到节点 j 间不存在连接的边。

（2）以通行能力作为权值，构建的静态加权网络可称为通行能力拓扑网络，可以表示为

$$\mathbf{TN}^C = (\mathbf{N}, \mathbf{E}, \mathbf{W}_C) \tag{4-4}$$

式中：W_C 为所有道路通行能力权值的集合，$\mathbf{W}_C = (w_{ij}^c)$，$w_{ij}^c$ 的取值如下：

$$w_{ij}^c = \begin{cases} c_{ij} / C_{\max}, & a_{ij} = 1 \\ 0, & a_{ij} = 0 \end{cases} \tag{4-5}$$

$C_{\max} = \max(c_{ij})$，为所有道路通行能力最大值。可以看出 w_{ij}^c 是进行了归一化的相似性权值，$w_{ij}^c \in [0, 1]$，$w_{ij}^c = 0$ 时，节点 i 到节点 j 间不存在连接的边。

（3）当以多种属性作为权重时，可以多权值的集合来构建静态加权网络，如同时考虑道路长度、通行能力作为权值时，构建的静态多属性拓扑网络，称为距离及通行能力拓扑网络，可表示为

$$\mathbf{TN}^{LC} = (\mathbf{N}, \mathbf{E}, \mathbf{W}_L, \mathbf{W}_C) \tag{4-6}$$

（4）仅考虑反映道路交通基本拓扑结构的无权网络可以看作以节点连接关系构建的静态加权网络，其权值均为 1，称为基本拓扑网络，可以表示为

$$\mathbf{TN}^B = (\mathbf{N}, \mathbf{E}) \tag{4-7}$$

不同权值构成的静态加权网络模型体现了不同的交通网络拓扑特性，因此应

用哪种权值构建网络模型取决于从哪个角度来研究定点岗位识别的问题。

4.2.2 运行状态网络

将动态影响因素以权值的方式应用在交通网络模型中，形成具有不同交通特性的动态加权交通网络模型，称为运行状态网络，可表示为

$$SN = (N, E, W(t)) \tag{4-8}$$

式中：N、E 同前一节的定义，$W(t)$ 是道路 t 时刻权值的集合。道路的交通流是随着时间不断变化的，可构建动态交通流特征的道路网络模型。交通流的动态特征可由流量和速度指标来表示，下面分别介绍由这两种指标构建的运行状态网络。

（1）以某一时刻测量到的固定间隔时间内交通流量作为权值，构建的动态加权网络可称为流量状态网络，可表示为

$$SN^F = (N, E, W_F(t)) \tag{4-9}$$

其中 $W_F(t)$ 是 t 时刻所有道路流量权值的集合，$W_F(t) = (w_{ij}^f(t))$，$w_{ij}^f(t)$ 取值如下：

$$w_{ij}^f(t) = \begin{cases} f_{ij}(t) / F_{\max}, & a_{ij} = 1 \\ 0, & a_{ij} = 0 \end{cases} \tag{4-10}$$

$f_{ij}(t)$ 表示道路 a_{ij} 上的流量，$F_{\max}$ 为所有道路流量的最大值；可以看出 $w_{ij}^f(t)$ 是进行了归一化的相似性权值，$w_{ij}^f(t) \in [0,1]$。

（2）以某一时刻测量到的道路车辆行驶速度作为权值，构建的动态加权网络可称为速度状态网络，可表示为

$$SN^V = (N, E, W_V(t)) \tag{4-11}$$

其中 $W_V(t)$ 是 t 时刻所有道路速度权值的集合，$W_V(t) = (w_{ij}^v(t))$，$w_{ij}^v(t)$ 取值如下：

$$w_{ij}^v(t) = \begin{cases} v_{ij}(t) / V_{\max}, & a_{ij} = 1 \\ 0, & a_{ij} = 0 \end{cases} \tag{4-12}$$

$v_{ij}(t)$ 表示道路 a_{ij} 上的速度，$V_{\max}$ 为所有道路速度的最大值；可以看出 $w_{ij}^v(t)$ 是进行了归一化的相似性权值，$w_{ij}^v(t) \in [0,1]$。

（3）当以多种动态属性作为权重时，可构建成多属性动态加权网络。如同时以流量和速度为权值构建速度流量状态网络，可表示为

$$SN^{VF} = (N, E, W_V(t), W_F(t)) \tag{4-13}$$

（4）可以多种动静态属性为权重，构建混合的动静态加权网络，如同时以道路长度和速度为权值构建距离速度状态网络，表征了交通网络的行程时间状态，也称为行程时间状态网络。该网络模型可表示为

$$SN^{LV} = (N, E, W_L, W_V(t)) \tag{4-14}$$

以道路长度、流量和速度为权值构建距离流量速度状态网络，表征了交通网络

中车流的行程时间状态，也称为车流量行程时间状态网络，该网络模型可表示为

$$\mathbf{SN}^{LFV} = (\mathbf{N}, \mathbf{E}, \mathbf{W}_L, \mathbf{W}_F(t), \mathbf{W}_V(t))$$ （4-15）

4.3 定点岗位识别指标体系构建

将复杂网络节点重要性指标应用在定点岗位识别中，需要结合不同交通网络模型对多种指标进行求解，再得到综合评价结果进行关键路口评估。在关键路口评估中，首先需要选定合适的多种指标组成指标体系。常用的节点重要性指标包括节点度、平均路径长度、接近度、介数和连通损失度[148]。但并非所有网络模型的各种指标都有实际意义，如在通行能力拓扑网络和速度状态网络中的接近度、介数等路径距离相关指标不具备实际意义，同时相同指标在不同网络里具有的实际意义完全不同。本节通过对网络模型各权值属性以及定点岗位识别关注重点的分析，结合不同交通网络模型中节点重要性指标的实际意义，提出了不同种类的路口节点关键性指标，构建一套适合于定点岗位识别应用的指标体系。下面介绍指标体系的具体内容。

4.3.1 拓扑结构网络关键性指标

在拓扑结构网络 $\mathbf{TN} = (\mathbf{N}, \mathbf{E}, \mathbf{W})$ 中，可用于定点岗位识别的关键路口评估的指标包括以下几个方面。

4.3.1.1 结构连接度

在基本拓扑网络 $\mathbf{TN}^B$ 中，路口节点 i 的结构连接度（structural betweenness）D_i^b 表示与路口节点 i 相连的道路数，用公式表示为

$$D_i^b = \sum_{j \in N, j \neq i} a_{ij}$$ （4-16）

路口节点的连接度是基本拓扑网络的节点度指标，反映了交叉口的类型，是对路口最直接的描述，连接度指标越大，路口结构越复杂。

4.3.1.2 结构接近度

在基本拓扑网络 $\mathbf{TN}^B$ 中，路口节点 i 的结构接近度 C_i^b 表示与其他路口之间接近程度，用公式表示为

$$C_i^b = \frac{1}{\sum_{j \in N, j \neq i} d_{ij}}$$ （4-17）

式中：d_{ij} 为路口节点 i 到 j 的最短路径长度，即最短路径上的边数。路口节点的

结构接近度是基本拓扑网络的接近度指标，反映了路口与其他路口的接近程度，结构接近度指标越大，路口越处于路网拓扑结构的核心位置。

4.3.1.3　结构介数

在基本拓扑网络 $\mathbf{TN}^B$ 中，路口节点 i 的结构介数 B_i^b 表示经过该路口最短路径所占的比例[149]，用公式表示为

$$B_i^b = \sum_{s,t \in N, s \neq t \neq i} \frac{\delta_{st(i)}}{\delta_{st}} \tag{4-18}$$

式中：δ_{st} 为从路口节点 s 到 t 的最短路径数量，$\delta_{st(i)}$ 表示从路口节点 s 到 t 的最短路径经过路口节点 i 的数量。介数是应用很广泛的节点重要性排序指标，结构介数展现了路口在基本拓扑网络中影响力，其值越大，说明该路口经过的最短路径越多，在网络中枢纽作用越大。

4.3.1.4　结构连通损失度

网络效率也称连通率，是用来衡量网络连通程度的指标[150]。拓扑结构网络中路口节点 i 和 j 之间的效率 ϵ_{ij} 可用路口间距离 d_{ij} 的倒数来计算，即 $\epsilon_{ij} = 1 / d_{ij}$，如果路口节点 i 和 j 之间不可达，则 $\epsilon_{ij} = 0$。所有路口节点对间效率的平均值为全局效率 ϵ，即

$$\epsilon = \frac{1}{n(n-1)} \sum_{i,j \in N, j \neq i} \frac{1}{d_{ij}} \tag{4-19}$$

在基本拓扑网络 $\mathbf{TN}^B$ 中，一个节点 i 失效后，对网络效率产生影响，这种影响称为路口节点 i 的结构连通损失度 E_i^b，可用公式表示为

$$E_i^b = (\epsilon - \epsilon_i') / \epsilon \tag{4-20}$$

式中：ϵ_i' 为删除了节点 i 后网络的网络效率。结构连通损失度是基本拓扑网络的节点删除法的连通度变化指标，路口结构连通损失度 E_i^b 越大，说明路口失效后对网络连通率影响大，路口越重要。

4.3.1.5　平均距离

在距离拓扑网络 $\mathbf{TN}^L$ 中，路口节点 i 的平均距离 L_i^l 表示与其他路口之间最短路径的平均距离，用公式表示为

$$L_i^l = \frac{\sum_{i \in N, j \neq i} d_{ij}^l}{n-1} \tag{4-21}$$

式中：d_{ij}^l 为路口节点 i 到 j 的最短路径距离；n 为路口节点数量。平均距离是距

离拓扑网络的平均路径长度指标，路口节点的平均距离反映了路口与其他路口的平均距离，平均距离指标越大，路口越远离路网拓扑结构的核心区域。

4.3.1.6　距离连接度

在距离拓扑网络 $\mathbf{TN}^L$ 中，路口节点 i 的距离连接度 D_i^l 定义为与该路口相连的所有道路距离权重之和，用公式表示为

$$D_i^l = \sum_{i \in N, j \neq i} w_{ij}^l \tag{4-22}$$

距离连接度是距离拓扑网络的节点度指标，路口节点的距离连接度反映与邻接路口连通的接近程度，指标越大，说明该路口越远离邻接路口。

4.3.1.7　距离接近度

在距离拓扑网络 $\mathbf{TN}^L$ 中，路口节点 i 的距离接近度 C_i^l 表示与其他路口之间距离接近程度，定义为网络中节点到其他节点最短距离之和的倒数，可用公式表示为

$$C_i^l = \frac{1}{\sum_{j \in N, j \neq i} d_{ij}^l} \tag{4-23}$$

距离接近度是距离拓扑网络的接近度指标。路口节点的距离接近度反映了路口与其他路口的接近程度，结构接近度指标越大，路口越处于路网拓扑结构的核心位置。可以看出距离接近度和平均距离成反比关系，两者可取一个，由于接近度是相似性指标，因此常在应用中使用。

4.3.1.8　距离介数

在距离拓扑网络 $\mathbf{TN}^L$ 中，路口节点 i 的距离介数 B_i^l 定义为网络中所有路口节点对间的最短路径中，经过该路口节点最短路径所占的比例，用公式表示为

$$B_i^l = \sum_{s, t \in N, s \neq t \neq i} \frac{\delta_{st(i)}^l}{\delta_{st}^l} \tag{4-24}$$

式中：δ_{st}^l 为从路口节点 s 到 t 的最短路径数量；$\delta_{st(i)}^l$ 为从路口节点 s 到 t 的最短路径经过路口节点 i 的数量。距离介数是距离拓扑网络的介数指标，与结构介数相似，也展现了路口在交通网络中的影响力，其区别是距离介数考虑实际长度对最短路径的影响。

4.3.1.9　距离连通损失度

在距离拓扑网络 $\mathbf{TN}^L$ 中，路口节点 i 和 j 之间的连通率可用路口间长度权值 ϵ^l 来表示。所有路口节点对连通率的平均值为网络连通率，即

$$\epsilon^l = \frac{1}{n(n-1)} \sum_{i,j \in N, j \neq i} \frac{1}{d_{ij}^l} \qquad (4\text{-}25)$$

距离连通损失度 E_i^l 用于定义路口节点连通损失度，为距离拓扑网络中路口节点 i 被删除之后，对网络连通率的影响程度，用公式表示为

$$E_i^l = \frac{\epsilon^l - \epsilon_i^{l\prime}}{\epsilon^l} \qquad (4\text{-}26)$$

式中：$\epsilon_i^{l\prime}$ 是删除了路口节点 i 后网络的网络连通率。距离连通损失度是距离拓扑网络的节点删除法的连通度变化指标，路口距离连通损失度 E_i^l 越大，说明路口失效后对连通率影响大，路口越重要。

4.3.1.10　通行能力度

在通行能力拓扑网络 $\mathbf{TN}^L$ 中，路口节点 i 的通行能力度 D_i^c 定义为与该路口节点相连的所有道路的权重之和，用公式表示为

$$D_i^c = \sum_{j \in N, j \neq i} w_{ij}^c \qquad (4\text{-}27)$$

通行能力度是通行能力拓扑网络的节点度指标，路口节点的通行能力度 D_i^c 反映与邻接路口连通的能力，指标越大，说明该路口与邻接路口总的通行能力越大。

4.3.2　运行状态网络关键性指标

在交通运行状态网络 $\mathbf{SN} = (N, E, W(t))$ 中，可用于定点岗位识别的关键路口评估的指标如下。

4.3.2.1　路口交通流量

在交通流量状态网络 $\mathbf{SN}^F$ 中，路口节点 i 的交通流量 $D_i^f(t)$ 定义为在 t 时刻与该路口节点相连的所有道路的交通流量权重之和，用公式表示为

$$D_i^f(t) = \sum_{j \in N, j \neq i} w_{ij}^f(t) \qquad (4\text{-}28)$$

交通流量是交通流量状态网络的节点度指标，路口交通流量反映通过路口总的交通流量，指标越大，说明通过该路口的车辆越多。

4.3.2.2　路口通行速度

在速度状态网络 $\mathbf{SN}^V$ 中，路口节点 i 的通行速度 $D_i^v(t)$ 定义为在 t 时刻与该路口节点相连道路的速度权重平均值，用公式表示为

$$D_i^v(t) = \frac{\sum\limits_{j \in N, j \neq i} w_{ij}^v(t)}{\sum\limits_{j \in N, j \neq i} a_{ij}}$$　（4-29）

路口通行速度是交通速度状态网络的节点度指标,路口通行速度反映通过路口的平均速度,指标越大,说明该路口通过速度越快。

4.3.2.3 路口通行效率

在速度流量状态网络 $\mathbf{SN}^{VF}$ 中,路口节点 i 的通行效率 $D_i^{vf}(t)$ 定义为在 t 时刻与该路口节点相连道路的所有车辆平均速度,用公式表示为

$$D_i^{vf}(t) = \frac{\sum\limits_{j \in N, j \neq i} w_{ij}^v(t) w_{ij}^f(t)}{\sum\limits_{j \in N, j \neq i} w_{ij}^f(t)}$$　（4-30）

路口通行效率是速度流量状态网络节点度指标的演进。路口通行效率与路口通行速度都反映通过路口的平均速度,路口通行效率考虑了流量权重,更能代表路口的车辆通行平均速度。

4.3.2.4 行程时间连接度

在行程时间状态网络 $\mathbf{SN}^{LV}$ 中,路口节点 i 的行程时间连接度 $D_i^{lv}(t)$ 定义为在 t 时刻与该路口相连道路行程时间的平均值,用公式表示为

$$D_i^{lv}(t) = \frac{\sum\limits_{j \in N, j \neq i} \dfrac{1}{w_{ij}^l w_{ij}^v(t)}}{\sum\limits_{j \in N, j \neq i} a_{ij}}$$　（4-31）

路口行程时间连接度是行程时间状态网络节点度指标的演进。路口节点的行程时间连接度反映了路口邻接道路上的平均行程时间,行程时间连接度指标越大,路口越远离邻接路口。

4.3.2.5 平均行程时间

在行程时间状态网络 $\mathbf{SN}^{LV}$ 中,路口节点 i 的平均行程时间 $L_i^{lv}(t)$ 表示在 t 时刻与其他路口之间最短路径的平均行程时间,用公式表示为

$$L_i^l(t) = \frac{\sum\limits_{j \in N, j \neq i} d_{ij}^{lv}(t)}{n-1}$$　（4-32）

式中: $d_{ij}^{lv}(t)$ 为 t 时刻路口节点 i 到 j 的最短路径行程时间, n 为路口节点数量。平均行程时间是行程时间状态网络的平均路径长度指标,路口节点的平均行程时

间反映了路口与其他路口的行程距离，平均行程时间指标越大，路口越处于路网的外围。

4.3.2.6　行程时间接近度

在行程时间状态网络 $\mathbf{SN}^{LV}$ 中，路口节点 i 的行程时间接近度 $C_i^{lv}(t)$ 表示在 t 时刻与其他路口之间最短路径行程时间之和的倒数，用公式表示为

$$C_i^{lv}(t) = \frac{1}{\displaystyle\sum_{j \in N, j \neq i} d_{ij}^{lv}(t)} \tag{4-33}$$

行程时间接近度是行程时间状态网络的接近度指标。路口节点的行程时间接近度反映了路口与其他路口的行程时间接近程度，行程时间接近度指标越大，路口越处于路网的核心位置。可以看出接近度和平均行程时间成反比关系，两者可取一个，由于接近度是相似性指标，因此常在应用中使用。

4.3.2.7　行程时间介数

在行程时间状态网络 $\mathbf{SN}^{LV}$ 中，路口节点 i 的行程时间介数 $B_i^{lv}(t)$ 定义为在 t 时刻网络中所有路口节点对间的最短路径中，经过该路口最短路径所占的比例，用公式表示为

$$B_i^{lv}(t) = \sum_{s,t \in N, s \neq t \neq i} \frac{\delta_{st(i)}^{lv}(t)}{\delta_{st}^{lv}(t)} \tag{4-34}$$

式中：$\delta_{st}^{lv}(t)$ 表示 t 时刻从路口节点 s 到 t 的最短路径数量，$\delta_{st(i)}^{lv}(t)$ 表示 t 时刻从路口节点 s 到 t 的最短路径经过路口节点 i 的数量。行程时间介数是行程时间状态网络的介数指标，与距离介数、结构介数相似，也展现了路口在交通网络中的影响力，其区别是行程时间介数考虑实际行程时间对最短路径的影响。

4.3.2.8　行程时间连通损失度

在行程时间状态网络 $\mathbf{SN}^{LV}$ 中，路口节点 i 和 j 之间的连通率可用路口间权值 w_{ij}^l 和 $w_{ij}^v(t)$ 来表示。所有路口节点对连通率的平均值为网络连通率，即

$$\epsilon^{lv}(t) = \frac{1}{n(n-1)} \sum_{i,j \in N, j \neq i} \frac{1}{d_{ij}^{lv}(t)} \tag{4-35}$$

行程时间连通损失度 $E_i^{lv}(t)$ 定义为在 t 时刻行程时间状态网络中路口节点 i 被删除之后，对网络连通率的变化程度，用公式表示为

$$E_i^{lv}(t) = \frac{\epsilon^{lv}(t) - \epsilon_i^{lv\prime}(t)}{\epsilon^{lv}(t)} \tag{4-36}$$

式中：$\epsilon_i^{lv'}(t)$ 是删除了路口节点 i 后网络的网络连通率。行程时间连通损失度是行程时间状态网络的节点删除法的连通度变化指标，路口行程时间连通度 $E_i^{lv}(t)$ 越大，说明路口失效后对连通率影响越大，路口越重要。

4.3.2.9 车均行程时间连接度

在车流量行程时间状态网络 $\mathbf{SN}^{LVF}$ 中，路口节点 i 的车均行程时间连接度 $D_i^{lvf}(t)$ 定义为在 t 时刻与该路口相连道路中车辆平均的行程时间，用公式表示为

$$D_i^{lvf}(t) = \frac{\displaystyle\sum_{j\in N,j\neq i} \frac{w_{ij}^f(t)}{w_{ij}^l w_{ij}^v(t)}}{\displaystyle\sum_{j\in N,j\neq i} w_{ij}^f(t)} \qquad (4\text{-}37)$$

车均行程时间连接度是车流量行程时间状态网络节点度指标的演进。路口节点的车均行程时间连接度反映了路口邻接道路上的车辆平均行程时间，行程时间连接度指标越大，路口越远离路网的核心区域。

4.3.3 指标项的规范化处理

在用定点岗位识别指标体系中各项指标对路口进行综合评价时，需对其进行规范化处理，保证各指标值的一致性和可比性。本节首先采用反正切函数对指标进行转换，然后再应用极值差对转换后的指标进行归一化处理，将指标值映射在 [0,1] 区间上。

设所有路口节点指标向量组成的矩阵为 $\mathbf{I} = \{I_{ij}\}$，$i=1,2,\cdots,n$，$j=1,2,\cdots,p$，其中 n 为路口的个数，p 为指标的个数，对各项指标规范化处理的步骤如下。

（1）应用反正切函数进行非线性转换，转换所有路口节点的指标矩阵为 $\mathbf{I}' = \{I_{ij}'\}$，转换公式可表示为

$$I_{ij}' = \arctan I_{ij} \qquad (4\text{-}38)$$

（2）对转换后的指标进行极值差处理，极大型指标的数学变换为式（4-39），极小型指标的数学变换为式（4-40），即

$$I_{ij}^* = \frac{I_{ij}' - \min_j \mathbf{I}'}{\max_j \mathbf{I}' - \min_j \mathbf{I}'} \qquad (4\text{-}39)$$

$$I_{ij}^* = \frac{\max_j \mathbf{I}' - I_{ij}'}{\max_j \mathbf{I}' - \min_j \mathbf{I}'} \qquad (4\text{-}40)$$

式中：$\max_j \mathbf{I}' = \max\{I_{1j}', I_{2j}', \cdots, I_{nj}'\}$，$\min_j \mathbf{I}' = \min\{I_{1j}', I_{2j}', \cdots, I_{nj}'\}$，$I_{ij}^*$ 为路口节点 i 第 j 个指标归一化的值。所有路口节点（n 个路口）的指标数据形成了综合评价方

法的输入，用矩阵表示为

$$P = \begin{pmatrix} I_{11}^* & \cdots & I_{1p}^* \\ \cdots & I_{ij}^* & \cdots \\ I_{n1}^* & \cdots & I_{np}^* \end{pmatrix} \quad (4\text{-}41)$$

根据 4.3.1 节和 4.3.2 节对各项指标的定义，从指标值大小和评价结果的相关性的角度，把指标分成极大型指标（值越大表示评价结果越好）、极小型指标（值越小表示评价结果越好），如表 4-1 所示。

表 4-1 定点岗位识别指标体系各项指标分类

指标类型	网络模型	序号	指标名称	符号	极大型	极小型
枢纽和控制作用的关键性指标	基本拓扑网络 TN^B	1	结构连接度	D_i^b	√	
		2	结构接近度	C_i^b	√	
		3	结构介数	B_i^b	√	
		4	结构连通损失度	E_i^b	√	
	距离拓扑网络 TN^L	5	距离连接度	D_i^l		√
		6	距离接近度	C_i^l	√	
		7	距离介数	B_i^l	√	
		8	距离连通损失度	E_i^l	√	
运行效率和能力的关键性指标	流量状态网络 SN^F	1	路口交通流量	D_i^f	√	
	速度状态网络 SN^V	2	路口通行速度	D_i^v		√
	速度流量状态网络 SN^{VF}	3	路口通行效率	D_i^{vf}		√
	行程时间状态网络 SN^{LV}	4	行程时间连接度	D_i^{lv}		√
		5	行程时间接近度	C_i^{lv}	√	
		6	行程时间介数	B_i^{lv}	√	
		7	行程时间连通损失度	E_i^{lv}	√	
	车流量行程时间状态网络 SN^{VLF}	8	车均行程时间连接度	D_i^{lvf}		√

4.4 定点岗位识别的综合评价方法

定点岗位识别的路口关键性评估受多种因素影响，需要应用多种指标从不同角度来评估。4.3 节提出了定点岗位识别的指标体系，本节将对关键路口的多指标进行综合评价，得到路口关键性的最终评价结果，满足勤务管理定点岗警力部署的需要。

4.4.1 定点岗位识别综合评价方法的选定和处理流程

定点岗位识别综合评价是对指标体系的各项指标进行多指标综合评价，得到路口关键性的综合评价结果，作为确定警力部署定点岗位的依据。本节选用 RBF 神经网络[151]对路口关键性进行综合评价，通过对管理上的一些历史经验数据进行训练，构造神经网络模型，进而实现路口关键性的综合评价。针对历史经验数据的获取，本节选用逼近理想解排序法的综合评价方法[152]对路口各项指标进行综合评价，得到初始的评价结果，管理人员在此基础上按实际需要进行调整，从而产生第一批历史数据，对神经网络模型进行训练。定点岗位识别的综合评价方法处理流程如图 4-1 所示。

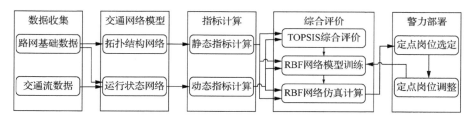

图 4-1 定点岗位识别综合评价处理流程

1）数据收集

采集路网基础数据和交通流数据，交通流数据需要包含不同时间特征，并根据交通流变化情况及时更新。

2）交通网络模型

根据路网基础数据构建拓扑结构网络模型，根据路网基础数据和交通流数据构建不同时间特征的运行状态网络模型。

3）指标计算

实现定点岗位识别指标体系各项指标的计算方法，分别计算拓扑结构网络模型中的各项静态指标值，以及运行状态网络模型中的各项动态指标值，并对各项指标进行规范化处理。不同时间特征运行状态网络模型要分别计算各项动态指标。

4）综合评价

首先，要运用 TOPSIS 综合评价方法对各项指标进行综合评价，得到初始的评价结果，作为首次应用中 RBF 神经网络训练的输出数据，也可作为管理人员进行定点岗位定期调整的参考，具体方法参见 4.4.2 节。

其次，训练 RBF 神经网络综合评价方法的神经网络模型，将各项指标计算结果作为训练样本的输入数据，TOPSIS 综合评价方法得到的评价结果，或由管理人员根据实际情况调整的路口关键性结果作为训练样本的输出数据，训练 RBF 神经网络模型。

最后，可以运用训练得到的 RBF 神经网络模型，对日常勤务管理工作中不同情况下的各项指标进行综合评价，得到路口关键性评估结果，作为定点岗位识别的依据。RBF 神经网络综合评价方法具体内容参见 4.4.3 节。

5）警力部署

在日常交通勤务管理工作中，管理人员依据路口关键性的综合评价结果进行排序，选定最为关键的路口作为警力部署的定点岗位，可根据实际情况，对评估结果进行调整，选定需要的关键岗位。需要将调整后的结果作为 RBF 神经网络模型训练样本的输出数据，重新训练 RBF 神经网络模型，以便以后运用新模型进行路口关键性的综合评价。

对上述流程，需要说明如下。

（1）TOPSIS 综合评价方法需要在初次应用本章提出定点岗位识别方法时使用。而当交通勤务管理中根据不同交通状态做警力部署大规模调整时，TOPSIS 综合评价方法计算结果可以作为调整的参考，但 TOPSIS 综合评价方法提取路口指标样本数据特征信息，不能反映出管理者的意愿，如果有条件还是需要应用专家对指标的权重评估进行综合评价。

（2）根据管理需要，不同时间特征的 RBF 神经网络综合评价模型可能不一样，因此要针对不同时间特征进行不同模型的训练。

4.4.2　基于熵权法的 TOPSIS 组合评估方法

4.4.2.1　TOPSIS 组合评价方法求解步骤

在定点岗位识别中，且当还没有累积历史数据可用来进行神经网络训练时，需要应用 TOPSIS 综合评价方法对路口各项指标进行初步评估，作为管理人员调整的依据。本节在研究中应用 TOPSIS 法的评价结果作为样本数据来进行 RBF 神经网络的训练。

下面介绍 TOPSIS 法进行定点岗位识别多指标综合评价的步骤。

（1）对所有路口节点各指标数据式（4-41）进行极差变换处理，得规范化的决策矩阵 A，即

$$A = \begin{bmatrix} a_{11} & \cdots & a_{1p} \\ \cdots & a_{ij} & \cdots \\ a_{n1} & \cdots & a_{np} \end{bmatrix} \qquad (4\text{-}42)$$

$$a_{ij} = \frac{I_{ij}^{*}}{\sqrt{\sum_{i=1}^{n} I_{ij}^{*2}}} \qquad (4\text{-}43)$$

式中：$i = 1, 2, \cdots, n$，$j = 1, 2, \cdots, p$。

（2）根据每个指标的权重形成规范化加权决策矩阵 **Z**，其元素 Z_{ij} 为

$$Z_{ij} = w_j a_{ij} \tag{4-44}$$

式中：w_j 为指标 j 的权重，不考虑指标间关系时可以将权重设为 1。在定点岗位识别应用中，可由管理人员根据勤务管理需要，根据对路口关键性影响因素的关注度进行直接评分（专家评分法）得到指标权重。如果无法进行评分，也可以应用主成分分析[153]、灰色关联度法[154]、熵权法[155]等方法进行评估，通过对各节点指标的数据关系进行分析，得到指标的权重。本节采用熵权法确定指标权重，在下一节将介绍熵权法计算权值的详细步骤。

（3）确定指标的正负理想解，由于定点岗位识别的各项指标经过规范化处理后，都形成了极大型指标，正负理想解为

$$\boldsymbol{Z}^+ = (Z_1^+, Z_2^+, \cdots, Z_k^+) = \{\max_i Z_{ij}\} \tag{4-45}$$

$$\boldsymbol{Z}^- = (Z_1^-, Z_2^-, \cdots, Z_k^-) = \{\min_i Z_{ij}\} \tag{4-46}$$

（4）计算所有路口节点到正负理想解欧氏距离的平方值为

$$S_i^+ = \sqrt{\sum_{j=1}^{k} (Z_{ij} - Z_j^+)^2} \tag{4-47}$$

$$S_i^- = \sqrt{\sum_{j=1}^{k} (Z_{ij} - Z_j^-)^2} \tag{4-48}$$

（5）计算路口节点与理想解的相对接近度为

$$C_i = \frac{S_i^-}{S_i^- + S_i^+} \tag{4-49}$$

得到的 $\boldsymbol{C} = \{C_i\}$ 即为所有路口节点关键性的综合评价结果，从中选出几个最关键的路口作为警力部署的定点岗位。

4.4.2.2　熵权法求解 TOPSIS 指标权重

在 TOPSIS 评价方法的指标权重确定过程中，由于指标间存在着一定相关性，为了避免具有相关性指标的叠加影响，在本节研究中采用熵权法根据样本数据计算指标权重。熵权法是一种引入了信息熵的客观赋权方法，其基本思路是根据指标间差异程度确定指标的权重，指标的信息熵越小，信息的提供量越大，说明指标差异程度越大，指标权重越大。反之，指标的信息熵越大，说明指标差异程度越低，指标权重越小。

在定点岗位识别中，应用熵权法求 TOPSIS 评价方法中加权决策矩阵的权值，则是尽可能考虑多种因素的影响，避免一种影响因素对多个指标影响时，造成整体评价受该因素影响大。利用熵权法求解 TOPSIS 评价方法中的指标权重计算步

骤如下。

（1）对每个路口节点各项指标的规范化数据式（4-41）进行归一化处理，即

$$z_{ij} = \frac{I_{ij}^*}{\sum\limits_{i=1}^{n} I_{ij}^*} \tag{4-50}$$

（2）依据信息熵的定义，计算每种指标的信息熵，即

$$E_j = -\frac{\sum\limits_{i=1}^{n} z_{ij} \ln z_{ij}}{\ln n} \tag{4-51}$$

式中：当 $z_{ij} = 0$ 时，则定义 $z_{ij} \ln z_{ij} = 0$。

（3）计算指标权重，即

$$w_j = \frac{1 - E_j}{k - \sum\limits_{j=1}^{k} E_j} \tag{4-52}$$

4.4.3 基于聚类构造法的广义 RBF 神经网络评估方法

RBF 神经网络是一种高效的前馈式神经网络，学习训练简单，收敛速度快，能实现全局最优逼近，可映射任意复杂的非线性关系，具有很强的鲁棒性、记忆能力和非线性拟合能力。本节采用广义 RBF 神经网络[156]实现路网路口节点关键性的综合评价。通过勤务管理中历史样本数据训练得到进行评估的 RBF 神经网络，用于对动态路网中路口关键度的综合评价，从而选择重要的路口进行定点岗位警力部署。

4.4.3.1 广义 RBF 神经网络的结构设计

RBF 神经网络是具有三层结构的前向网络，包括输入层、隐含层和输出层。在定点岗位识别的关键路口评估 RBF 神经网络中，输入是定点岗位识别指标体系中的各路口节点指标数据，可用矩阵 $\boldsymbol{X}$ 表示，网络的评价对象为 n 个路口节点，指标数量为 p，其第 i 个路口节点的输入向量可表示为

$$\boldsymbol{X}(i) = (x_{i1}, x_{i2}, \cdots, x_{ip})' = (I_{i1}^*, I_{i2}^*, \cdots, I_{ip}^*)' \tag{4-53}$$

RBF 神经网络输出是路口节点的关键度，可用 y_i 表示，则所有路口关键度结果可表示为

$$\boldsymbol{Y} = (y_1, y_2, \cdots, y_n) \tag{4-54}$$

隐含层神经元的激励函数是径向基函数[157]，其形式为 $\varphi(\| \boldsymbol{X} - \boldsymbol{C}_k \|)$，$\| \boldsymbol{X} - \boldsymbol{C}_k \|$ 是差向量的 2 范数（通常使用欧几里得范数），表示向量 $\boldsymbol{X}$ 到中心向量

C_k 的欧氏距离， $C_k = (c_{k1}, x_{k2}, \cdots, x_{kp})$ 。径向基函数 $\varphi(\| X - C_k \|)$ 通常为最常用高斯（Gauss）函数，隐含层输出可表示为

$$\Phi_k(i) = \varphi(\| X(i) - C_k \|) = \exp\left(-\frac{\| X(i) - C_k^2 \|}{2\sigma^2}\right) \tag{4-55}$$

式中： σ 为径向基函数的扩展系数（标准差），控制了基函数径向作用范围， σ 越小，函数图像的宽度越窄，函数越具有选择性。

输出层是一个线性层，完成隐含层到输出的线性变换，转换权值系数为 w_k ，RBF 神经网络输出可表示为

$$y_i = \sum_{k=1}^{q} w_k \Phi_k(i) = \sum_{k=1}^{q} w_k \varphi(\| X(i) - C_k \|) \tag{4-56}$$

用于定点岗位识别的关键路口评估广义 RBF 神经网络结构可用图 4-2 表示，其中 p 为输入向量维度， q 为隐含层神经元数量。

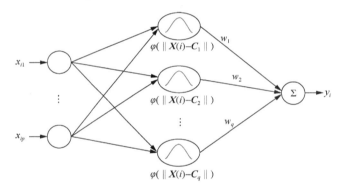

图 4-2　广义 RBF 神经网络结构

在正则化 RBF 神经网络的结构中，输入向量维度与隐含层神经元数量相同，即 $p = q$ ，而广义 RBF 神经网络的隐含层神经元数量 $q < p$ 。

根据勤务管理需要，每个路口评估的关键度是分早晚高峰和平峰三种情况的关键度结果，需要根据不同时间特征运行状态模型下的动态指标数据及静态指标数据，构建不同的 RBF 神经网络，进行不同时间段的路口关键度综合评价。

RBF 神经网络的输入层、输出层由评估对象数据和结果确定，隐含层的神经元数量优化设计是网络结构设计的关键。确定广义 RBF 网络隐含层神经元数量的常见方法如下。

（1）构造法，也称逐步增长法，隐含层神经元数量由少及多，逐步增加（最终达输入向量维度值），计算每次网络输出与样本间的误差，直到满足误差范围可接受的要求。构造法是最常用的方法，典型的 MATLAB 提供的 Newrb 函数就是采用这种模式。

（2）删除法。其与构造法相反，先构造正则化 RBF 神经网络，再不断删除一些不必要的隐含层神经元，尽可能减少对误差的影响。

（3）智能算法。通过 GA、PSO 等智能算法搜索网络结构空间，找到合适的隐含层神经元数量。

在定点岗位识别综合评价的处理流程中，RBF 神经网络需要多次训练学习，在应用中，并不是每次训练学习都需要重新确定隐含层数量，在相类似的样本数据下，一旦确定了隐含层数量，其仿真计算误差数量级相差不多。因此，在应用中只需要初次确定隐含层数量，就可以完成网络结构中隐含层神经元数量设计。构造法虽然效率不高，但具有简单、易实现的特点，可以满足定点岗位识别应用的需要，因此本节采用该方法来完成广义 RBF 神经网络隐含层神经元数量的确定。

4.4.3.2　广义 RBF 神经网络的参数设计及求解

广义 RBF 神经网络参数设计，包括确定径向基函数的中心、计算扩展系数及隐含层到输出层的权值。

1）确定径向基函数的中心

径向基函数的中心确定有多种方法，常见的有随机样本选取、聚类算法、梯度训练法[158]、正交最小二乘法[159]等。聚类算法是最经典的 RBF 神经网络学习算法，其中 K-means 聚类算法应用最为广泛[158,160]。K-means 聚类算法通过对样本数据无监督学习方法[161]进行聚类分析，将相似度大的聚到同一类中，找到相同类的 K 个质点作为径向基函数的中心。

在 RBF 神经网络学习过程中，在运用构造法确定广义 RBF 神经网络隐含层数量，以及训练不同时期不同时段的广义 RBF 神经网络时，都需要应用径向基函数中心确定方法。这两种情况下，径向基函数中心确定的场景不同。前者是有监督的迭代学习过程，隐含层数量由少及多，根据对比计算与输出误差来确定满足条件的隐含层数量。后者则是在隐含层数量确定的情况下根据输入样本确定基函数中心，属于无监督的学习过程。应用 K-means 聚类算法，既可以应用在前者有监督的迭代学习过程中，又能应用在后者无监督的学习过程中。

常用的 K-means 聚类算法计算流程可概括为：在样本数据点中随机选取 K 个点作为质心，将其余点分配给最近的质心形成 K 个簇，重新计算每个簇的质心，迭代计算，直到质心不再变化或达到设定的最大迭代次数。

采用随机的方法选取初始质心，会随机出现聚类效果差的情况，常用层次聚类的方法产生 K 个初始质心，或者选择 K 个样本数据作为初始质心，来替换随机选择的方法。

2）计算径向基函数的扩展系数

径向基函数的扩展系数用于控制径向基函数图像的宽度，避免径向基函数太尖或太平。目前确定扩展系数常用的方式包括人工试凑法和公式计算法两大类。

人工试凑法是根据经验或试验来确定标准差的值，各径向基函数的扩展系数均相同，一些 RBF 函数提供推荐的扩展系数。扩展系数公式计算的方法是根据聚类中心应用公式直接计算得到，目前文献推荐有以下两类公式。

一种是用所有中心的最大距离来计算，具体公式为

$$\sigma = \frac{d_{\max}}{\sqrt{2q}} \tag{4-57}$$

式中：$d_{\max}$ 为选中的径向基函数中心间最大距离；q 为隐含层神经元数量，即为径向基函数中心数量。该方法中扩展系数与中心选定相关，各径向基函数的扩展系数均相同。

另一种是根据中心之间的距离确定对应径向基函数的扩展常数，具体公式为

$$\sigma_k = \mu \min_{k \neq j} \boldsymbol{C}_k - \boldsymbol{C}_j \tag{4-58}$$

式中：μ 为重叠系数，$k = (1, 2, \cdots, q)$。该方法是求第 k 个数据中心与其他数据中心的最近距离，各径向基函数的扩展系数不相同。该方法常被应用在聚类算法、梯度训练法中。

3）计算隐含层到输出层的权值

隐含层到输出层的权值实际是求解线性方程，常用的方法包括矩阵的除法和求逆运算法，其中求逆运算是常用的方法，其求解公式为

$$\boldsymbol{W} = \boldsymbol{Y} \boldsymbol{\Phi}^{-1} \tag{4-59}$$

k 个隐含层到输出层的权值，$\boldsymbol{\Phi} = \{\boldsymbol{\Phi}_k(i)\}$，$\boldsymbol{\Phi}_k(i) = \varphi(| \boldsymbol{X}(i) - \boldsymbol{C}_k |)$，$\boldsymbol{\Phi}^{-1}$ 表示矩阵的逆运算，$\boldsymbol{Y}$ 为输出向量。运用除法求解公式为

$$\boldsymbol{W} = \boldsymbol{Y} / \boldsymbol{\Phi} \tag{4-60}$$

在 MATLAB 中，除法运算比逆运算简单，因此本节试验中应用除法求解隐含层到输出层的权值。

4.4.3.3 广义 RBF 神经网络聚类构造法的求解步骤

前面两节对 RBF 神经网络结构设计和参数求解进行了详细介绍，下面整理并汇总应用聚类构造法设计广义 RBF 神经网络进行路口关键性综合评价的求解步骤。

1）准备输入和输出数据

准备定点岗位识别的动静态指标数据作为 RBF 神经网络的输入矩阵 $\boldsymbol{X}$，TOPSIS 综合评价方法评估的结果或人工调整后的评估结果作为样本输出结果 $\hat{\boldsymbol{Y}}$。

2）网络结构输入输出及基函数确定

根据输入矩阵确定网络输入层数量为指标数量 p，输入样本数据量为路口数量 n。根据输出结果确定输出层数量为 1，输出数据数量为 n。选定径向基函数为高斯函数。

3）确定隐含层数量及广义 RBF 神经网络各项参数

运用构造法，按照隐含层神经元数量由少及多，结合网络参数求解方法求出

基函数的中心、扩展系数以及隐含层到输出层的权值，计算每一种隐含层数量的RBF 网络输出与样本间的误差，直到满足误差范围可接受的要求。设 K 为迭代次数，具体步骤如下。

（1）初始化，准备输入数据 X，令 $K=1$，并设定可接受的均方误差 e_g。

（2）应用随机选取 K 个（或前 K 个）样本数据作为初始聚类中心，用 K-means 聚类算法求出 K 个聚类中心 $C = (C_1, C_2, \cdots, C_K)'$，作为隐含层径向基函数的中心。

（3）应用式（4-57）或式（4-58）计算径向基函数的扩展常数 σ，并应用式（4-55）求出隐含层的输出结果 $\Phi = \{\Phi_k(i)\}$。

（4）应用式（4-60）求隐含层到输出层的权值 $W = \{w_K\}$，从而得到隐含层为 K 的 RBF 神经网络。

（5）应用式（4-56）求出网络的输出 $Y = (y_1, y_2, \cdots, y_n)$，计算输出与样本输出数据的均方误差：$e = \mathrm{mse}(Y - \hat{Y}) = \dfrac{1}{n} \sum_{i=1}^{n} (y_i - y_l)u^2$。

（6）对比是否满足 $e < e_g$：如果不满足，$K = K+1$，转到步骤（2）逐步迭代；如果满足，结束迭代，此时 K 为广义 RBF 神经网络的隐含层数量，得到的径向基函数中心 C、扩展常数 σ 及隐含层到输出层的权值 W 为求得的广义 RBF 神经网络各项参数。K 最大不得超过样本数量 n。

4）其他时间特征的广义 RBF 神经网络构建

将其他时间特征的动静态指标数据和评估结果作为样本输入输出数据，RBF 神经网络结构与步骤 3）求得的结构相同，直接应用步骤 3）中（2）~（4）三个步骤求出径向基函数中心 C、扩展常数 σ 以及隐含层到输出层的权值 W，即可作为该时间特征的广义 RBF 神经网络各项参数。

5）应用构建的广义 RBF 神经网络进行路口关键性综合评价

将采集的交通流数据，构建新交通网络模型，计算各路口动静态指标，然后应用交通流时段不同时间特征的 RBF 神经网络进行仿真计算，得到各路口关键性综合评价结果，作为定点岗位识别的依据。

4.5　实例分析与讨论

4.5.1　试验及数据说明

本试验应用北京道路交通数据构建的拓扑结构和运行状态网络模型，计算并分析定点岗位识别指标体系的各项指标结果，并通过 TOPSIS 和 RBF 评价方法的编程实现，对各指标结果进行综合评价。

试验数据是北京市五环以内的主要路口和道路（快速路和主干道）的路网数

据，如图 4-3 所示。这些路口和道路在各自局部区域内具有绝对核心地位，对区域内的其他等级道路有较大的影响，同时，这些道路具有较为完善的数据采集与监测系统，能够提供可靠、连续的交通流数据。从试验分析的角度而言，该部分所包含道路具有代表性，能够实时、完整地反映整体北京市道路网络的局部和整体特征。

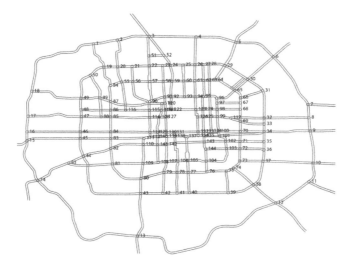

图 4-3　试验应用的北京路网数据

本试验数据由北京交通管理相关单位提供，每条道路包含全天间隔 2min 的交通流流量和速度数据。图 4-4 是其中玉泉营桥（路口节点编号 80）—丽泽桥（路口节点编号 81）的 2014 年 10 月 16 日全天交通流数据。

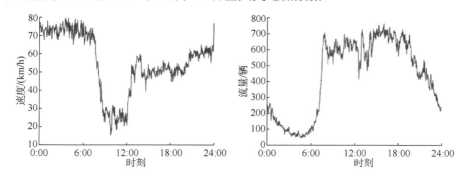

图 4-4　"玉泉营桥—丽泽桥"（80—81）2014 年 10 月 16 日全天交通流数据

本节试验分为以下两部分。

（1）根据路网基础数据构建拓扑网络模型，结合交通流流量和速度数据构建不同时段的运行状态网络模型。基于这些网络模型，对定点岗位识别的指标体系中的 16 项指标进行计算,这些指标的计算方法参见 4.3 节介绍的各指标计算公式。通过对比分析各类网络模型下的指标值,发现各指标结果的特征。

(2)实现 TOPSIS 和 RBF 评估方法综合评价算法验证,对各指标结果进行综合评价。根据 4.4 节的介绍基于熵权法的 TOPSIS 组合评价方法和基于聚类算法的广义 RBF 神经网络评价方法,编程实现两种算法,并应用第(1)部分试验计算的各项指标进行两种算法验证,计算并分析综合评价结果。

本试验应用 MATLAB 7.10 编程实现典型几种节点关键性指标算法,并在 Intel Core i3 M 350、CPU2.26GHz、内存 4GB 和 64 位 Win7 操作系统上运行。

4.5.2　指标体系中各项关键性指标试验分析

4.5.2.1　枢纽和控制作用的关键性指标

应用北京路网道路的基础数据构建拓扑结构网络,形成具有 144 个节点和 510 条边的基本拓扑网络模型 $\mathbf{TN}^B$ 和距离拓扑网络模型 $\mathbf{TN}^L$。计算定点岗位识别指标体系中关于枢纽和控制作用的关键性指标,分别为结构连接度、结构接近度、结构介数、结构连通损失度、距离连接度、距离接近度、距离介数、距离连通损失度等 8 个指标,再按照 4.3.3 节介绍的方法对其进行规范化处理。

将计算结果按照连接度、接近度、介数和连通损失度四类衍生的指标进行对比,形成同类指标的对比曲线图,如图 4-5～图 4-8 所示。

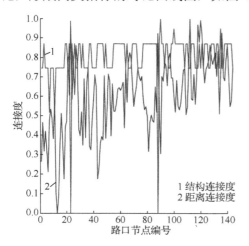

图 4-5　**TN** 的连接度类指标对比曲线

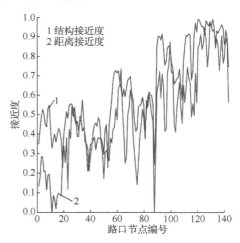

图 4-6　**TN** 的接近度类指标对比曲线

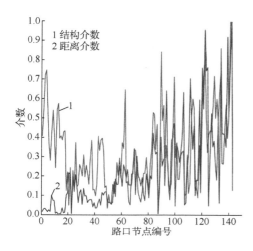

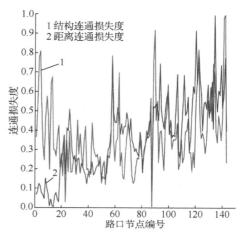

图 4-7 **TN** 的介数类指标对比曲线   图 4-8 **TN** 的连通损失度类指标对比曲线

根据图中两种网络模型中同类指标的对比曲线可以得出如下结论。

（1）两种网络模型中，相同路口的结构连接度、接近度、介数和连通损失度类指标存在着较大的差异，说明长度加权值对网络节点关键性指标有较大的影响。

（2）大部分路口节点的结构连接度指标波动较小，个别节点存在差异，反映出路网中路口以"十"字和"丁"字类型为主；各路口的其他 7 项指标波动比较明显。

通过计算各项指标曲线间的相关系数来考察各路口节点指标间的整体相似程度，计算方法采用 MATLAB 提供的 corrcoef 函数，其指标曲线相关系数如表 4-2 所示。

表 4-2 TN^B 和 TN^L 网络模型中各路口节点 8 项指标曲线相关系数

相关系数	结构连接度	结构接近度	结构介数	结构连通损失度	距离连接度	距离接近度	距离介数	距离连通损失度
结构连接度		0.42	0.36	0.40	-0.23	0.34	0.36	0.41
结构接近度	0.42		0.69	0.57	0.29	0.76	0.67	0.70
结构介数	0.36	0.69		0.87	-0.24	0.26	0.47	0.32
结构连通损失度	0.40	0.57	0.87		-0.27	0.25	0.41	0.36
距离连接度	-0.23	0.29	-0.24	-0.27		0.66	0.42	0.61
距离接近度	0.34	0.76	0.26	0.25	0.66		0.73	0.90
距离介数	0.36	0.67	0.47	0.41	0.42	0.73		0.85
距离连通损失度	0.41	0.70	0.32	0.36	0.61	0.90	0.85	

各项指标曲线间的相关系数结果反映了结构介数和结构连通损失度结果曲线

相似度较高，以及 TN^L 网络模型中各路口节点的距离接近度、距离介数和距离连通损失度的结果曲线相似度较高，其他指标之间差异较大。

将拓扑结构网络所有节点每项指标计算总时间记录下来，形成各指标计算速度对比，如表 4-3 所示。从指标计算可以看出，不同网络模型中同类指标计算速度相差不多，其中结构连接度类指标计算速度最快，接近度和介数类指标计算速度比较慢，连通损失度类指标的计算则非常耗时。

表 4-3　TN 中 8 项指标计算速度对比

基本拓扑网络指标	计算时间/ms	距离拓扑网络指标	计算时间/ms
结构连接度	2.71	距离连接度	0.88
结构接近度	250.6	距离接近度	253.8
结构介数	597.4	距离介数	565.7
结构连通损失度	37 272.6	距离连通损失度	36 865.7

4.5.2.2　运行效率和能力的关键性指标

试验一：全天每小时的运行状态网络指标试验及结果分析

应用北京路网道路的基础数据、交通流量和速度数据构建各类运行状态网络，计算定点岗位识别指标体系中关于运行效率和能力的关键性指标。选取的交通流量和速度数据是 2014 年 10 月 16 日（周二）全天间隔 2min 的数据，但由于在实际交通管理中，往往考察每小时的交通流数据。试验中以每小时的交通流量和速度数据构建各类运行状态网络，计算各节点路口交通流量、路口通行速度、路口通行效率、行程时间连接度、行程时间接近度、行程时间介数、行程时间连通损失度、车均行程时间连接度等 8 项指标，如图 4-9～图 4-16 所示。

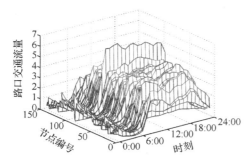

图 4-9　路口交通流量每小时指标结果

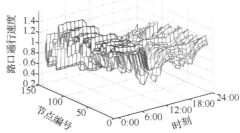

图 4-10　路口通行速度每小时指标结果

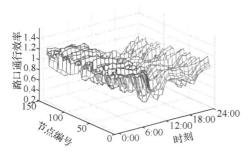

图 4-11 路口通行效率每小时指标结果

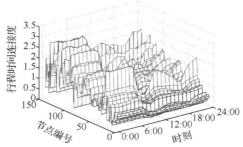

图 4-12 行程时间连接度每小时指标结果

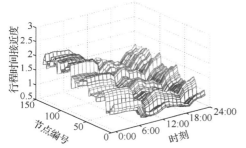

图 4-13 行程时间接近度每小时指标结果

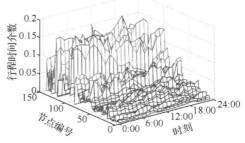

图 4-14 行程时间介数每小时指标结果

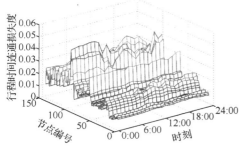

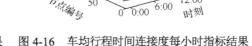

图 4-15 行程时间连通损失度每小时指标结果   图 4-16 车均行程时间连接度每小时指标结果

　　针对各指标的全天每小时指标结果，路口交通流量、路口通行速度、路口通行效率、行程时间连接度、行程时间接近度 5 项指标的夜间、早晚高峰变化明显，与交通流时间变化特征有较大的一致性。行程时间介数和行程时间连通损失度指标随时间的变化较明显，但与交通流关系不明显，而车均行程时间连接度指标随时间波动不明显。这些结果表明：在不同时段一些指标与交通流变化相关性较大，而部分指标与交通流相关性不大。

　　对运行状态网络中每小时的各项指标进行规范化处理，对规范化指标用三维曲线来展示，如图 4-17～图 4-24 所示。

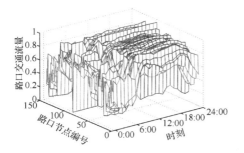

图 4-17　路口交通流量每小时规范化指标

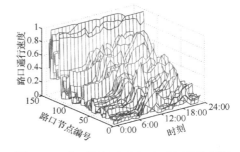

图 4-18　路口通行速度每小时规范化指标

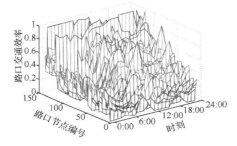

图 4-19　路口通行效率每小时规范化指标

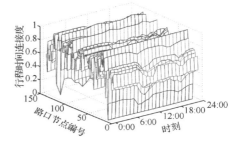

图 4-20　行程时间连接度每小时规范化指标

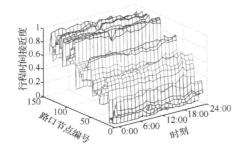

图 4-21　行程时间接近度每小时规范化指标

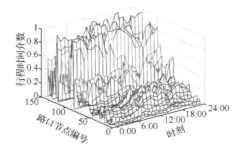

图 4-22　行程时间介数每小时规范化指标

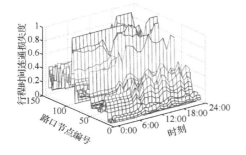

图 4-23　行程时间连通损失度
每小时规范化指标

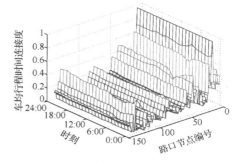

图 4-24　车均行程时间连接度
每小时规范化指标

从该试验可以看出，通过规范化处理后，路口交通流量、路口通行速度、路口通行效率、行程时间连接度、行程时间接近度 5 项指标虽然还有随着交通流时间变化的特征，但各路口节点变化趋势不再完全一致，个别路口在一段时间里一直处于某一个值，行程时间连接度指标尤其明显，且多个路口的指标值波动不大。由于规范化处理是基于每个时段所有路口极值的，规范化指标值具有相对性，使得其从时间维度上也具有可比性。随着时间变化，存在相同值的部分路口，说明这些路口某一特性下的关键程度一直处于同一水平，但大部分路口的关键程度随时间变化而不同。因此，不同时段下各路口节点的指标变化不一致，需要分别计算各项指标进行路口关键性评估。

试验二：高峰/平峰及全天的运行状态网络指标试验及结果分析

在日常交通勤务中，关键路口的选定不是实时调整的，往往是根据早晚高峰和平峰不同时间段进行关键路口保障，评估依据往往是高峰或平峰的交通流量，因此可根据早高峰、平峰和晚高峰各两个小时段的交通流量和速度构建运行状态网络进行指标计算。试验中根据全天交通流量和速度数据构建早高峰、平峰、晚高峰和全天不同时段的运行状态网络，计算各项指标，并进行规范化处理。将各指标结果形成所有路口节点早高峰、平峰、晚高峰和全天的对比曲线进行观察，如图 4-25～图 4-32 所示。

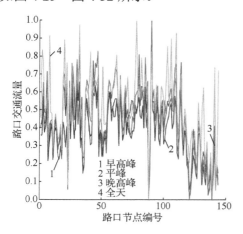

图 4-25 高峰/平峰及全天路口交通流量

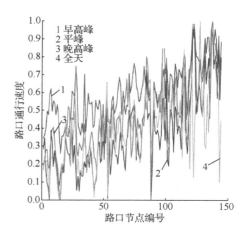

图 4-26 高峰/平峰及全天路口通行速度

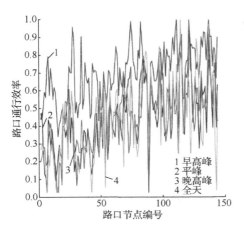

图 4-27　高峰/平峰及全天路口通行效率

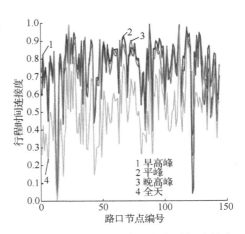

图 4-28　高峰/平峰及全天行程时间连接度

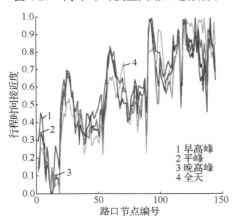

图 4-29　高峰/平峰及全天行程时间接近度

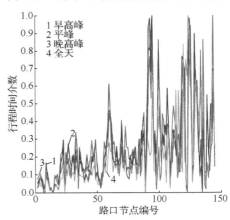

图 4-30　高峰/平峰及全天行程时间介数

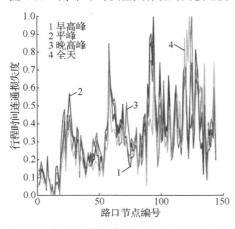

图 4-31　高峰/平峰及全天行程时间连通损失度

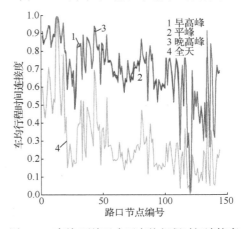

图 4-32　高峰/平峰及全天车均行程时间连接度

从试验的结果可以看出，部分指标的早高峰、平峰、晚高峰和全天结果曲线相似度较高，但仍存在一定的差异性，不少指标差异性较大。用各项指标不同时段曲线间的相关系数来考察这种差异程度（数值越小，差异越大），具体如表 4-4 所示。

表 4-4　运行状态网络中 8 项指标不同时段曲线之间的相关系数

指标	相关系数					
	早高峰-平峰	早高峰-晚高峰	平峰-晚高峰	早高峰-全天	平峰-全天	晚高峰-全天
路口交通流量	0.863	0.858	0.985	0.706	0.775	0.798
路口通行速度	0.791	0.785	0.852	0.567	0.682	0.712
路口通行效率	0.588	0.587	0.750	0.507	0.743	0.704
行程时间连接度	0.913	0.912	0.952	0.581	0.777	0.708
行程时间接近度	0.962	0.931	0.972	0.868	0.907	0.923
行程时间介数	0.931	0.744	0.823	0.543	0.598	0.639
行程时间连通损失度	0.938	0.821	0.924	0.665	0.773	0.714
车均行程时间连接度	0.995	0.996	0.999	0.836	0.839	0.838

由相关系数可以看出，路口通行效率各时段差异最大，路口通行速度各时段有较大差异。此外，全天大部分指标和其他时段指标之间差异较大，只有行程时间接近度和车均行程时间连接度有一定相似度。

根据上述试验结果分析，在实际日常交通勤务定点岗位识别的应用中，需要对不同时段的交通流量和速度数据构建运行状态网络，进行路口节点关键性评估，从而进行不同时段的勤务保障定点岗位选定工作。

4.5.3　TOPSIS 和 RBF 评价方法试验分析

本节主要评述 TOPSIS 和 RBF 的评价方法和试验分析。

4.5.3.1　TOPSIS 组合评价方法试验结果与分析

本试验实现了 4.4.2 节中介绍的基于熵权法的 TOPSIS 组合评价方法，并应用 4.5.2 节试验中得到的定点岗位识别指标体系中各项静态指标值和动态指标值（全天运行状态网络），进行 TOPSIS 综合评价算法计算，得到各路口关键性的综合评价结果。为了体现应用熵权法优势，试验实现了主成分分析、灰色关联度法求规范化加权决策矩阵中各指标权重，再进行 TOPSIS 算法计算，形成不同方法的综合评价对比结果。试验中熵权法、主成分分析和灰色关联度法三种方法求得的指标权值如表 4-5 和表 4-6 所示。

表 4-5　熵权法、主成分分析和灰色关联度法求得的指标权值（一）

方法	指标权值							
	结构连接度	结构接近度	结构介数	结构连通损失度	距离连接度	距离接近度	距离介数	距离连通损失度
熵权法	0.084	0.063	0.051	0.052	0.067	0.071	0.048	0.053
主成分分析	0.030	0.101	0.049	0.041	0.073	0.158	0.110	0.117
灰色关联度法	0.009	0.039	0.102	0.060	0.030	0.061	0.203	0.085

表 4-6　熵权法、主成分分析和灰色关联度法求得的指标权值（二）

方法	指标权值							
	路口交通流量	路口通行速度	路口通行效率	行程时间连接度	行程时间接近度	行程时间介数	行程时间连通损失度	车均行程时间连接度
熵权法	0.054	0.066	0.074	0.078	0.069	0.048	0.051	0.072
主成分分析	-0.013	0.075	0.055	0.001	0.120	0.087	0.079	-0.085
灰色关联度法	0.051	0.023	0.016	0.017	0.040	0.169	0.076	0.020

从表 4-5 和表 4-6 中可以看出熵权法得到的各指标权值比较均衡，主成分分析和灰色关联度法得到的各指标权值差异较大。应用上述三种方法形成的 TOPSIS 组合评价方法求各路口关键度的综合评价结果如图 4-33 所示。

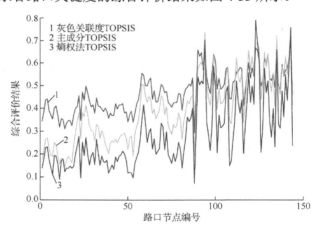

图 4-33　三种 TOPSIS 组合评价方法求得的综合评价结果

对三种方法得到的各路口关键性评价结果数据，应用统计的方法进行分析，得到极差、方差和均方差的统计指标，如表 4-7 所示。

表 4-7　三种 TOPSIS 组合评价方法得到极差、方差和均方差的统计指标

方法	统计指标		
	极差	方差	均方差
熵权法	0.716	0.023	0.152
主成分分析	0.632	0.022	0.148
灰色关联度法	0.401	0.008	0.091

结果表明，熵权法的三项统计指标均最大，主成分分析统计指标略低，灰色关联度统计指标最低。由三种方法求得的各路口节点综合评价结果曲线和统计指标可以看出，基于熵权法的 TOPSIS 组合评价算法求得的各节点关键度差异最大。各节点关键度差异越大，越容易进行路口间关键性比较，因此基于熵权法的 TOPSIS 组合评价算法更适合进行定点岗位识别中的路口关键性评估。

4.5.3.2　广义 RBF 神经网络评价方法试验结果与分析

本试验实现了 4.4.3 节介绍的 RBF 神经网络结构聚类构造算法。试验中应用 4.5.2 节试验中全天运行状态网络指标数据作为训练样本的输入数据，晚高峰运行状态网络指标数据作为测试样本的输入数据，并应用熵权法 TOPSIS 组合算法计算结果作为训练样本和测试样本的输出数据。应用 K-means 聚类构造算法构建不同隐含层神经元数量的 RBF 神经网络，将训练样本数据和测试样本数据代入构造的 RBF 神经网络进行计算，得到 RBF 神经网络聚类构造算法误差结果如图 4-34 所示。由于 K-means 聚类算法具有随机性，相同隐含层神经元数量下每次运算结果不完全相同，图中误差结果是多次计算误差的平均值。

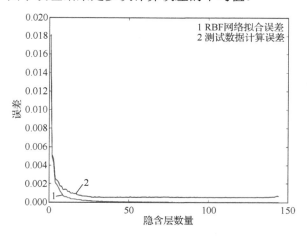

图 4-34　不同隐含层神经元数量的 RBF 神经网络聚类构造算法误差结果

从误差结果可以看出，当隐含层神经元数量达 10～20 个时，两类误差已经降到很低了，当隐含层神经元数量大于 20 时，误差变化很小，特别是测试样本数据的计算误差已基本不变。试验可以说明，广义 RBF 网络已经能达到正则化 RBF 网络的误差范围，因此在定点岗位识别实际应用中构建广义 RBF 网络就能满足实际需要。

将试验中构建算法的运行时间记录下来，形成不同隐含层神经元数量的 RBF 网络结构聚类构造算法运行时间曲线，如图 4-35 所示。

由时间记录可知，隐含层神经元数量为 20（$q = 20$）的广义 RBF 神经网络聚类构造算法运行时间比正则化 RBF 神经网络要快约 2.5 倍。

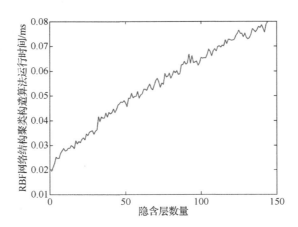

图 4-35 不同隐含层神经元数量的 RBF 神经网络聚类构造算法运行时间曲线

最后将晚高峰运行状态网络指标数据作为输入，运用熵权法 TOPSIS 组合算法、正则化 RBF 神经网络及广义 RBF 神经网络（$q=20$）评价结果对比曲线，如图 4-36 所示。

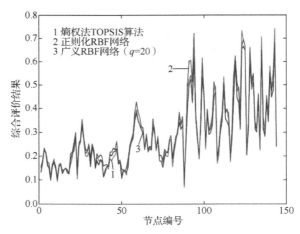

图 4-36 TOPSIS 组合算法、正则化 RBF 神经网络及广义 RBF 神经网络（$q=20$）评价结果对比曲线

从对比曲线可以看出，三者之间相似度非常高，用各节点综合评价结果数据的统计指标的相关系数（表 4-8）来考察三者之间的拟合效果，也可以看出三者非常接近。

表 4-8 TOPSIS 组合算法与正则化及广义 RBF 神经网络评价结果数据的统计指标的相关系数

内容	熵权法-正则化 RBF	熵权法-广义 RBF	正则化 RBF-广义 RBF
相关系数	0.975	0.973	0.983

试验结果表明，广义 RBF 神经网络（$q=20$）和正则化 RBF 神经网络对熵权法 TOPSIS 组合算法结果的拟合效果很好，并且广义 RBF 神经网络与正则化 RBF 神经网络有相同的拟合效果。本试验说明：应用广义 RBF 神经网络进行定点岗位识别的关键路口综合评价，具有比较明显的计算速度优势，同时拟合误差也与正则化 RBF 神经网络差不多。

4.6 结　语

交通警力资源部署的定点岗位识别是交通勤务管理的一项重点研究内容，通过研究分析，提出了一套定点岗位识别指标体系和两种多指标综合评价方法，并应用实际数据进行了试验验证和分析。

首先需要根据动态和静态影响因素构建拓扑结构网络模型和运行状态网络模型，然后基于这两个网络模型，计算定点岗位识别指标体系的各项指标，最后通过基于熵权法的 TOPSIS 组合评价方法和基于聚类算法的广义 RBF 神经网络评估方法进行定点岗位识别路口关键性的综合评价，从而找到最为关键的路口作为警力资源部署的定点岗位。

通过研究和试验分析，可得到以下结论。

（1）把影响定点岗位识别多方面因素分成静态影响因素和动态影响因素，由两类因素的交通路网数据为权值构建拓扑结构网络模型和运行状态网络模型，进行定点岗位识别的路口节点关键性评估。

（2）结合不同交通网络模型中节点重要性指标的实际意义，提出了不同种类的路口节点关键性指标，阐述了各项指标的计算方法和指标含义，构建一套适合于定点岗位识别应用的指标体系，其中静态和动态两类指标，分别体现拓扑结构维度上的枢纽和控制作用和交通运行状态维度上运行效率和能力。

（3）提出了基于熵权法的 TOPSIS 组合评价方法和基于聚类算法的广义 RBF 神经网络评价方法，应用在路口节点关键性综合评价流程的不同阶段，其中，TOPSIS 组合评价方法用于初始阶段的综合评价，RBF 神经网络模型则通过交通管理的历史经验数据进行训练后，用于日常定点岗位识别的多指标综合评价。

（4）应用交通网络实际数据进行的试验，利用构建的北京市交通拓扑结构网络模型和运行状态网络模型，验证了指标体系各项指标的计算方法以及两种综合评价模型算法的有效性。试验结果表明：不同时段下各路口节点的不同指标变化不一致，需要分别计算各项指标进行路口关键性评估；在 TOPSIS 组合评价算法中，熵权法比主成分分析和灰色关联度法更适合进行定点岗位识别中的路口关键性评估；与正则化 RBF 神经网络相比，应用广义 RBF 神经网络具有比较明显的计算速度优势。

5 基于网络结构性能分析的
高速公路网结构动态评价应用

5.1 高速公路网结构动态评价指标体系

高速公路网的结构评价是从路网结构布局方法分析其局部和全局特征，目的是揭示路网的内部结构特性，评价主要依据特定指标进行。

5.1.1 路网结构动态评价指标体系构建

高速公路网的结构特性是其所对应的抽象网络的拓扑性质及考虑物理网络功能之后所形成的特有的拓扑性质。路网结构动态评价体系是通过引入测度论建立的用于测量高速公路网结构的指标体系，本节根据科学性、完备性、层次性等设计原则，利用复杂网络理论，分别构建路网结构连通性与路网结构均衡两方面评价指标，并对路网结构进行评价。

路网的连通性是高速公路管理者在制定管理策略时首要考虑的问题，尤其是路网在发生突发事件或者大规模拥堵时，保持路网连通性是首要任务。路网结构连通性测度用于表征路网中任意节点对之间的连通程度。测度数值越大，点对之间连通性越好；测度数值越小，点对之间连通性越差。路网结构连通性测度是综合点对连通指数在路网的平均体现。综合点对连通指数是从节点间连通度的大小和连通的鲁棒性两方面进行综合评价。针对这两方面又分别提出了点对连通度和点对连通鲁棒性测度两个指标。

路网结构均衡性评价指标体系是从路网构件（节点或边）属性的分布情况分析高速公路网的结构性质，根据属性的不同可以分为基于路网效能的路网结构均衡性测度和基于流量分布的路网结构均衡性测度。

路网结构动态评价指标体系如图 5-1 所示。

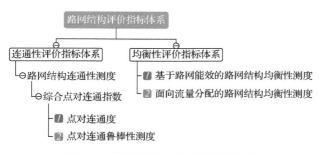

图 5-1　路网结构动态评价指标体系

5.1.2　路网结构连通性评价指标体系

5.1.2.1　点对连通度

1）定义

网络 N 中，使得任意一对节点对不连通所要移除的最少的边的数量（即割集），称为点对连通度，记为 k_{ij}。点对连通度是在路网模型的基础设施拓扑结构层上进行分析的，用于表征点对间存在多少不相交的路径（不相交即路径集合之间没有交集），对应指数越大，表明点对间连通的路径数量越多；指数越小，表明点对间连通的路径数量越少。

2）求解步骤

从图论的角度出发，点对连通度是使得网络不连通所移除的最少的边的数量，即点对之间的最小割集。因此，点对连通度转化成了求点对的最小割集，本节通过基于连通性判断的割集搜索算法（CSA-CJ）来计算点对之间最小割集。

基于连通性判断的割集搜索算法就是一种高效快捷地计算网络割集的方法，它的步骤如下。

（1）切割网络，将连通图移除最少的边变为两个非连通图。

（2）计算子连通图的每个顶点的关联集环和，所得结果即为一种割集。

（3）求出所有的割集，并找到最小割集，对应的元素的个数就是该点对连通度，而割集对应的顶点集，就是子连通图的顶点集合。

顶点的关联集是节点邻接边的集合，而环和是一种定义的运算符号，记为符号"$\oplus$"，边集 S_1 与 S_2 的环和记为

$$S_1 \oplus S_2 = (S_1 \bigcup S_2) - (S_1 \bigcap S_2) \tag{5-1}$$

求出 S_1 与 S_2 的并集减去它们的交集，所得的结果就是 S_1 与 S_2 的环和；如果是三个节点以上的集合，即

$$S_1 \oplus S_2 \oplus S_3 = \{S_1 \bigcup S_2 \bigcup S_3\} - \{(S_1 \bigcap S_2) \bigcup (S_1 \bigcap S_3) \bigcup (S_2 \bigcap S_3)\} \tag{5-2}$$

计算网络节点对连通子图顶点的关联集环和，通过割集搜索即可找到点对之间的割集集合，而找出集合中包含元素最少的集合对应的元素个数，即为该节点

对的连通度，割集搜索算法的流程图如图 5-2 所示。

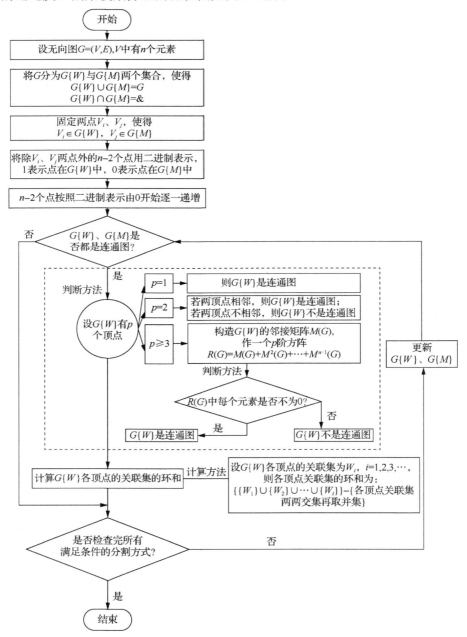

图 5-2　割集搜索算法流程图

3）点对连通度求解示例

设无向图 $G = (V, E)$，式中，$V = \{v_1, v_2, v_3, v_4, v_5, v_6\}$；$E = \{a, b, c, d, e, f, g, h\}$，其 6 点网络模型如图 5-3 所示。

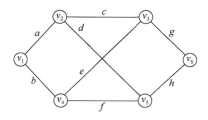

图 5-3　6 点网络模型

通过割集搜索算法求节点 v_1 和节点 v_6 割集，其邻接矩阵为

$$\begin{bmatrix} 0 & 1 & 0 & 1 & 0 & 0 \\ 1 & 0 & 1 & 0 & 1 & 0 \\ 0 & 1 & 0 & 1 & 0 & 1 \\ 1 & 0 & 1 & 0 & 1 & 0 \\ 0 & 1 & 0 & 1 & 0 & 1 \\ 0 & 0 & 1 & 0 & 1 & 0 \end{bmatrix}$$

切割图 G，使得图变为两个不相交的集合 $G\{W\}$ 和 $G\{M\}$，两个子集没有交集，并且并集就是图 G，其中之一的子集 $G\{W\}$ 顶点集 $G\{U_i\}$ 有 $n^{n-2} = 16$ 种取值，即 $G[U_i]$ 中的元素共有 16 个，分别用 $U_1, U_2, \cdots, U_{16}$ 表示，表达方式如表 5-1 所示。

表 5-1　顶点集 $G\{U_i\}$ 16 种表达方式

$G[U_i]$	子集 $G\{W\}$					
$G[U_1]$	1	0	0	0	0	0
$G[U_2]$	1	0	0	0	1	0
$G[U_3]$	1	0	0	1	0	0
$G[U_4]$	1	0	0	1	1	0
$G[U_5]$	1	0	1	0	0	0
$G[U_6]$	1	0	1	0	1	0
$G[U_7]$	1	0	1	1	0	0
$G[U_8]$	1	0	1	1	1	0
$G[U_9]$	1	1	0	0	0	0
$G[U_{10}]$	1	1	0	0	1	0
$G[U_{11}]$	1	1	0	1	0	0

$G[U_i]$	子集 $G\{W\}$					
$G[U_{12}]$	1	1	0	1	1	0
$G[U_{13}]$	1	1	1	0	0	0
$G[U_{14}]$	1	1	1	0	1	0
$G[U_{15}]$	1	1	1	1	0	0
$G[U_{16}]$	1	1	1	1	1	0

$G[U_1]$ 为顶点集 U_i 所导出的子图，其中"1"代表对应顶点在该子图中，而"0"代表对应顶点在与之互补的对应子图中，由于所求割集是节点 v_1 和点 v_6，因此 v_1 始终为 1，v_6 始终为 0。

分别判断 $G[U_1]$，$G[U_2]$，$\cdots$，$G[U_{16}]$ 是否是连通图，并且对应子图 $G\{M\}$ 的顶点集 $G[\overline{U_i}]$ 是否是连通图，若 $G[U_i]$ 中只有一个节点，那么 $G[U_i]$ 是连通图；如果 $G[U_i]$ 中有两个节点，且这两个顶点相邻（有边相连），则 $G[U_i]$ 连通；若 $G[U_i]$ 中顶点大于等于 3 个，那么构造 $G\{W\}$ 的邻接矩阵 $M(G)$，作一个 p 阶方阵 $R(G)$，即

$$R(G) = M(G) + M^2(G) + \cdots + M^{n-1}(G) \qquad (5\text{-}3)$$

若 $R(G)$ 中的每个元素都不为 0，则 $G[U_i]$ 是连通图，否则 $G[U_i]$ 不是连通图；或者构建子图 $G[U_i]$ 的关联矩阵 $W(G)$，判断 $W(G)$ 的秩是否为 $n-1$，若是，则 $G[U_i]$ 是连通图；否则，$G[U_i]$ 不是连通图。

若 $G[U_i]$ 是连通图并且对应的 $G[\overline{U_i}]$ 也是连通图，则分别计算 $G[U_i]$ 各顶点的关联集环和，计算结果如表 5-2 所示。

表 5-2　关联集环和计算结果

$G[U_i]$	图 $G[U_i]$ 各顶点关联集的环和
$G[U_1]$	$\{a,b\}$
$G[U_3]$	$\{a,e,f\}$
$G[U_4]$	$\{a,e,h\}$
$G[U_9]$	$\{b,c,d\}$
$G[U_{11}]$	$\{c,d,e,f\}$
$G[U_{12}]$	$\{c,e,h\}$
$G[U_{13}]$	$\{b,d,g\}$
$G[U_{15}]$	$\{f,d,g\}$
$G[U_{16}]$	$\{g,h\}$

节点 v_1 和点 v_6 的割集为 $\{a,b\}$、$\{a,e,f\}$、$\{a,e,h\}$、$\{b,c,d\}$、$\{c,d,e,f\}$、$\{c,e,h\}$、$\{b,d,g\}$、$\{f,d,g\}$ 及 $\{g,h\}$，其中最小割集中包含的元素为 2，使得节点 v_1 和点 v_6 不连通移除的最少边数为 2，所以 v_1 和 v_6 的点对连通度为 2。

5.1.2.2　点对连通鲁棒性测度

任意节点间的连通不仅是指有连通路径存在，路径的长度也对路径的连通性构成影响，当节点间路径长度超出了出行者的预期时，拓扑结构层连通的路径也被默认是不连通的，在此基础上在路网静态功能属性层中提出了点对连通鲁棒性测度，用于表征点对之间连通路径的里程差异程度。对应指数越大，不相交连通路径间的最短路径长度差异越小，意味着该点对之间的连接具有较高的抗毁能力，鲁棒性较好；对应指数越小，不相交连通路径间的最短路径长度差异越大，则点对连通的鲁棒性越差。

1）定义

点对连通鲁棒性测度由路段贡献计算得出，给出路段贡献的定义。

路段贡献定义为：把边 e 对节点对 v_i、v_j（$i \neq j$）的贡献定义为删除该边后节点对之间的最短路径的长度与删除前的最短路径长度的比值，则有

$$C_{ij} = \frac{\phi_{ij}}{\phi} \tag{5-4}$$

式中：C_{ij} 为节点对 v_i、v_j 的贡献；ϕ_{ij} 为移除 v_i、v_j 对应割集后节点对之间的最短路径的长度；ϕ 为移除前节点对 v_i、v_j 之间的最短路径的长度。

点对连通鲁棒性测度为两点间最小割集中各边对该节点对的贡献的和的倒数，有

$$\mathrm{DNC}_{ij} = \frac{1}{\sum_{i,j=1}^{n} C_{ij}} \tag{5-5}$$

式中：DNC_{ij} 为节点对（v_i、v_j）（$i \neq j$）的连通鲁棒性测度。DNC_{ij} 越大，代表节点对之间不相交路径里程差异越小；DNC_{ij} 越小，代表节点对之间不相交里程差异越大。

2）求解步骤

点对连通鲁棒性测度求解步骤如下。

（1）利用基于连通性判断的割集搜索算法 CSA-CJ 来计算点对之间最小割集。

（2）对于最小割集的每条边，计算路段贡献。

（3）利用式（5-5）计算路段贡献和的倒数，进而得到点对鲁棒性测度。

3）点对连通鲁棒性测度求解示例

点 v_1 和点 v_6 的最小割集分别有 $\{a,b\}$ 和 $\{g,h\}$，当最小割集为 $\{a,b\}$（图 5-4）时，设函数 $L(\cdot)$ 为边的长度，且 $L(a)<L(b)$，$L(d)=L(e)$，$L(c)=L(f)$，$L(g)=L(h)$。则 a 边对 v_1、v_6 的贡献为

$$[L(b)+L(f)+L(h)]/[L(a)+L(c)+L(g)]$$

b 边对 v_1、v_6 的贡献为

$$[L(a)+L(c)+L(g)]/[L(a)+L(c)+L(g)]$$

则贡献指数为

$$1/[(L(b)+L(f)+L(h))/(L(a)+L(c)+L(g))+(L(a)+L(c)+L(g))/(L(a)+L(c)+L(g))]$$
$$=[L(a)+L(c)+L(g)]/[L(a)+L(b)+L(c)+L(f)+L(g)+L(h)]$$

当最小割集为 $\{g,h\}$（图 5-5）时，由于网络是对称无向图，割集 $\{a,b\}$ 与割集 $\{g,h\}$ 所属情况一致，节点 v_1 与节点 v_6 的连通指数为

$$[L(a)+L(c)+L(g)]/[L(a)+L(b)+L(c)+L(f)+L(g)+L(h)] \qquad (5\text{-}6)$$

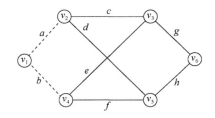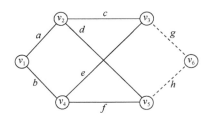

图 5-4　最小割集为 $\{a,b\}$　　　　　　　图 5-5　最小割集为 $\{g,h\}$

5.1.2.3　综合点对连通指数

路网中的情况复杂多样，每一个子系统都可以独立成为一个路网，因此路网的指标体系也有不同的侧重点。点对连通度注重反映点对间存在互不相交的 K 条路径（不相交即每条路径集合相互没有交集），点对连通鲁棒性测度注重反映点对间连通路径的里程差异程度，通过引入修正系数 λ，为两种连通指数加权，实现计算点对间综合点对连通指数。综合点对连通指数越大，反映了点对间路径数量越多或连通的鲁棒性越强；综合点对连通指数越小，反映了点对间路径数量越少或连通的鲁棒性越弱。

由于量纲及量级的不同，各测度之间不可度量，为了反映实际情况，消除因各测度的量纲及量级间悬殊差别所带来的影响，在计算综合点对连通指数前，首先要对不同的连通指数进行归一化处理。测度的无量纲化主要是通过数学变换来消除原始测度量纲的影响，归一化处理过程如下所示：

$$x_{ij}^{*}=\frac{x_{ij}}{x_{j}} \qquad (5\text{-}7)$$

式中：x_j 为一特殊点，一般可取 M_j、m_j 或 $\overline{x_j}$，M_j 即 $M_j=\max\limits_{i}\{x_{ij}\}$，$m_j=\min\limits_{i}\{x_{ij}\}$。当 $x_j=m_j>0$ 时，$x_{ij}^{*}\in[1,\infty)$，有最小值 1，无固定的最大值；当 $x_j=M_j>0$ 时，$x_{ij}^{*}\in(0,1]$，有最大值 1，无固定的最小值；当 $x_j=\overline{x_j}>0$ 时，$x_{ij}^{*}\in(-\infty,+\infty)$，取值

范围不固定。本节所用的方法是通过 $\overline{x_j}$ 对指数进行归一化处理。将归一化之后的
测度引入修正系数计算综合点对连通指数：

$$T_{ij} = \lambda k_{ij} + (1-\lambda)\text{DNC}_{ij} \tag{5-8}$$

式中：T_{ij} 为节点 i 与节点 j 之间的综合点对连通指数；λ 是取值为 $0\sim1$ 的修正系
数，具体数值取决于决策者对于点对之间互不相交的路径数目与点对连通鲁棒性
两种不同类型的评价指数的侧重程度；k_{ij} 是基于拓扑结构的点对连通度；DNC_{ij} 是
基于里程的点对连通度。

5.1.2.4　路网结构连通指数

路网结构连通指数是一种能够描述整个路网连通性的宏观评价指标。路网结
构连通指数定义为：网络 N 中所有点对在网络中的综合点对连通指数的平均值，
记为 H，即

$$H = \frac{1}{n(n-1)} \sum_{v_i,v_j \in V} T_{ij} \qquad (i \neq j) \tag{5-9}$$

式中：n 为网络 N 的节点数；T_{ij} 为节点 v_i 和 v_j 的综合点对连通度。

路网结构连通性测度反映了路网中任意节点对的平均连通程度，测度数值越
大，路网连通性越强；测度数值越小，路网连通性越差。

5.1.3　路网结构均衡性评价指标体系

路网结构均衡性测度是从路网构件（节点或边）属性的分布情况分析高速公
路网的结构性质，根据属性的不同可以分为基于路网效能的路网结构均衡性测度
和基于流量分布的路网结构均衡性测度。

5.1.3.1　基于路网能效的路网结构均衡性测度

高速公路网中节点的重要性体现在该节点在路网中能够连接其他节点的里程
和通行能力规模，以及节点作为枢纽连通其他节点对间的路径的里程规模和通行
能力强弱的能力。节点能力在路网中分布的离散程度可以体现出路网结构的合理
性，若离散程度高，则路网结构就不均衡、不匹配，这样的路网结构存在着高风
险性，相反，如果离散程度低，则路网结构就比较均衡、稳定。

1）定义

本节通过路网能效，刻画节点作为枢纽连通其他节点时间的路径的里程规模
和通行能力的大小。路网能效通过路径能效计算，给出路径能效的定义，即路径
能效就是通行能力占路径距离总长的比例，表示该路径单位里程单位时间内可以
通过的最大交通量。路径能效表示为

$$E_{ij} = c_{ij}/d_{ij} \tag{5-10}$$

式中：c_{ij} 为节点 v_i 和节点 v_j 路径组成路段中最小通行能力；d_{ij} 为 v_i 和 v_j 之间的总距离。路径能效示意图如图 5-6 所示，在图中节点 v_i 到节点 v_j 的路径最薄弱的位置是 b 路段，则节点 v_i 到节点 v_j 的路径能效为 b 路段通行能力比路径的长度。

路网能效等于路网平均路径能效，即

$$E = \frac{E_{ij}}{C_N^2} = \frac{\sum\limits_{i,j \in V, i \neq j} \dfrac{c_{ij}}{d_{ij}}}{C_N^2} \qquad (5\text{-}11)$$

式中：E 为高速公路网络的路网能效；E_{ij} 为路网中所有节点对之间的路径能效；C_N^2 为高速公路网络中所有的路径数。

节点能力通过收缩该节点对路网能效的影响加以体现，节点收缩法定义为节点 v_i 与邻接的 k 个节点生成新节点，导致路网结构发生变化，成为新的路网并重新计算路网效能，其节点收缩示意图如图 5-7 所示。

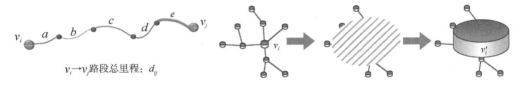

$v_i \rightarrow v_j$ 路段总里程：d_{ij}

图 5-6　路径能效示意图　　　　　　图 5-7　节点收缩示意图

如果节点收缩后路网能效增高，那么节点在网络中的能力（IG_{v_i}）越大，可通过以下式子计算：

$$\mathrm{IG}_{v_i} = 1 - \frac{\partial[G]}{\partial[G_{v_i}]} \qquad (5\text{-}12)$$

式中：$\partial[G]$ 代表原始路网的路网能效；$\partial[G_{v_i}]$ 代表节点 v_i 收缩后的新网络的路网能效。若节点 v_i 在网络中位置越核心，收缩后新网络路网能效就越大。

基于路网能效的路网结构均衡性指节点能力在路网中分布的离散程度，可以通过下式计算得出：

$$\mathrm{BNC} = \frac{1}{N} \sum_{i=1}^{N} (\mathrm{IG}_{v_i} - \overline{\mathrm{IG}_v})^2 \qquad (5\text{-}13)$$

式中：BNC 为基于路网能效的路网结构均衡性测度值；N 代表网络中的节点数量；IG_{v_i} 为节点 v_i 的能力；$\overline{\mathrm{IG}_v}$ 路网节点能力均值为

$$\overline{\mathrm{IG}_v} = \frac{\sum\limits_{i}^{N} \mathrm{IG}_{v_i}}{N} \qquad (5\text{-}14)$$

2）求解步骤

基于路网能效的路网结构均衡性测度值计算流程图如图 5-8 所示。

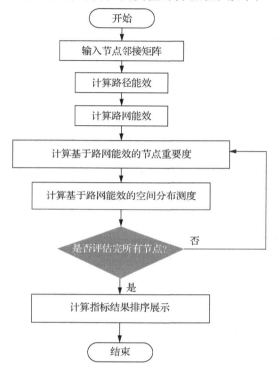

图 5-8　基于路网能效的路网结构均衡性测度值计算流程图

5.1.3.2　基于流量分布的路网结构均衡性测度

基于流量分布的路网均衡性测度充分考虑了基础路网在叠加交通流后，由于交通流特性参数变化引发的路网负载变化而导致的路网功能遭到破坏的可能性。

1）简述

基于流量分布的路网结构均衡性测度，可以通过分析节点流量均衡度在路网中的分布情况得出。节点流量均衡度可以反映节点流量分布的均衡程度，并可以通过连接路段的流量与路网中的节点标准流量的方差计算。同时，用节点流量均衡度找到路网中流量分配不均匀的节点，即路网配流的侧重点，通过相应的措施使得节点流量趋于均衡。节点流量均衡度为

$$\mathrm{FE}_{v_i}(t) = \frac{1}{k_{v_i}} \sum_{v_u, v_i \in V} (Q_{e_{uv}}(t) - \mathrm{FD}_{v_i}(t))^2 \qquad (5\text{-}15)$$

式中：$Q_{e_{uv}}(t)$ 为 t 时刻节点 v_i 所有方向相邻路段上的流量；$\mathrm{FD}_{v_i}(t)$ 为研究时刻节点 v_i 的标准流量。

节点的标准流量定义为节点单位度上的流量，有

$$\mathrm{FD}_{v_i}(t) = \frac{\lambda_{v_i}(t)}{k_{v_i}} \tag{5-16}$$

式中：$\mathrm{FD}_{v_i}(t)$ 为 t 时刻节点 v_i 的标准流量；$\lambda_{v_i}(t)$ 为 t 时刻节点 v_i 的流量度；k_{v_i} 为节点 v_i 的度。

$$\lambda_{v_i}(t) = \sum_{j \in A_{v_i}} Q_{e_{ij}}(t) + \sum_{u \in A_{v_i}} Q_{e_{ui}}(t) \tag{5-17}$$

式中：$\lambda_{v_i}(t)$ 为 t 时刻节点 v_i 的流量度；A_{v_i} 为节点的邻接节点集合；$Q_{e_{ij}}(t)$ 与 $Q_{e_{ui}}(t)$ 分别为 t 时刻路段 e_{ui} 流入与流出的交通量。

基于流量分布的路网结构均衡性测度是全路网中节点均衡度的综合体现，数值越大，节点流量均衡度分布越分散，偏差越小，则节点流量均衡度分布越集中，全路网流量分布越均衡。用公式表达为

$$\mathrm{NWFE}(t) = \frac{1}{n} \sum_{v_i \in V} \left(\mathrm{FE}_{v_i}(t) - \frac{1}{n} \sum_{v_i \in V} \mathrm{FE}_{v_i}(t) \right)^2 \tag{5-18}$$

式中：$\mathrm{FE}_{v_i}(t)$ 为 t 时刻节点 v_i 的流量均衡度；n 为路网节点总数。

2）求解步骤

基于流量分布的路网结构均衡性测度的计算流程图如图 5-9 所示。

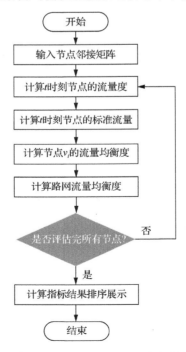

图 5-9　基于流量分布的路网结构均衡性测度计算流程图

5.2 高速公路网动态评估系统

5.2.1 系统总体设计

本节开发的软件模块为高速公路路网动态结构评估平台。该系统是基于高速公路网的拓扑属性和功能属性分析，建立高速公路网的广义网络拓扑模型，构建路网连通性、均衡性和抗毁性等路网动态评估体系，为路网运行状态评估、态势分析及大范围协同管理奠定基础。

该系统是在 ArcGIS 二次开发的基础上，基于 Java、JSP 和 Java Script 等编程语言，利用 My Eclipse 作为系统开发工具，采用了 B/S 网络架构模式，开发的一款针对高速公路路网结构动态评价的系统。路网评价体系包括两部分，即局域网络评价和全局网络评价。局域网络评价指标包括收费站点对连通度、均衡度和收费站之间路网的连通度、均衡度。全局网络评价指标包括城市点对连通度、城市抗毁度和城市与城市之间路网连通度、路网抗毁度。

5.2.1.1 系统总体架构

高速公路路网动态结构评估平台采用分层设计，一共包括用户层、应用层、接口层、服务层和数据层五层，系统总体架构图如图 5-10 所示。分层设计具有以下优势：①开发人员可以只关注整个结构中的某一层；②可以很容易地用新的实现来替换原有层次的实现；③可以降低层与层之间的依赖；④有利于程序标准化和各层逻辑的复用。分层结构把软件开发过程设计成标准的组装作业流程，技术层次分明，有利于团队不同技术方面的分工协作，提高工作效率，更好地完成程序的开发工作。

对该系统各网络层具体说明如下。

用户层：用户在任意浏览器输入网址，登录该系统，进入到登录界面，输入提供的初始用户名和密码登录。在界面栏可以点击查询具体指标，还可以通过数据展示界面直观了解不同城市和收费站的运行情况。

应用层：应用层主要包括前台结果展示、后台处理、实时数据系统和地图服务系统四个子系统。前台就是在浏览器的网页上有局域网络动态评价、全局网络动态评价。在局域网络动态评价下拉菜单栏可以选择收费站连通度、收费站均衡度、收费站之间路网连通度、收费站间路网均衡度，点击链接输出具体计算指标数值。为了丰富数据和便于用户理解相关指标，可以对收费站和城市的计算结果数据，根据各自特点做一些图表分析，让用户便于理解和分析。

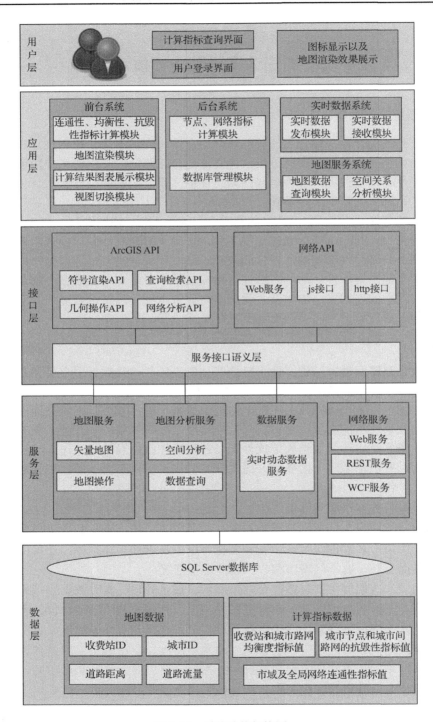

图 5-10 系统总体架构图

接口层：需要利用 ArcGIS API 和网络 API 连接应用层与服务层。该系统需要用到的 ArcGIS API 主要包括符号渲染、查询检索、几何操作和网络分析等地图接口。符号渲染主要是为了对收费站、城市及其之间所连路网添加红、黄、绿等填充色，当节点指标异常，就会闪烁报警。几何操作是通过 Geometry Service 实现对图形的几何操作，如生成缓冲区、图形合并、图形相交等。获取一个城市范围内所有的收费站就需要按位置关系来进行几何选择。网络分析是针对城市和道路网络，并依据具体的算法，例如进行节点融合，就需要用到网络分析。

服务层：在服务层提供地图服务、地图分析服务、数据服务和网络服务。地图服务包括对地图的矢量操作，原始地图不合适就需要对相关图层进行操作，地图分析服务包括空间分析和数据查询。空间分析即按位置关系查询某一个城市内所有的收费站，并对它们的均衡度指标进行计算，得到城市路网流量的非均匀性指数。数据查询即把收费站、道路和城市的属性表数据导入到 SQL Server 数据库，利用 Java 的 JDBC 连接数据库，并计算相关指标。

数据层：该系统使用的是 SQL Server 数据库，数据层包括地图数据和计算指标数据两部分，地图数据具体包含收费站 ID、城市 ID、道路距离和道路流量等相关数据，程序利用收费站 ID 查询到相关收费站间的流量、道路里程，再结合具体算法，将计算出的连通性、均衡性和抗毁性指标值存放到相关表格，数据库日常对存储的数据表格进行维护和更新，确保动态计算指标值。

5.2.1.2　系统物理逻辑结构

本系统的物理逻辑结构设计图如图 5-11 所示。

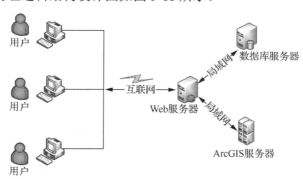

图 5-11　系统物理逻辑结构设计图

如图 5-11 所示，用户在计算机端的任意浏览器输入网站地址，就可以登录本系统，登录系统后，用户在主页面点击菜单栏查询等功能按钮，就会触发 Web 服务器中的计算模块，Web 服务器通过局域网连接到数据性，查询数据库内相关计算参数表，并利用表中的数据计算出路网评价的连通性、均衡度和抗毁性等评价指标值，并把计算的指标存储到对应的指标表。同时 Web 服务器将这些评价指标传输到前台网站页面显示。地图发布在 ArcGIS 服务器上，当用户选择地图动态渲染和道路路网结构因异常天气情况改变，经过程序处理后的新的地图就会通过 Web 服务器，传输到用户页面，直观反映出路网评价指标和高速公路的实时运行状况。

5.2.1.3　系统工作流程

高速公路网动态结构评估系统具体工作流程图如图 5-12 所示。首先，对原始地图在 Arc Map 进行预处理，获取符合具体算法的路网拓扑关系，再把处理后的地图发布到 ArcGIS 服务器上，系统可以通过程序实时调取地图显示。用户根据系统提供的初始用户名和密码登录系统，点击查询按钮，给后台触发一个查询请求，后台程序判断路网状态是否发生变化，如果发生变化，就要根据变化后的道路网络拓扑关系和道路路网流量，及时更新数据库相关数据。其次，Java 程序通过 JDBC 连接 SQL Server 数据库，获取相关计算参数。本系统核心是计算模块，根据具体算法，利用编写的程序计算局域网络的连通性、均衡性指标值，以及全局网络的连通性、抗毁性等指标值。最后，对上述指标数据程序进行处理，将处理结果返回到前台系统页面展示。

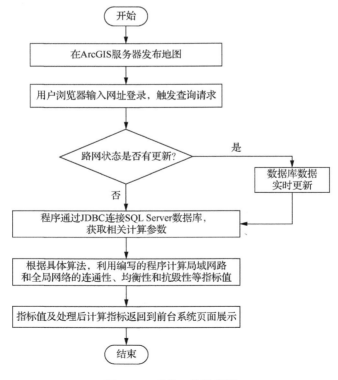

图 5-12　系统工作流程图

5.2.1.4 系统服务器软件结构设计

服务器软件结构设计图如图 5-13 所示。

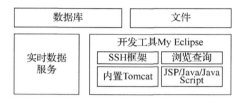

图 5-13 服务器软件结构设计图

系统服务器软件结构包括数据库、文件、实时数据服务和开发工具 My Eclipse。数据存储在 SQL 服务器上，文件系统存储地图文件。高速公路网动态结构评估系统需要结合实时道路状况进行计算，及时迅速地对路网状态做出评估，这就需要软件提供实时数据服务。本系统的开发工具是 My Eclipse，前台开发语言是 Java 和 Java Script，Java 语言主要用于后台数据计算和对数据库内相关表格数据的操作。在设计框架方面主要基于当前比较成熟的 SSH 框架，My Eclipse 内置 Tomcat，不需要单独安装，方便程序调试。系统界面主要包括浏览查询和动态运行效果地图展示服务。

5.2.2 试验分析

本节在基于复杂网络的路网多维时空模型的基础上，通过高速公路路网动态结构评估平台实现动态评价指标体系的计算，并结合实际路网情况（以江苏省为例），对指标体系进行验证及对路网进行分析。试验路网涵盖江苏省内 13 个城市的 304 个收费站。

5.2.2.1 路网结构连通性测度

1）点对连通度

以江苏省全局网络为例，计算全局网络点对连通度，全局网络中各城市节点之间点对连通度计算结果如表 5-3 所示。

表 5-3　全局网络中各城市节点之间点对连通度计算结果

城市编号	1	2	3	4	5	6	7	8	9	10	11	12	13
1	0	3	2	3	2	4	4	4	4	4	3	5	3
2	3	0	3	4	5	5	9	3	9	3	3	11	4
3	2	3	0	4	5	4	8	3	8	3	3	13	4
4	3	4	4	0	4	4	4	3	4	3	3	7	4
5	2	5	5	4	0	4	9	3	9	3	3	16	4

续表

城市编号	1	2	3	4	5	6	7	8	9	10	11	12	13
6	4	5	4	4	5	0	7	3	10	3	3	19	4
7	4	9	8	4	9	7	0	3	6	3	3	16	4
8	4	3	3	3	3	3	3	0	5	3	3	6	4
9	4	9	8	4	9	10	6	5	0	3	3	16	3
10	4	3	3	3	3	3	3	3	3	0	3	6	4
11	3	3	3	3	3	3	3	3	3	3	0	6	4
12	5	11	13	7	16	19	16	6	16	6	6	0	4
13	3	4	4	4	4	4	4	4	3	4	4	4	0

注：城市编号对应关系为1—徐州，2—常州，3—无锡，4—南通，5—镇江，6—扬州，7—盐城，8—淮安，9—泰州，10—连云港，11—宿迁，12—南京，13—苏州。

由表 5-3 可以明显看出，具有较高连通度的是 2—12、3—12、5—12、6—12、7—12、9—12，对应城市节点对为常州—南京、无锡—南京、镇江—南京、扬州—南京、盐城—南京及泰州—南京，可以看出南京作为江苏省的省会，在路网中的地位自然是高一个级别，与周边城市的交流、沟通、运输、贸易等连接也更为密切，因此路网比较密集，所以点对之间的连通度较高，城市之间相互交通便利，点对连通度计算结果与实际路网中路网密度分布情况相符。

2）点对连通鲁棒性测度

南京作为江苏省的省会城市，自然是政治、经济、文化的中心，也是省内交通的重要核心，因此，实例验证以南京为例，通过高速公路结构动态评估系统，进行江苏省其他城市到南京的点对连通鲁棒性测度统计分析。南京与其余各市贡献值如图 5-14 所示。

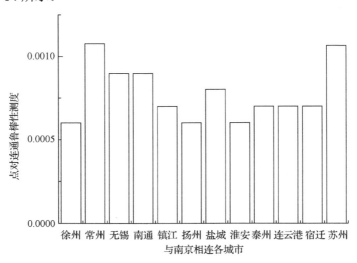

图 5-14　南京与其余各市贡献值

如图 5-14 所示，较高的节点对是南京—常州及南京—苏州，在实际路网中，途经南京—常州的高速公路段为 G42（沪蓉高速）和 G25（长深高速）—S38（常合高速），途经南京—苏州的高速公路段为 G42（沪蓉高速）—G2（京沪高速）和 G25（长深高速）。上述两对节点对间的两条路线里程都比较接近，当任意一条路径失效，对于点对间的最短路径长度影响较小，因此该点对的连通鲁棒性较强。由上述可以看出，对于路段贡献指数来说，南京—常州以及南京—苏州两对节点对相对较高。

3）综合点对连通指数

将点对连通度和点对连通鲁棒性进行归一化处理并引入修正系数，融合为综合点对连通指数，通过综合点对连通指数反映路网中点对之间的连通程度，该指数考虑了点对间互不相交的连通路径的数量，从连通度的稳定性出发，考虑了连通不相交路径间最短路径长度的差异，全局网络内南京市与各城市综合点对连通指数如图 5-15 所示。

由图 5-15 可以看出，在与南京相连的各城市中，综合点对连通指数较高的城市有南京—常州、南京—无锡、南京—镇江、南京—扬州、南京—盐城，以及南京—泰州。在与南京相连的各城市中，综合点对连通指数较高的城市集中在江苏省西南部分靠近南京的城市，这部分路网分布较为密集，城市与城市之间空间距离较近，路径选择较多，来往较为密切。

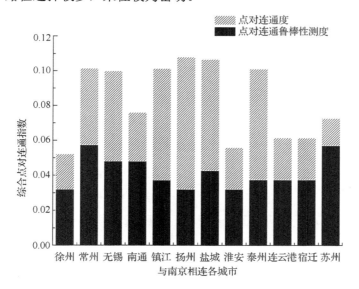

图 5-15　全局网络内南京市与各城市综合点对连通指数

5.2.2.2　路网结构均衡性测度

1）基于路网能效的路网结构均衡性测度

（1）无阻断事件下路网能效分析。路网能效对于路网的日常维护以及风险预估具有不可忽视的作用，因此高速公路结构动态评估系统对于路网的路网能效也进行了分析，分析内容包括城市节点重要度以及路网层面的基于路网效能的路网结构均衡性测度指标。图 5-16 为全局网络中节点重要度分布。

如图 5-16 所示，全局网络中节点重要度较高的有南京、无锡、苏州及徐州。重要节点分为两类。第一类城市节点为徐州、苏州、无锡，从地理位置来看，徐州、苏州、无锡均位于三省交界处，在加强邻省与本省的交通方面起到了重要的作用，因此路网分布密集。在采用收缩节点法之后，这些城市节点收缩后对路网造成的影响比较大，使得路网的平均路径增加，因此城市节点在路网中的重要程度不可忽略。第二类城市节点是南京，作为江苏省的省会城市，本身就有很强的交通吸引能力，交通设施的构建资源也会向省会城市倾斜，且周围的路网相对密集，并且都是最短路径，因此进行节点收缩后对路网结构影响巨大，节点重要度较高。

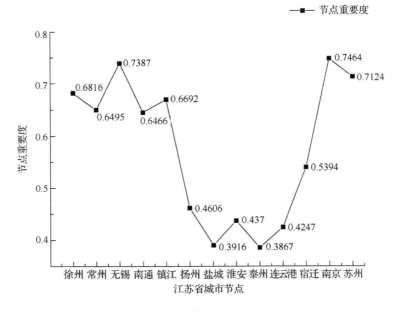

图 5-16　全局网络中节点重要度分布

（2）阻断事件条件下路网能效分析。路网在遭受不可抗的自然灾害、发生交通事故或者重大交通拥堵时，路段无法正常通行，造成路网结构发生改变，因此路网结构发生改变有两种可能：一种是由于道路损坏需要施工而导致禁止通行，使得道路发生阻断；另一种是由于交通事故实行交通管制，或者交通拥堵导致实际交通量大于道路通行能力而产生的路段阻断。这些情况对于路网来说，无疑会造成巨大的影响，如造成路网瘫痪，这对于高速公路网来说是难以承受的灾难。因此，提前对路网结构进行分析评价，预估路网的路网能效，即预防风险的能力，是当今交通行业必须重视的问题。

● 首先，要对路段阻断后的节点重要度进行分析。

为了更好地研究路网能效，需要对路网的易发生事故的路段进行阻断分析，阻断后的新路网与原路网数据对比可以判别路段阻断的后果。本节通过流量与车速判断路段阻断，数据筛选方式为：①对江苏省高速公路流量最大值超过对应道路通行能力的路段进行筛选；②对同一时间段 20 辆及以上机动车速度小于等于 20km/h 的路段进行筛选。将这些路段设定为阻断路段，分别对路段阻断后的新路网重新计算路网能效。本节筛选的阻断路段分别为南京—镇江、无锡—苏州、泰州—扬州、宿迁—淮安、泰州—无锡与淮安—盐城。

对阻断路段依次进行试验，分析对路网造成的影响，并通过节点重要度的变化来判断阻断路段对路网产生的冲击力，以及路网的能效。阻断路段相当于删除路段，依次删除路段根据新路网分别计算各个城市的节点重要度，以城市节点作为 x 轴，节点重要度作为 y 轴，对应的节点重要度作为权值构建矩阵。图 5-17 为阻断前后城市节点重要度变化对比。

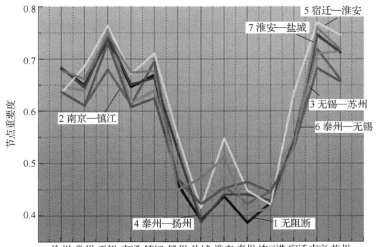

图 5-17　阻断前后城市节点重要度变化对比

由图 5-17 可以看出同一节点在面对不同的道路阻断时，会呈现出不同的节点重要度变化趋势。不同的节点也由于自身重要度值及在路网中所处的位置不同，情况各有差异。在实际路网中，要重点关注节点重要度升高的节点，因为节点的重要度越高，代表节点在路网中的地位越高，与其余节点相互影响的比例越大，且一旦发生事故以及意外，对于路网的伤害将无法逆转，因此应当重点分析节点重要度增长的城市节点。

无论哪一条道路阻断，节点重要度都稳定下降的城市节点有徐州、无锡，阻断道路导致路网平均路径增大，由于这类节点自身处于路网边界，并且节点度值偏低，导致收缩节点收缩的边数较少，收缩节点后的路网平均距离相比路段阻断前同样增大，因此导致节点重要度下降。这类节点在路网发生阻断时，对路网的影响较小，能够承担应急时期交通流的突然变化，因此可以在发生自然灾害或者交通事故之后成为缓解交通压力的选择。

有一部分节点的重要度没有呈现明显的稳定变化趋势，而是随着阻断路段的不同，而表现出不同的变化。这一类节点有常州、南通、镇江、宿迁、南京、苏州，大部分位于江苏省的腹地，是路网的重要组成部分，由于阻断路段的地理位置而产生不同的变化。但是宿迁—淮安以及淮安—盐城这两部分路段有明显的规律，因为这两条阻断路段影响的节点重要度普遍高于其他路段，因此这两条路段在路网中占有重要的位置，一旦发生阻断，会使得周围节点重要度上升，增大交通压力，不易于交通疏散。所以交管部门以及监管部门应当加强对于这两条路段的管理，防止自然灾害（冰、雷、雨、雪等）对路段造成物理破坏，也要增大道路通行能力，提高道路服务水平，来应对节假日或高峰时段出现的突变客流，维持路网结构的稳定。

无论哪一条道路阻断，节点重要度均稳步上升的城市节点有扬州、盐城、淮安、泰州和连云港，这 5 个节点位于路网核心位置，起到了纵横南北、贯穿东西的作用，所以任何路段的阻断，都会使得这些节点所承担的作用增大。因此，应当在现有道路基础上，对这 5 座节点城市加强交通基础设施建设，对道路及时保养、拓宽，增大道路通行能力，防止由于意外灾害或者突发性交通事故造成的道路阻断，而使得路网节点压力过大，难堪重负，导致瘫痪。对路网合理布局，即使出现意外事故，也能够使得变化后的路网承担应急时期的交通流。

● 其次，要对路段阻断后的基于路网效能的路网结构均衡性进行分析。

节点能力代表了节点在路网中所具有的影响力，越重要的节点，发生意外之后对于路网的影响越大，因此不但要注重维护节点能力较大的节点，保证重要节点不会受到攻击，还要保证路网中重要节点都均匀分布，否则发生突发事件会造成部分节点压力过大，资源分配不均匀。基于节点能力的路网能效测度就是衡量路网中各个节点能力空间分布波动程度的指标，当数值越低，代表各个节点的能力度分布越均匀，数值越高，代表节点的能力度分布不均匀，此时应当注意路网中节点能力高的节点，及时采取措施去预防节点发生风险，本节根据前文所列的路段阻断后，对新路网的基于路网能效的结构均衡性进行分析。阻断发生前后路网结构均衡度值对比如图 5-18 所示。

由图 5-18 示出南京—镇江及无锡—苏州路段的重要性，在实际路网中，南京和苏州是江苏省路网最密集的地区，而南京—镇江与无锡—苏州阻断使得江苏南部切断了与南京的最短路径，必然会大大影响路网全局。而阻断后的路段导致路网内城市节点重要度分布不匀，不足以应对风险灾害，应当加强对关键路段与节点的保护，优先进行资源配置，或在关键路段附近修建备用道路，从而应对路网突发性灾害或者大范围拥堵，维持路网稳定高效地运营。

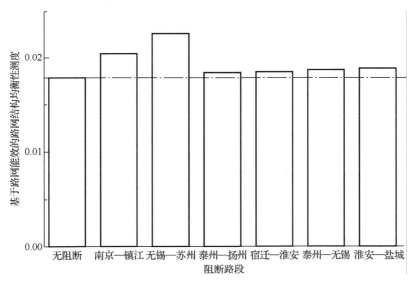

图 5-18   阻断发生前后路网结构均衡度值对比

2）基于流量分布的路网结构均衡性测度

本节选取 2013 年 10 月 7～14 日的流量数据对城市节点流量均衡度进行验证。节点流量均衡度数据分析如图 5-19 所示。

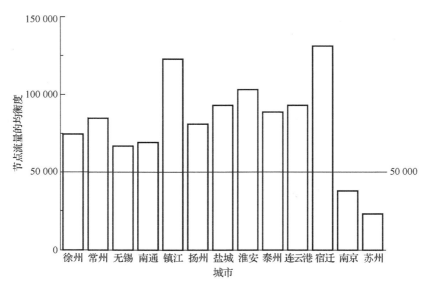

图 5-19　节点流量均衡度数据分析

　　本节按照计算指数的 1/3（即 50 000）作为阈值划线，对计算结果进行划分。由于节点流量均衡度越低，流量分布越均衡，由图 5-19 可知，南京和苏州在江苏省内与其他城市相比，其车流量较为均衡。一方面，因为南京与苏州是江苏省最重要的两个城市，不论经济发展程度还是交通吸引程度都遥遥领先省内其他城市，而且作为"华东五市"的重要成员，旅游资源较好，其交通设施也配套齐全，围绕南京与苏州的高速公路网密度高、分布广，这样就使得周围地区的车流能均匀地驶入或从两城内驶出；另一方面，正是因为南京与苏州交通流量大，导致周围路网的交通负荷大，道路服务水平存在不足，当车流量大于或等于道路通行能力时，则会经常性地造成道路拥堵。从车流量的角度来看，两座城市不同方向的路段呈现出了流量分布均匀的特征，导致城市路网非均匀性指数较低。同时，由图 5-19 可知，路网流量均衡度最高的是宿迁市，代表宿迁市内的高速公路流量分布不均衡。宿迁市境内高速公路有 G2（京沪高速）、G2513（淮徐高速）和 S49（新扬高速），G2 高速车流量远高于 S49 与 G2513，导致宿迁市的车流量均衡度较高，指标计算结果与实际相符。

5.3　结　　语

　　本章引入测度论理论，引入通行能力、里程等描述路网微观及宏观功能测度的指标，根据指标面向的对象不同，建立面向路网日常运营管理和应急管理的路网结构性质评价指标，开发路网结构动态评价系统，完成对高速路网结构的分析，为高速公路运营管理提供了新思路。

6   道路网络交通运行预测

6.1   城市道路网络交通流空间相关性分析

6.1.1   简述

识别城市道路交通状态时空演变模式是道路交通运营与管理、道路网规划和道路交通事故管理的基础。城市道路网络是一个典型的空间实体，以一定的空间组织形式进行分布，交通流是依附于道路网络上的一种交通现象，因此交通流具有明显的时空特征。在道路网络中，路段上的交通状态除了在时间维度上遵循自身的发展规律外，还会与路网中的其他路段发生相互作用。揭示和分析这种相关特性有助于识别道路交通状态时空演变模式，同时也为高精确的交通流预测和交通故障数据的修补等模型的构建提供数据支撑[161]。

大部分利用时间序列分析理论探索交通流时空相关性的研究，其重点关注交通流在时间维度上的自相关性，从空间维度分析交通流相关性仅集中在目标路段与直接邻接或者邻近路段集的交通流相关性上，缺乏针对全网络交通流空间相关性的分析。此外，上述研究通常假设路段上的交通流的相互作用是各向同性的。然而，在实际道路网络中，交通流的空间分布具有异质性。因此，仅通过路段的空间邻接关系来定义相关路段不能很好地揭示道路网络交通流分布的复杂性。

为了克服上述缺点，在第 3 章提出的基于路段交通流空间相关性的城市道路交通网络模型和考虑路段地理因素权重的重要路段测算方法的基础上，本章提出了从复杂网络社区发现的视角来描述面向城市路网的路段交通流相互作用空间分布模式。复杂网络的一个社区是指位于同一个社区内的节点可能具有某类相同的属性，而且与社区外的其他节点相比，社区内节点之间的相互关系应该更密切一些。交通流空间相关模式分析的主要目的是在空间维度上识别交通流相关性较强的路段集合，对于第 3 章所构建的城市道路交通网络来说，节点间的边表征了路段间的交通流空间相关性的显著程度。因此，可以考虑从分析道路交通网络的社区结构去实现在路网层面上分析交通流空间相关性分布的特点，用网络社区结构揭示网络中节点交通流序列空间变化的局部特征及其互相之间的关联关系。随着复杂网络研究的深入，许多用于检测复杂网络社区结构的算法被提出并应用于实际中，如基于 *K*-means 的社区结构发现方法、顶点聚类算法[163]、基于密度的算法[164-165]、随机游走算法[166-167]和电子电路的方法[168]。在上述算法中，基于 *K*-means

的社区结构发现方法是应用最为广泛和最高效的聚类方法，然而 K-means 算法的缺点在于聚类结果受初始种群选择的影响。为了解决这个问题，许多研究在初始种群数目 K 和聚类中心的确定上对 K-means 算法进行了改进，如 K-means++ 算法[169]、K-rank 算法[170]、基于密度峰值的聚类算法[171]和 K-rank-D 算法[172]。

受文献[171]的启发，本节提出了一种 GWPA-K-means 聚类算法，用于分析道路交通网络的社区结构，进而揭示路网中路段交通流互相关空间分布模式。首先，针对初始种群选择问题，提出了一种改进的基于密度峰值的聚类中心选取算法。利用 GWPA 值和最短路径长度最小值刻画城市道路交通网络中路段（节点）的属性，并依据此属性画出决策图确定初始种群的个数和中心。其次，针对节点相似度矩阵构造问题，基于节点的 GWPA 值，提出了一种加权的信号传递方法，用于刻画路网中路段上的交通流对其他路段交通流的影响情况。最后，用 K-means 算法探寻城市道路交通网络中交通流空间依赖模式，即将交通流空间相关性较强的路段进行聚类划分。

6.1.2　基于 GWPA-K-means 的城市路网交通流空间相关性分析

设城市道路交通网络（URTN）由一个三元组表示，即 $\mathrm{RTN}=(N,E,R)$，其构建方法及参数的定义参见 3.2.2 节。本节构建城市道路交通网络模型中，边代表了路段之间交通流空间相关性的显著程度。在不考虑叠加社区的情况下，处于同一个社区内的路段之间的交通流互相关应比社区外的互相关更为密切，即同社区内路段间的交通流空间相关性相对更强些。本节将采用 K-means 的聚类思想对城市道路交通网络进行社区发现。传统的 K-means 聚类算法的效果主要依赖于初始聚类中心的选取和相似度矩阵的构造，本节将考虑实际路网的物理属性，对 K-means 聚类算法中初始聚类中心选择和节点相似度构造两部分进行改进，使其适用于发现道路交通网络的交通流空间相关模式。

6.1.2.1　初始聚类中心的选择

经典的 K-means 聚类算法通过预先给定的方式确定聚类中心，并将网络中非中心节点分配给距离最近的中心点组成一类，再通过迭代的方式更新聚类中心，因此初始时聚类个数和中心的确定决定着聚类的效果。本节将在基于密度峰值的聚类中心选择方法的基础上对其进行改进，使其适用于城市道路交通网络交通流空间依赖模式挖掘问题。

1）基于密度峰值的聚类中心选择方法

许多学者对解决初始种群选取问题展开了研究，如 DBSCAN 算法（density-based spatial clustering of applications with noise）[173]，K-rank 算法和 K-means++算法等。2014 年 6 月 Alex 和 Alessandro 在 *Science* 发表了一篇名为"Clustering by fast search and find of density peaks" 的文章[171]，为 K-means 聚类算法设计提出了一种新的思路。该算法的核心思想在于对聚类中心的研究上，该作者认为聚类中心应该同时具有以下两个特点。

（1）聚类中心在网络中应该是表现"突出"的点。通过定义节点密度来评价节点的表现，突出的节点在网络中应该具有局部的密度峰值，即被不高于自身密度值的节点包围。

（2）网络中聚类中心之间的距离较大，聚类中心到围绕在自身周围非中心的距离要小于到另一个聚类中心的距离。

上述两个属性都是通过节点间距离进行设计的。设 $\{n_i\}_{i=1}^N$ 是网络中待聚类的节点集，$d_{ij} = \mathrm{dist}\{n_i, n_j\}$ 是节点对的某种距离，则节点 n_i 的局部密度 ρ_i 可通过下列式子计算得到：

$$\rho_i = \sum_j \chi(d_{ij} - d_c) \tag{6-1}$$

式中：当 $d_{ij} < d_c$ 时，$\chi(d_{ij} - d_c)=1$；否则，$\chi(d_{ij} - d_c)=0$。d_c 是一个给定的阈值。

除了局部密度 ρ_i 之外，还需要计算节点 n_i 与其他比自身密度值高的节点的最小距离值 φ_i 为

$$\varphi_i = \min_{j:\rho_j > \rho_i} (d_{ij}) \tag{6-2}$$

对于网络中拥有最高密度值的节点，定义其最小距离为节点与路网中相距最远的节点的距离：$\varphi_i = \max_j (d_{ij})$。对于一个网络中每一个节点 n_i，都有一个二元对 (ρ_i, φ_i) 与之对应。为了从网络中节点挑选出合适的可担任初始聚类中心的节点，将二元对 $\{\rho_i, \varphi_i\}_{i=1}^N$ 在平面上（以 ρ 为横轴，φ 为纵轴）画出来。在这样的图中，那些拥有密度峰值且与其他节点较远的节点就会从所有节点中"脱颖而出"，分布在平面图的右上方位置，则这些"脱颖而出"的节点被选为初始聚类中心节点。这种由 (ρ_i, φ_i) 对应的图对确定聚类中心具有决定作用，因此称其为决策图。图 6-1 为文献[171]给出的一个决策图简单的实例。图 6-1（a）为 28 个二维的数据点，节点的距离定义为欧氏距离，所有数据的密度值按照从高到低排序，"1"表示密度值最高的点，"28"表示密度值最低的点。对应的二元对 $\{\rho_i, \varphi_i\}_{i=1}^N$ 在决策图里的分布情况如图 6-1（b）所示，从图中可以看出"1"和"10"两个数据点位于决策图的右上方，同时满足聚类中心应具备的两个特点，因此被选为初始聚类中心。

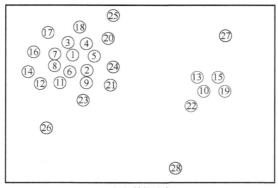

（a）数据分布

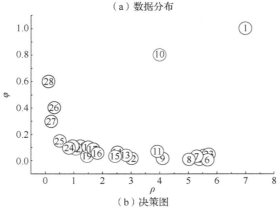

（b）决策图

图 6-1 一个简单的实例

上述基于密度峰值的选择方法（density peak based selection algorithm，DPSA）通过距离定义节点的密度值，该算法只考虑了网络的拓扑结构，未考虑节点在实际网络（系统）内具有的属性；与此同时，DPSA 算法中对于最短距离的定义在某些特殊情形下容易出现问题：设有节点 n_i 和 n_j 的密度值相等且是网络中密度值的最大值，即 $\rho_i = \rho_j = \max\{\rho_k\}$，同时这两个节点距离又比较近，根据 DPSA 算法设计，DPSA 会同时将这两个节点选为聚类中心，这样可能造成将一个类拆分成两个类的情况。

2）改进的聚类中心选取方法

针对 DPSA 算法中存在的问题，结合城市道路交通网络的特点，本节对 DPSA 算法进行改进，提出了改进的基于密度峰值的选取方法（improved density peak based selection algorithm，IDPSA）。对于道路交通网络中的节点（路段）来说，成为候选的初始聚类中心应同时具备以下两个属性：一个是自身的重要度较大，同时被重要度小于它的路段包围；另一个是初始聚类中心将均匀分布在实际的道路网络中，即它们之间的距离应相对较远。

在上述两个假设前提下，IDPSA 算法用两个量对节点的这两个特性进行刻画：对于每个节点 n_i 分别计算它的 GWPA 值和节点 n_i 到路网中比自身 GWPA 值高的节点的最短路径长度的最小值。用 g_i 表示节点 n_i 的 GWPA 值；δ_i 表示节点 n_i 到路网中比自身 GWPA 值高的节点的最短路径长度的最小值。

相较于原始方法采用距离定义节点密度属性而言，采用 GWPA 值评价节点的重要度不仅考虑了网络的拓扑结构特性，还考虑了节点在实际道路网中的地理属性。g_i 的计算方法已经在 3.2.2 节中进行详细的介绍，g_i 用来刻画网络中节点的重要度，g_i 越大表明节点 n_i 具有较高的中心性，该节点越有可能被选为聚类中心点。根据 3.2.2 节中对 g_i 的定义，g_i 可通过下面公式得到：

$$T \cdot X = 1 \cdot X_1 \qquad (6\text{-}3)$$

$$T = (t_{ij})_{i,j=1}^{N} \qquad (6\text{-}4)$$

其中

$$t_{ij} = \frac{(1-\alpha)}{\sum\limits_{i=1}^{N} e_{ij}} + \alpha \frac{w_{ij} + v_{ij}}{\sum\limits_{i=1}^{N}(w_{ij} + v_{ij})}$$

式中：T 是 Google 矩阵；$\sum\limits_{i=1}^{N} e_{ij}$ 表示节点 n_j 的节点度；w_{ij} 代表实际路网中节点 n_i 和节点 n_j 的最短路径长度的倒数；v_{ij} 为节点 n_j 的地理属性；α 是阻尼系数，在本节中，$\alpha = 0.15$；$X_1 = \{g_i\}_{i=1}^{N}$ 是方程特征根为 1 对应的特征向量，其中 g_i 为节点 n_i 的 GWPA 值。

δ_i 刻画了节点 n_i 与其他可能成为聚类中心的节点的"疏远"程度。节点的"疏远"是通过节点间的距离来体现的。DPSA 算法一般是通过采用欧氏距离来度量网络中两节点的距离，本节的研究对象是道路网络，选用最短路径长度度量路网中两路段的距离更为合适。因此，δ_i 是节点 n_i 与路网中重要度大于 g_i 的所有节点的最短路径长度最小值。针对采用 DPSA 算法计算 δ_i 可能会造成两个距离相近但是密度较大的节点被分为两个类的问题，IDPSA 算法对 DPSA 算法做了改进，具体处理步骤如下。

对 $\{g_i\}_{i=1}^{N}$ 进行降序排序，若两个节点具有相等的 g 时，节点编号较小的节点排在前面。设 $\{q_k\}_{k=1}^{N}$ 表示 $\{g_i\}_{i=1}^{N}$ 的一个降序排列下标序，即它满足

$$g_{q_1} \geqslant g_{q_2} \geqslant \cdots \geqslant g_{q_N}$$

则最短路径长度最小值 $\delta_i \, (i=1,2,\cdots,N)$ 可定义为

$$\delta_i = \delta_{q_k} = \begin{cases} \min\limits_{j:j<k}\{d_{q_k q_j}\} & i = q_k, k \geqslant 2 \\ \max\limits_{j \geqslant 2}\{\delta_{q_j}\} & i = q_k, k = 1 \end{cases} \qquad (6\text{-}5)$$

式中：$d_{q_k q_j}$ 表示在实际路网中节点 n_{q_k} 到节点 n_{q_j} 的最短路径长度，且 $g_{q_j} \geqslant g_{q_k}$。

至此，对于城市道路交通网络中的每一个节点 n_i，都有一个二元对 (g_i, δ_i) 与之对应。为了从网络的所有节点中挑选出合适的可担任初始聚类中心的节点，将二元对 $\{(g_i, \delta_i)\}_{i=1}^{N}$ 在选择的决策图上画出（以 g 为横轴，δ 为纵轴）。在这样的决策图中，那些自身具有较高重要度值，且与其他也拥有较高重要度节点距离较远的节点就会从所有节点中"脱颖而出"，分布在决策图的右上方位置，则这些"凸显"出来的节点将被选为初始聚类中心节点。

需要注意的是，由决策图确定聚类中心的时候，采用的是定性分析而不是定量分析，且里面含有主观的成分。特别是图中右上方的节点数对与其他区域的节点数对没有明显的边界的情况下，此时在决策图中无法用肉眼判断出聚类中心的情形，需要通过计算一个综合值序列 $\{\gamma_i\}_{i=1}^{N}$ 对数据进行进一步分析，其中 $\gamma_i = g_i \delta_i$ 为节点 n_i 的综合值。首先对序列 $\{\gamma_i\}_{i=1}^{N}$ 进行降序排列，并将排序后的序列在平面上画出（横轴为降序排列后节点编号，纵轴为综合值 γ。在这样的一个散点图中，γ 值越大，越有可能成为聚类中心。同时，γ 值急剧下降到某个位置时 γ 值会出现一个明显的跳跃，这个跳跃可以用肉眼或数值检测判断出来[171]，且这个跳跃之后 γ 值的下降速度会趋于平缓。跳跃发生的地方是聚类中心点向非聚类中心点过渡的地方，因此选取跳跃发生点前 K 个节点作为初始聚类中心点。

6.1.2.2 节点相似度矩阵的构造

在对网络节点进行聚类处理之前，需要定义节点相似度矩阵，相似度矩阵的构造是否合理直接影响着聚类结果。对于道路交通网络来说，节点相似度矩阵刻画了路网中路段上的交通流对其他路段交通流的影响情况。本节将对信号传递方法[174]进行改进，构造适合城市道路交通网络的节点相似度矩阵。

1）信号传递方法

文献[174]首次提出利用信号传递思想将网络拓扑结构信息转化成一个 N 维欧氏空间中的空间向量，其中 N 为网络中节点个数，该 $N \times N$ 的空间向量被称为节点相似度矩阵。在节点相似度矩阵的基础上可以计算网络中节点之间的距离判断其相似程度，进而挖掘复杂网络社区结构。

本节中，将基于信号传递思想的节点相似度矩阵构造方法简称为信号传递方法（signal propagation algorithm，SPA）。SPA 的主要思路是：将网络中的每个节点看作一个可以同时发送、接收和记录信号的信号源。在初始状态下，任意选取一个节点作为信号源。该信号源被赋予一个初始信号，而网络中其他节点没有信号。第一步，信号源向它所有邻接的节点和它自身发送一个信号。经过这一步之后，信号源节点和它的邻接节点都有了一个信号。第二步，网络中所有有信号的节点同时向它的邻接节点和自身发送信号，此时网络中每个节点都会记录下接收到的信号数量并在下一步时将所有信号都发送出去。在整个网络中如此循环上述步骤，经过 τ 步之后，会得到一个 N 维的向量，用于表征该信号源节点对网络中其他节点的影响力。信号传递方法示意图如图 6-2 所示。

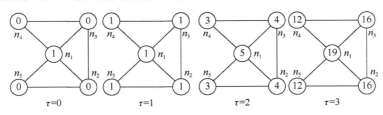

图 6-2　信号传递方法示意图

以一个简单网络为例说明信号传递方法的计算过程。如图 6-2 所示，该网络由 5 个节点构成，初始化时，给节点 n_1 赋予一个信号值 1，其他信号值为 0。$\tau=1$ 时，节点 n_1 向它的邻接节点 n_2、n_3、n_4、n_5 和它自身发送信号，此时 5 个节点接收到的信号值构成向量[1,1,1,1,1]。$\tau=2$ 时，网络中有信号的节点向它们的邻接节点和自身发送等量信号，得到向量[5,4,4,3,3]。$\tau=3$ 时生成向量[19,16,16,12,12]，代表此时节点 n_1 对网络中节点的影响力。

依次对网络中的节点进行上述操作，会得到一个 $N \times N$ 矩阵，该矩阵被称为相似度矩阵。矩阵的第 i 列向量代表节点 n_i 对网络中节点的影响力。这个过程可以通过一个简单的式子进行描述，即

$$S = (I + A)^\tau \tag{6-6}$$

式中：S 为节点相似度矩阵；I 是一个 $N \times N$ 维度的单位矩阵；A 为复杂网络对应的邻接矩阵。

上述例子中，网络对应的邻接矩阵为

$$A = \begin{bmatrix} 0 & 1 & 1 & 1 & 1 \\ 1 & 0 & 1 & 0 & 1 \\ 1 & 1 & 0 & 1 & 0 \\ 1 & 0 & 1 & 0 & 0 \\ 1 & 1 & 0 & 0 & 0 \end{bmatrix}$$

$\tau=3$ 时生成的相似度矩阵为

$$S = \begin{bmatrix} 19 & 16 & 16 & 12 & 12 \\ 16 & 14 & 13 & 9 & 11 \\ 16 & 13 & 14 & 11 & 9 \\ 12 & 9 & 11 & 9 & 6 \\ 12 & 11 & 9 & 6 & 9 \end{bmatrix}$$

2）加权信号传递方法

信号传递方法假设每个信号源的信号量是相等的，而且在传递过程中都是等量地传播，即传递给每个信号的信号量也是相等的。而在道路交通网络中，需要考虑两方面因素：①在一定范围内路段间的交通流相关性平均强度存在着随距离增加而递减[60]；②不同路段对路网其他节点的影响也不同，重要度越大的路段影响越大。因此在用信号传递方法构造相似度矩阵时应将距离偏好和节点自身的影响力这两方面因素考虑进去，也就是节点在接收信号时需要考虑信号源与自己的距离，距离越近收到的信号值越大，反之接收到的信号值越小，同时每个节点所发出的信号量是不同的，越重要的节点发送的信号量越大。在考虑上述两方面因素的基础上，提出了一种加权信号传递方法（weighted signal propagation algorithm，WSPA），并用以下公式进行描述：

$$S = (I + W \otimes C \otimes A)^{\tau} \tag{6-7}$$

$$W = (w_{ij})_{i,j=1}^{N}, \quad w_{ij} = \begin{cases} \dfrac{1}{d_{ij}} & i \neq j \\ 0 & i = j \end{cases} \tag{6-8}$$

$$C = (c_{ij})_{i,j=1}^{N}, \quad c_{ij} = g_j \tag{6-9}$$

式中：W 是距离权重矩阵；$\otimes$ 是阿达玛（Hadamard）乘积；C 是由节点重要度 g 构成的矩阵，每一列向量的元素是相等的，等于该列向量对应节点的重要度值；τ 是信号传递步数，$\tau = 3$ 是一个比较合理的值[174]，因此本节实例计算中取 $\tau = 3$；d_{ij} 是道路网络中节点 n_i 和 n_j 的最短路径长度（单位为 km）。

在信号传递的过程中，每个节点先影响与它位于同一个社区的节点，再通过信号传递影响社区外的节点，因此位于同一个社区内的节点对其他节点影响是接近的，此时网络的空间拓扑结构信息转为向量空间信息，可利用空间距离公式计算相似度矩阵的列向量，判断两个节点的相似程度。在计算距离公式之前，需要对列向量进行标准化处理。

设 $S_i = (s_{1i}, s_{2i}, \cdots s_{Ni})^{\mathrm{T}}$ 是相似度矩阵 S 的第 i 个列向量，向量 S_i 可通过以下公式进行标准化：

$$\hat{s}_{ki} = \frac{s_{ki}}{\sqrt{\sum_{k=1}^{N} s_{ki}^2}}, \quad \hat{S}_i = (\hat{s}_{1i}, \hat{s}_{2i}, \cdots, \hat{s}_{Ni})^{\mathrm{T}}, \quad 1 \leqslant k, i \leqslant N \tag{6-10}$$

6.1.2.3　基于 K-means 聚类的城市道路交通网络社区发现

在获得 K 个初始聚类中心之后，用 K-means 算法将城市道路交通网络中交通流空间相关较强的节点（路段）进行聚类，并将其划分到同一个社区中。K-means

算法通过在下面两个步骤之间迭代实现。

1）节点分配

设 C 是 K 个初始聚类中心集合，每个聚类中心确定一个类，每个节点将被分配到距离最近的类中：

$$\underset{C_k \in \mathbf{C}}{\arg\min} \left\| \hat{\boldsymbol{S}}_i - C_k \right\|^2, \quad i=1, 2, \cdots, N \tag{6-11}$$

当一个节点与两个聚类中心的距离相等时，将节点分配到编号较小的类中。

2）中心更新

设 Z_k 为被分配到第 k 类的节点集合，对每个类的中心进行更新，新的中心通过计算类中所有节点数据的均值得到

$$C_k = \frac{1}{|Z_k|} \sum_{\hat{\boldsymbol{S}}_i \in Z_k} \hat{\boldsymbol{S}}_i, \quad k=1,2,\cdots,K \tag{6-12}$$

K-means 算法在上述两个步骤之间迭代直到满足给定的条件，如所有类中节点不再发生变化、所有节点到所属类的聚类中心的距离之和达到最小值，或者是达到了最大迭代数。

6.1.2.4　基于 GWPA-K-means 的交通流空间相关性分析基本步骤

本节将复杂网络社区发现算法应用到城市路网交通流空间相关性分析中，提出了基于 GWPA-K-means 的交通流空间相关性分析方法。通过挖掘城市道路交通网络中交通流空间相关较高的路段集合，研究路段上交通流在空间尺度上互相关情况。该算法首先基于 GWPA 中心度和最小路径长度确定初始聚类中心；其次利用加权信号传递方法刻画网络中节点的相似程度；最后利用 K-means 算法进行节点分类进而实现交通流相关性在空间上的聚类划分，具体步骤如下所述。

（1）构建城市道路交通网络，该网络节点代表路段，节点间的边是否存在由路段上交通流空间相关性是否显著确定，具体建模方法参见 3.1 节。

（2）从道路交通网络中获取邻接矩阵 A 和距离权重矩阵 W。

（3）对于网络中每个节点，计算相应的 GWPA 值和最短路径长度最小值，即 (g_i, δ_i)。

（4）依据二元对 $\{(g_i, \delta_i)\}_{i=1}^N$ 序列，画出相应决策图，进而确定初始聚类数目 K 和初始聚类中心 C_k，$k=1,2,\cdots,K$。

（5）利用加权信号传递方法将城市道路交通网络的拓扑结构信息转化为位于 N 维欧氏空间中的 N 维向量，用以刻画节点之间的相似程度。

（6）采用 K-means 算法对城市道路交通网络进行节点聚类划分，根据初始聚类数目 K 的设定，寻找 K 类最优划分方案。对于每一类来说，同类中的节点之间的交通流空间相关性是较强的。

6.1.3 实例分析与讨论

6.1.3.1 一个简单网络

本节首先以一个由 10 个节点构成的简单网络（图 6-3）为例介绍 GWPA-K-means 算法的具体实现过程。该网络与 3.2.2 节中用到的网络相同，因此节点属性定义 F、边的长度的定义、邻接矩阵 A 和距离权重矩阵 W 等基本参数的定义和获取在这里就不重复介绍，详情见 3.2.2 节。

根据式（6-3）～式（6-5）分别计算网络中每个节点的 g 值和 δ 值。需要强调的是，初始聚类中心必须同时具备拥有较高的中心性和与其他可能成为中心的节点距离较远的特点，即 g 值和 δ 值足够大。以 g 为横轴、δ 为纵轴画出相应的决策图，如图 6-4 所示。在决策图中，满足上述两个特点的点会分布在决策图的右上方处。对于这个小网络来说，节点 n_2 和 n_7 从 10 个节点中"凸显出来"，因此选择这两个节点为初始聚类中心，即 $C_1=\hat{S}_2$、$C_2=\hat{S}_7$，网络社区的个数 $K=2$。

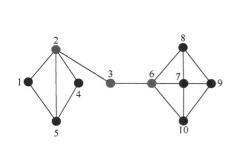

图 6-3　简单网络

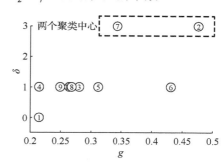

图 6-4　简单网络的决策图

利用加权信号传递方法构造案例网络的节点相似度矩阵 S：

$$S=\begin{bmatrix}
1.5712 & 2.1642 & 0.441 & 0.5712 & 1.5264 & 0.0573 & 0 & 0 & 0 & 0 \\
0.9795 & 2.5841 & 1.0104 & 0.9795 & 1.5257 & 0.3616 & 0.0414 & 0.0322 & 0 & 0.0319 \\
0.3388 & 1.7147 & 1.7613 & 0.3388 & 0.5068 & 1.5616 & 0.5214 & 0.3839 & 0.0938 & 0.3803 \\
0.5712 & 2.1642 & 0.4411 & 1.5712 & 1.5264 & 0.0573 & 0 & 0 & 0 & 0 \\
1.0572 & 2.3350 & 0.4570 & 1.0572 & 1.9716 & 0.0573 & 0 & 0 & 0 & 0 \\
0.0287 & 0.3997 & 1.0171 & 0.0287 & 0.0414 & 2.6471 & 1.8845 & 1.3149 & 0.7450 & 1.3026 \\
0 & 0.0573 & 0.4257 & 0 & 0 & 2.3622 & 2.4944 & 1.5520 & 1.3389 & 1.5375 \\
0 & 0.0573 & 0.4030 & 0 & 0 & 2.1195 & 1.9957 & 1.9434 & 1.1982 & 0.9345 \\
0 & 0 & 0.1054 & 0 & 0 & 1.2855 & 1.8431 & 1.2828 & 1.7450 & 1.2708 \\
0 & 0.0573 & 0.4030 & 0 & 0 & 2.1195 & 1.9957 & 0.9434 & 1.1982 & 1.9345
\end{bmatrix}$$

经标准化之后得到 $\hat{S}$：

$$\hat{S} = \begin{bmatrix} 0.4967 & 0.6842 & 0.1394 & 0.1806 & 0.4825 & 0.0573 & 0 & 0 & 0 & 0 \\ 0.2818 & 0.7435 & 0.2902 & 0.2818 & 0.4390 & 0.1040 & 0.0119 & 0.0093 & 0 & 0.0092 \\ 0.1097 & 0.5552 & 0.5702 & 0.1097 & 0.1641 & 0.5056 & 0.1688 & 0.1242 & 0.0304 & 0.1231 \\ 0.1806 & 0.6842 & 0.1394 & 0.4967 & 0.4825 & 0.0181 & 0 & 0 & 0 & 0 \\ 0.3079 & 0.6801 & 0.1331 & 0.3079 & 0.5743 & 0.0167 & 0 & 0 & 0 & 0 \\ 0.0072 & 0.1008 & 0.2564 & 0.0072 & 0.0104 & 0.6673 & 0.4570 & 0.3315 & 0.1878 & 0.3284 \\ 0 & 0.0133 & 0.0988 & 0 & 0 & 0.5484 & 0.5791 & 0.3603 & 0.3108 & 0.3570 \\ 0 & 0.0149 & 0.1050 & 0 & 0 & 0.5523 & 0.5201 & 0.5064 & 0.3122 & 0.2435 \\ 0 & 0 & 0.0313 & 0 & 0 & 0.3813 & 0.5461 & 0.3805 & 0.5176 & 0.3769 \\ 0 & 0.0149 & 0.1051 & 0 & 0 & 0.5526 & 0.5204 & 0.2460 & 0.3124 & 0.5044 \end{bmatrix}$$

从相似度矩阵的结果可以看出，矩阵的第1、2、4和5列向量信号值分布较为相似，即节点 n_1、n_2、n_4 和 n_5 之间相互影响较大，而与其他节点影响较小，尤其对节点 $n_6 \sim n_{10}$ 几乎没有影响；第3列向量信号值分布较为均匀，即节点 n_3 对路网中其他节点影响较为均衡，这与节点 n_3 位于网络的中部有关；第6～10列向量的信号值分布较为相似，即节点 $n_6 \sim n_{10}$ 相互影响较大，而与网络中其他节点相互影响较小。

在获得社区数 K、初始聚类中心和相似度矩阵之后，利用 K-means 算法挖掘案例网络的社区结构。最终该网络的节点被划分成两个社区：$n_1 \sim n_5$ 属于一个社区，$n_6 \sim n_{10}$ 属于第二个社区。图6-5显示了社区划分的结果，属于同一社区的节点用同一种颜色标出。

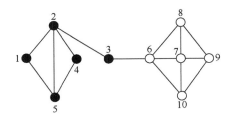

图6-5 简单网络的社区结构

6.1.3.2 北京市路网交通流空间相关性分析

本节试验以第3章的北京市城市道路中主干道、快速路、市内高速公路构成的城市路网为建模、分析对象。该路网由1661条路段组成（图3-6），每条路段上设置了一个交通流数据采集传感器，能够提供可靠、连续的交通流数据（包括流量、速度、占有率等交通流参数）。试验选取了从2012年10月1日到2012年10月31日，共31d的行驶速度数据，该数据以2min为时间间隔，每条路段上产生一个观测值为31×720=22 320的时间序列。采用3.1节提出的网络构造方法对选取的北京市道路网络进行建模，得到由交通速度表征交通状态的道路交通网络，该网络由 1661 个节点和 421 766 条边构成。

道路交通网络中节点的重要度由 GWPA 模型进行估计。与 3.3 节相同，路网中节点的位置属性主要考虑节点周边是否存在中央商务区、景点、医院或者购物中心等吸引车流、人流的建筑物。在获得节点的属性矩阵 F 和距离权重矩阵 W 之后，构造相应的 Google 矩阵，利用幂方法求解方程，得到每个节点的重要度值。图 6-6 描绘了 GWPA 模型计算得出的节点重要度 g 值取值情况。图中每段路段依据计算得到的 g 值被赋予不同的颜色，从图 6-6 中可以得出，在由行驶速度构造的交通网络中，重要度大的路段主要分布在五环以内的路段上。

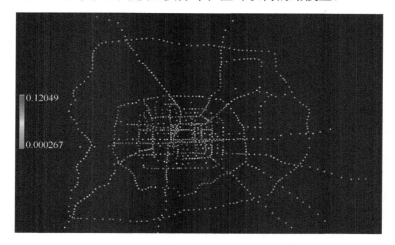

图 6-6 北京市道路交通网络节点重要度 g 值取值情况

图 6-7 为北京市道路交通网络的决策树。图 6-7 显示了初始聚类中心选取的结果。图 6-7（a）为 $\{\gamma_1\}_{i=1}^{N}$ 降序排列后的散点图；图 6-7（b）为二元对 $\{(g_i, \delta_i)\}_{i=1}^{N}$ 散点图。图 6-7（a）示出从左往右 γ 出现了最后一次跳跃之后，γ 值变化就趋于平缓，因此从跳跃值发生的地方开始往前的节点为聚类中心点，往后是非聚类中心点。图 6-7（b）示出一些节点从所有节点中凸显出来，但是无法明确具体的社区数目和初始聚类中心，需计算综合评价值 $\{\gamma_i\}_{i=1}^{N}$ 并做进一步分析。通过上述操作，初始聚类群得以确定，共有 $K=13$ 个节点被定义为初始聚类中心，构建的北京市道路交通网络将会被划分为 13 个社区（图 6-8），即依据路段间交通流空间互相关强度将城市路网中的路段集划分为 13 个子集。

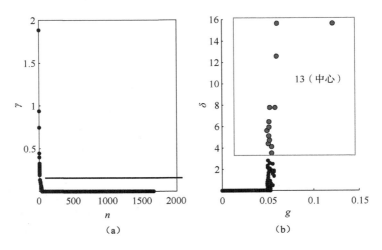

（a）　　　　　　　　　　（b）

图 6-7　北京市道路交通网络的决策树

北京市道路交通网络最终的社区结构如图 6-8 所示，整个网络的路段被划分为 13 个社区，图中颜色相同的路段表明这些路段位于同一个社区里。在同一社区里的路段说明它们之间的交通流有相对较高的空间相关性，同时与社区外的其他路段的交通流的空间相关性相对较低。从图 6-8 中可看出，同一个社区内的路段在地理空间上不一定相关，即路段间不一定相邻，这是由于本节涉及的交通流空间相关系数反映的是任意两条路段上交通流变化的过程的相似程度。

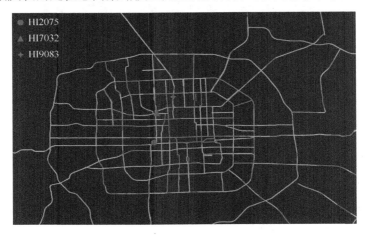

图 6-8　北京市道路交通网络的社区结构

为了进一步说明复杂网络社区发现对挖掘城市路网交通流空间相关特征有效，在路网中选取西二环上一条从南向北的快速路（西便门至西直门路段，起点路段 ID 为 HI2075，终点路段 ID 为 HI7032）和一条位于德胜门外大街上的路段，路段 ID 为 HI9083，分别分析所选取的快速路上路段交通流空间相关特性、周边路段与路段 HI9083 的交通流相关性，选取路段的 ID 如图 6-8 所示。

根据传感器的位置设置，西便门至西直门路段上子路段信息如表 6-1 所示。表中将快速路分为 12 条小的路段，为了方便说明，对这 12 条路段依次进行编号，将起点路段 HI2075 编号为 S_1，终点路段 HI7032 编号为 S_{12}。其余路段与 S_1 的距离及路段所属的社区如表 6-1 所示。

表 6-1　西便门至西直门路段上子路段信息

路段	S_1	S_2	S_3	S_4	S_5	S_6
距离/km	0.00	0.31	0.68	1.03	1.37	1.76
社区编号	9	9	9	9	9	10
路段	S_7	S_8	S_9	S_{10}	S_{11}	S_{12}
距离/km	2.25	2.72	3.22	3.69	4.29	4.71
社区编号	9	9	9	9	9	9

从表 6-1 中得出，根据社区划分的结果，所选的 12 条路段中路段 S_6 被划分到第 10 个社区，其余的 11 条路段均属于第 9 个社区。

在统计意义下考察路段交通流相关系数均值随空间距离的变化（图 6-9）。以 1km 为间隔，计算空间距离区间内相关系数的均值。以空间距离为横坐标，相关系数值为纵坐标，将交通流相关系数均值的散点图画出，如图 6-9 所示。

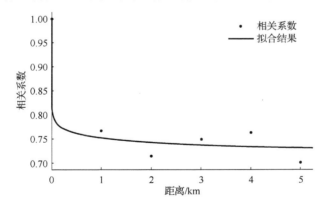

图 6-9　路段交通流相关系数均值随空间距离的变化

从图 6-9 中可以看出，路段交通流相关系数均值随空间距离的增加呈现下降的趋势。用幂函数对数据进行拟合，得到幂函数方程为 $y = 0.7494 x^{-0.01569}$，拟合优度评估中决定系数 R^2 为 0.9511，均方根误差 RMSE 为 0.02722，拟合效果较好。在统计意义下，所选路段的路段交通流相关系数均值随空间距离增加而减小，结果与文献[59]和文献[60]的结论相一致。

下面直接考察路段之间的交通流相关系数。图 6-10 分别画出了 12 条路段两两之间的交通流相关系数，横坐标为路段的编号，纵坐标为两条路段间交通流空间相关系数。通过对比得出除了路段 S_6 之外，其余 11 条路段之间的交通流空间相关性较高。这 11 条路段划分到了同一个社区，它们之间关联较为紧密，而与社区外的路段 S_6 相关较小。结果表明了本节提出的 GWPA-K-means 算法的划分结果是正确的。

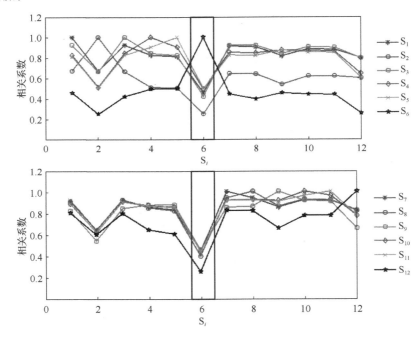

图 6-10　路段之间的交通流相关系数

此外，本节还选取了路段 HI9083 及周边的路段进行分析。从图 6-8 中可以看出，路段 HI9083 位于连接二环路和八达岭高速公路的联络线上。以路段 HI9083 为中心，选择了周边 15 条路段，同时以顺时针方向对所选路段依次进行编号。路段 HI9083 及周边 15 条路段的拓扑结构如图 6-11 所示。在图中，编号 Seg.3 路段对应路段 HI9083，路段 Seg.3 的下游路段集合为{Seg.1，Seg.2}，上游路段集合为{ Seg.4，Seg.6，Seg.7，Seg.10，Seg.11}，其他位置邻近的路段集合为{ Seg.5，Seg.8，Seg.9，Seg.,12，Seg.13，Seg.14，Seg.15，Seg.16}。

路段 HI9083 和它周边路段的交通相关系数如图 6-12 所示。从图 6-12 中可以看出，Seg.3 与它的下游路段，即 Seg.1 和 Seg.2 是高度相关的，但是除了 Seg.10 之外，Seg.3 与其他上游路段（Seg.6、Seg.7 和 Seg.64）的交通流相关系数不是特别高。与 Seg.3 流向相反的路段（Seg.8、Seg.9、Seg.14～Seg.16）的交通流相关

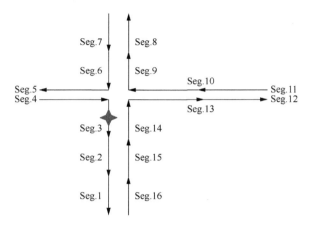

图 6-11　路段 HI9083 及周边 15 条路段的拓扑结构

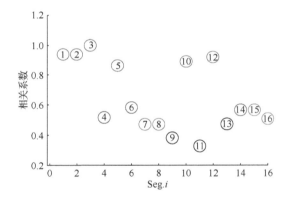

图 6-12　路段 HI9083 和它周边路段的交通流相关系数

系数最低。Seg.3 与它反方向的交通流相互影响不是特别大。然而，一些与 Seg.3 非邻接的路段（如 Seg.12）的交通流相关系数值比较大。上述数值结果说明了交通流相关性在空间上存在异质性，交通流对于周边路段的影响并不是各向同性的，有可能邻接路段交通流相关系较小，非邻接路段交通流相关性大。与此同时，在图 6-12 中，颜色相同的散点表明这些节点被划到同一个社区内。与 Seg.3 高度相关的路段（即 Seg1、Seg,2、Seg.5、Seg.10、Seg.12）都被划分在同一个社区里。上述的试验结果意味着从社区发现的视角去识别路网中交通流在空间维度上高度相关的路段集是可行的。

　　除此之外，对于每个社区分别计算所有节点对的相关系数，并对其进行统计分析，统计结果如表 6-2 所示。表 6-2 列出了各个社区所有节点相关系数的描述性统计。结果表明，本节提出的 GWPA-K-means 算法可以很好地搜集交通流空间相关性强的路段，且本算法可以用于识别具有较强相关性但不相邻的路段集。

表 6-2　13 个社区的统计特征分析

社区编号	均值	中位数	标准方差	社区编号	均值	中位数	标准方差
1	0.7732	0.7836	0.0673	8	0.8179	0.9051	0.2379
2	0.6363	0.6980	0.1933	9	0.7406	0.7692	0.1395
3	0.7865	0.8049	0.0760	10	0.8838	0.9076	0.0886
4	0.6444	0.7502	0.2422	11	0.7285	0.7366	0.0845
5	0.8150	0.8308	0.0709	12	0.8018	0.8192	0.1060
6	0.7456	0.8010	0.1731	13	0.7348	0.7175	0.0697
7	0.8368	0.8729	0.1386				

6.1.4　小结

本节揭示和分析交通流相关性有助于进一步了解城市道路交通状态的演化模式，并为交通流数据修复和交通流预测时划分影响目标路段的路网范围提供依据。本节利用复杂网络的概念和网络结构分析方法，从复杂网络社区发现的视角去分析道路网络的交通流空间的相关性。

与传统的城市道路交通网络建模方法不同，第 3 章提出的网络模型主要用于表征路网中路段间交通流相关性的显著性，这种构建方法让利用复杂网络社区发现方法分析交通网络中交通流的空间相关性成为可能。

本节提出了一种 GWPA-K-means 算法，对道路交通网络的社区结构进行分析。首先，针对初始种群选择问题，提出了一种改进的基于密度峰值的聚类中心选取算法，该算法将实际路网中路段的地理特性考虑进来，认为路网中重要度（GWPA值）大且分布较为均匀的节点可以成为候选的初始种群节点。然后，针对节点相似度矩阵构造问题，基于节点 GWPA 值，提出了一种加权的信号传递方法，用于测量网络中节点的相似性，为 K-means 聚类提供依据。

此外，分别将 GWPA-K-means 算法在一个简单网络和北京市道路交通网络上进行试验。简单网络侧重于演示算法的实现过程，在对北京市道路交通网络的试验分析中，选取西二环上一条从南向北的快速路路段（西便门至西直门路段）和一条位于德胜门外大街上的路段（ID 为 HI9083）作为例子，分别分析快速路上路段交通流空间相关特性、周边路段与路段 HI9083 的交通流空间相关性。数值结果表明，本节提出的方法在确定交通流空间相关模式上具有较大的应用潜力。

6.2　城市道路网络多断面交通流短时预测

6.2.1　简述

准确、可靠的交通流短时预测是众多智能交通系统（如路径诱导系统和智能位置服务等）高效服务的必要前提条件。同时，对于本书研究重点——交通事故预警来说，通过交通流短时预测可以实时、准确地获取交通运行态势，有助于实时检测交通事故和预测交通事故风险，从而为制定交通主动安全保障策略提供决策支持。随着先进的信息采集和传输技术的发展，智能交通领域也迎来了大数据时代，很多基于数据驱动的交通流预测模型得以研究[175]。现在的海量交通数据具有复杂性、多元性和高维性的特点，如何从这些看似无规则的数据中挖掘交通运行状态演变规律，是研究者们面临的一项挑战[176]。

近年来，具有深层结构的人工神经网络在图像、视频、音频和语言学习等方面取得了很大突破[177]。在交通流短期预测领域，虽然传统的浅层神经网络模型还在沿用，具有深层结构的人工神经网络已开始受到研究人员的高度关注。如 Huang 等[178]通过在底层设置一个深度信念网络和在顶层搭建一个多任务回归模型的组合方式，对交通流进行预测。Lv 等[179]提出了一种堆叠的自编码网络+对数回归模型的组合结构，对交通流量进行实时预测，预测效果良好。Polson 等[180]提出了一种基于深度学习的交通流预测算法，侧重预测不同交通运行状态下的交通流参数。罗向龙等[181]利用差分原理对交通流数据进行去趋势化预处理，通过深度信息网络学习交通流数据的特征，然后通过支持向量机对交通流进行预测。

上述的研究成果中所用到的人工神经网络模型均不具备自反馈连接功能，即记忆功能，因此这些模型可以在一定程度上预测交通流，但不能充分挖掘交通序列的时空关联性。Ma 等[182]将长短期记忆神经网络（long short-term memory neural network，LSTM NN）应用到交通流短期预测中，试验结果得出 LSTM 网络模型可以挖掘交通流的时间自相关特征，但是在空间相关性上没有进行试验。Polson 等[183]利用最小角回归方法（least angle regression，LARS）学习路网中行驶速度的时空关联性，为深度学习提供权重设置依据。Zhao 等[184]构建了一个二维的 LSTM 网络模型，用于预测交通流量，并以北京市五环以内的道路网络为试验对象，该网络里设置了 500 个传感器，根据这 500 个传感器的交通流量数据预测目标路段的交通流量。Ma 等[185]将大规模路网交通状态时空序列数据看成图像序列，利用卷积神经网络处理二维时空图像并进行短时预测。

6.1 节的研究工作表明，交通流具有明显的空间相关特性，同时交通流相关性空间分布具有异质性，因此在交通流短时预测时除了考虑交通流时间相关性外，还需要在路网层面上考虑交通流空间相关性。人工神经网络模型对海量数据具有较强的学习能力，利用人工神经网络对路网层面上的交通流进行短时预测是一种有效可行的手段。从前面的文献综述可以看出，关于利用人工神经网络预测交通流的研究成果的发表时间主要集中于近三年，说明深层结构的人工神经网络在交通流预测的应用研究尚处于起步阶段，拥有巨大的研究空间。针对基于人工神经网络的交通流短时预测需主要解决以下两个问题：一是交通流数据具有显著的时空特性，如何构建合适的人工神经网络框架对交通流序列的时空特征进行学习；二是目前针对大范围路网的交通流预测问题的研究，都是以路网内所有传感器（路段）的交通流数据为学习对象，面对超大范围的路网时会造成算法的学习负担，甚至会降低精度，因此在预测之前，需要针对路段选择合适的区域范围，利用所选择的区域范围内的路段交通流数据进行预测。

　　针对上述的问题，本节提出了一种基于社区发现和长短期记忆神经网络（combining community detection and long short-term neuro network，CD-LSTM NN）的交通流短时预测方法。首先，模型利用复杂网络的社区结构分析方法将全路网划分为若干个区域，每个区域路网内路段之间的交通流相关性较强；其次，针对每个区域路网，利用 LSTM NN 框架对区域内路段的交通流时空序列构成的二维矩阵序列学习其时空特征，进而完成多断面交通流预测；再次，根据 CD-LSTM NN 模型参数选择问题，提出了一种基于自适应正交遗传算法的模型参数选取方法；最后，通过对比分析，验证了本节提出的基于 CD-LSTM NN 的预测方法的有效性。

6.2.2　相关理论

　　本节将对基于 CD-LSTM NN 的道路交通流短时预测模型和模型参数设置所涉及的人工神经网络、长短期记忆神经网络和正交遗传算法的相关概念和算法进行简单介绍。

6.2.2.1　人工神经网络

　　人工神经网络（artificial neural network，ANN）是从信息处理角度对人脑神经元网络进行抽象而建立起来的一种运算模型。人工神经网络由大量的节点（或称神经元）之间相互连接构成，每个神经元都是一个带有非线性激活函数的计算单元，神经元之间都是由从低层出发，终止于高层神经元的一条有向边进行连接。每条边都有各自的权重，该权重表征每对连接的神经元之间的连接强度。每个神经元将与它连接的神经元的输出进行加权求和，施加到激活函数上，从而确定其输出值。多层感知器（multilayer perceptron，MLP）是最流行的人工神经网络之一，一般由输入层、隐藏层和输出层构成，其中隐藏层可有多层网络，图 6-13 为包含两层隐藏层的网络结构示意图。MLP 模型可以通过下面公式进行描述：

$$y = h\left(\boldsymbol{\varphi}_0 + \sum_{j=1}^{N} \boldsymbol{\varphi}_j g\left(\boldsymbol{\theta}_0 + \sum_{i=1}^{M} \boldsymbol{\theta}_i \boldsymbol{x}_i\right)\right) \qquad (6\text{-}13)$$

式中：M 和 N 分别为输入层和输出层神经元的个数；g 和 h 分别为输入层和隐藏层的非线性激活函数；$\boldsymbol{\theta}$ 和 $\boldsymbol{\varphi}$ 分别为输入层和隐藏层神经元的权重矩阵。

ANN 的优化目标是使输出与实际值的平方误差之和达到最小，常见的优化算法有反向传播算法（back propagation）[186]、Levenberg-Marquardt 方法[187]和遗传算法[188]等。

传统的人工神经网络都是通过单向无反馈连接方式连接的，这种网络结构仅诠释了层与层之间的联系，但是同层之间没有数据交互。当输入的数据是时间序列时，传统的人工神经网络只能处理当前时间段的数据，对时间段外的数据没有任何参考。传统人工神经网络忽略了数据之间的时间关联性，然而在现实中时间序列数据都与其所在时间段前后区间的数据有着密切的联系。循环神经网络（recurrent neural network，RNN）很好地解决了这个问题，它对神经元添加了反馈连接，每个神经元不仅与上层神经元进行连接，还与下一时刻的神经元进行连接。每个神经元通过权重将当前的信息传输给下一时刻的神经元，这样每个神经元就拥有了"记忆"。图 6-14 是将单个神经元按照时间变化展开的形式，可以看出循环神经网络单个神经元类似一系列权值共享前馈神经元的依次连接。

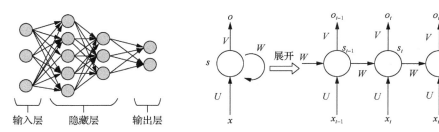

图 6-13　多层感知器网络结构示意图　　　图 6-14　循环神经网络神经元及其展开形式

常见传统的循环神经网络模型有[182,189]Elman 神经网络（Elman neural network，Elman NN）、时延神经网络（time-delay neural network，TDNN）和具有外部输入的非线性回归神经网络（nonlinear autogressive with exogenous input neural network，NARX NN）。虽然传统的循环网络针对非线性时间序列具有优异的建模能力，但仍然有下列两个问题亟待解决。

（1）梯度爆炸问题。随着时间延迟越来越长，需要参考的数据（信息）也越来越多，而经过大量的权值加和之后，很小的误差也会导致无法训练或者训练时间过长。

（2）梯度消失问题。梯度消失问题是指经过长时间的训练，前期有用的信息很可能会被后期的信息覆盖，从而影响预测的准确度。

6.2.2.2　长短期记忆神经网络

为了解决传统的循环神经网络无法利用时间间隔较远的数据来训练时间序列的问题，1997 年由施米德胡贝尔（Schmidhuber）提出了长短期记忆神经网络，该模型在原有的循环神经网络神经元的基础上，对其结构进行了完善。长短期记忆神经网络的主要目标是学习时间序列的长期依赖性的信息并确定最优的时间延迟，这些特点使得长短期记忆神经网络在交通领域的交通流短时预测中得以应用。

图 6-15 为长短期记忆神经网络的基本框架[182]。

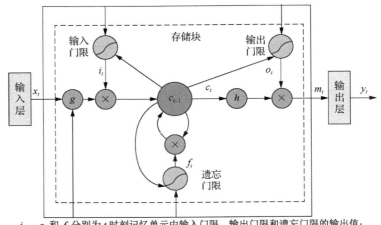

i_t、o_t 和 f_t 分别为 t 时刻记忆单元中输入门限、输出门限和遗忘门限的输出值；
c_t 和 m_t 分别为 t 时刻神经元和记忆单元的激活状态。

图 6-15　长短期记忆神经网络的基本框架

由图 6-15 中可知，一个长短期记忆神经网络也是由一个输入层、一个循环隐层和一个输出层构成。与传统的循环神经网络不同，隐藏层中的基本单元是存储块。每个存储块内包含一个或多个用于记忆单元时间状态的带反馈连接的神经元和两个用于控制记忆单元内信息流的自适应乘法单元。这两个乘法单元分别为输入门限和输出门限，用于控制记忆单元的信息输入和输出以激活函数。记忆单元是一个权重为常数 1.0 的自循环线性单元，该单元具有可以存储信息的记忆功能。LSTM 中的记忆单元可以通过控制乘法门限的开关，使得网络学习长时间间隔的时间序列亦不会出现梯度消失问题。与此同时，为了防止记忆单元信息不受限制增长，给记忆单元添加一个遗忘门限，在不对网络释放信息的情况下删除自循环单元内的信息，从而让记忆单元以更新、更相关信息替换原有信息。

设时间序列 $\boldsymbol{x} = (x_1, x_2, \cdots, x_T)$ 是长短期记忆神经网络的输入，$\boldsymbol{y} = (y_1, y_2, \cdots, y_T)$ 为模型的输出结果，即预测值，T 为预测周期。长短期记忆神经网络通过下列式

子迭代更新记忆单元状态和进行预测[182]，即

$$i_t = \sigma(W_{ix}x_t + W_{im}m_{t-1} + W_{ic}c_{t-1} + b_i) \tag{6-14}$$

$$f_t = \sigma(W_{fx}x_t + W_{fm}m_{t-1} + W_{fc}c_{t-1} + b_f) \tag{6-15}$$

$$c_t = f_t \odot c_{t-1} + i_t \odot g(W_{cx}x_t + W_{cm}m_{t-1} + b_c) \tag{6-16}$$

$$o_t = \sigma(W_{ox}x_t + W_{om}m_{t-1} + W_{oc}c_{t-1} + b_o) \tag{6-17}$$

$$m_t = o_t \odot h(c_t) \tag{6-18}$$

$$y_t = W_{ym}m_t + b_y \tag{6-19}$$

上述式中：W 和 b 分别为网络输入层、输出层和记忆单元内变量的权重矩阵和偏置向量；$\odot$ 为两个向量的点积；$\sigma(\cdot)$ 代表值域为（0，1）的 sigmoid 函数，即

$$\sigma(x) = \frac{1}{1 + e^{-x}} \tag{6-20}$$

$g(\cdot)$ 代表值域为（-2，2）的 sigmoid 函数：

$$g(x) = \frac{4}{1 + e^{-x}} - 2 \tag{6-21}$$

$h(\cdot)$ 代表值域为（-1，1）的 sigmoid 函数：

$$h(x) = \frac{2}{1 + e^{-x}} - 1 \tag{6-22}$$

6.2.2.3 正交遗传算法

2001 年，Leung 等[190]将正交试验设计引入到遗传算法中，提出了一种量化的正交遗传算法。2010 年，江中央等[191]根据父代个体的相似性，利用正交试验设计的方法设计交叉算子，以便更好地在解空间中搜索最优解。针对于一般的优化问题，即

$$\text{minimize} \quad f(x)，\quad x(x_1, x_2, \cdots, x_N) \in [l, u] \tag{6-23}$$

式中：N 表示决策变量个数；$f(x)$ 为目标函数；$[l, u]$ 为可行解空间。

正交遗传算法一般求解步骤如下所述。

（1）种群初始化，对可行解空间 $[l, u]$ 进行正交设计，构造水平集为 Q_0 的正交表 $L_{M_0}(Q_0^N)$，计算 M_0 个体的适应度值，从中选取适应度最好的 M'（$M' \leq M_0$）个体生成初始种群 P_0。

（2）交叉操作，设 gen 为进化代数，对群体 P_{gen} 的个体进行随机配对，以概率 p_c 对每对个体进行正交交叉操作，产生新的后代个体，从新产生的个体中选择适应度值最好的个体加入群体 C_{gen} 中。

（3）变异操作，种群 P_{gen} 中任意个体以概率 p_m 参与变异操作，变异后生成新的种群 G_{gen}。

（4）选择操作，从种群（ $P_{gen}+C_{gen}+G_{gen}$ ）中选择适应度最好的 M' 个体进入下一代种群 P_{gen+1} 。

（5）判断是否满足收敛条件：若满足则输出结果，不满足则返回步骤（2）。

6.2.3　城市路网多断面交通流短时预测模型

6.2.3.1　数据预处理

在交通状态检测器采集数据过程中，因受环境影响或者检测器自身发生故障，检测数据不可避免地出现异常或错误，甚至是缺失的情况。为了保证预测结果的有效性和准确性，在进行交通流短时预测之前，有必要对原始数据进行趋势滤波处理，以避免异常数据对预测精度产生影响。常见的交通时间序列趋势滤波方法有[192]指数平滑滤波、中值滤波、霍德里克-普雷斯科特（Hodrick-Prescott）滤波及 $l1$ 趋势滤波等。研究表明，指数平滑滤波对城市主干路上由信号控制引起行车速度发生震荡的情况平滑效果较好，但是对快速路（或高速公路）上行驶速度频繁快速切换的情况平滑效果较差。与指数平滑滤波相反，中值滤波对于快速路上的交通流序列平滑效果较好，而在城市主干道上的交通流序列平滑效果较差。Hodrick-Prescott 滤波方法目前已经在多个领域得到应用， $l1$ 趋势滤波是在 Hodrick-Prescott 滤波方法基础上发展起来的， $l1$ 趋势滤波的分段线性结构特征能较好地抓住不同时间段内交通流的动态变化特征[193]。本节采用 $l1$ 趋势滤波对交通流时间序列进行趋势滤波处理，它的主要思想如下所述。

设一组原始交通流时间序列 $\boldsymbol{x}=$ （ $x_1,x_2,\cdots,x_t,\cdots,x_T$ ）经过 $l1$ 趋势滤波后得到的序列 $\boldsymbol{y}=$ （ $y_1,y_2,\cdots,y_t,\cdots,y_T$ ）满足

$$\text{minimize}\quad (1/2)\sum_{t=1}^{T}(y_t-x_t)^2+\lambda\sum_{t=2}^{T-1}|y_{t-1}-2y_t+y_{t+1}| \tag{6-24}$$

其矩阵形式为

$$\text{minimize}\quad \|\boldsymbol{x}-\boldsymbol{y}\|_2^2+\lambda\|\boldsymbol{Dy}\|_1 \tag{6-25}$$

式中： λ 是一个非负参数， $\|\boldsymbol{x}\|_1=\sum_{i=1}^{T}|x_i|$ 是向量的 $l1$ 范数， $\boldsymbol{D}\in\boldsymbol{R}^{(n-2)\times n}$ 为一个二阶差分矩阵，即

$$\boldsymbol{D}=\begin{bmatrix} 1 & -2 & 1 & 0 & \cdots & 0 \\ 0 & 1 & -2 & 1 & \cdots & 0 \\ \vdots & & & & \ddots & \vdots \\ 0 & \cdots & & 1 & -2 & 1 \end{bmatrix} \tag{6-26}$$

目标函数对于 $\boldsymbol{y}$ 来说是一个严格的凸函数，因此会存在一个最小值满足条件（6-26）[192]。

6.2.3.2 模型的建立

本节在前两章研究工作的基础上，结合长短期记忆神经网络在处理时间序列的优势，提出了基于社区发现和长短期记忆神经网络的交通流短时预测模型，建模过程如图 6-16 所示。

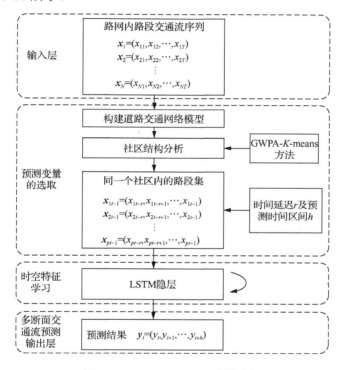

图 6-16 CD-LSTM NN 建模过程

从图 6-16 中可以看出，模型首先利用社区结构分析方法探索交通流空间相关的聚类情况，得到交通流相关性较强的路段集作为交通流预测模型的预测变量，在给定时间延迟 r 和预测时间区间 h 情况下，利用 LSTM NN 框架对所选的预测变量进行学习和预测。LSTM NN 框架对于时间序列具有较好的处理能力，但目前 LSTM 的应用主要是处理一维时间序列数据，即仅考虑序列的时间相关性，对于二维的时空序列数据处理研究较少。交通流序列具有明显的时空特性，在预测当前路段的交通流时，有必要考虑其他路段对其影响。本节将强相关的路段集的交通流序列构成一个以二维矩阵为单元的时空序列，利用 LSTM NN 对二维矩阵时空序列进行时空特征提取，并完成预测，接下来将对模型建立具体的实现过程进行详细介绍。

1）预测变量的选取

设道路交通网络由 N 条路段构成，$\boldsymbol{x}_i = (\boldsymbol{x}_{i1}, \boldsymbol{x}_{i2}, \cdots, \boldsymbol{x}_{it}, \cdots, \boldsymbol{x}_{iT})$ 代表于第 i 个路段上采集到的交通流时间序列，其中 $1 \leqslant i \leqslant N$。道路交通流短时预测是指根据 t 时刻前 r 个时间段 $(t-r+1, t-r+2, \cdots, t)$ 的交通流预测 t 时刻后第 h 个时间段的交通流数据，路网中 N 条路段 t 时刻前 r 个时间段的历史数据可构成以下矩阵：

$$\boldsymbol{X}^t = \begin{bmatrix} x_{t-r+1} \\ x_{t-r+2} \\ \vdots \\ x_t \end{bmatrix}^{\mathrm{T}} = \begin{bmatrix} x_{1t-r+1} & x_{1t-r+2} & \cdots & x_{1t} \\ x_{2t-r+1} & x_{2t-r+2} & \cdots & x_{2t} \\ \vdots & \vdots & \ddots & \vdots \\ x_{Nt-r+1} & x_{Nt-r+2} & \cdots & x_{Nt} \end{bmatrix} \qquad (6\text{-}27)$$

式中：$\boldsymbol{x}_t$ 表示第 t 个时刻路网的交通流数据。

需要预测的交通流数据可用以下矩阵表示：

$$\boldsymbol{X}_{t+h}^t = \begin{bmatrix} x_{1t+h} \\ x_{2t+h} \\ \vdots \\ x_{Nt+h} \end{bmatrix} \qquad (6\text{-}28)$$

基于人工神经网络的交通流短时预测模型的通用框架是以 $\boldsymbol{X}^t$ 为输入，$\boldsymbol{y}(\boldsymbol{x})$ 为输出，通过中间深层的非线性网络结构学习，实现复杂函数的逼近。然而在时间、空间跨度都很大的城市道路交通网络中，过多的输入变量会增加人工神经网络的学习负担，也会影响预测精度，因此需要在输入层对变量进行预测变量的选取，本节采用 6.1 节提出的城市道路交通网络社区发现方法（即基于 GWPA-K-means 的交通流空间相关性分析方法）选取交通流短时预测模型的预测变量。

城市道路交通网络社区结构发现的目的是找出交通流空间相关性较强的路段集，这个路段集将作为预测模型的预测变量，城市道路交通网络模型构建和社区结构分析方法请参见 3.1 节和 6.1 节内容。设目标路段的交通流时间序列为 $\boldsymbol{x}_{\mathrm{target}}$，经过道路交通网络社区结构分析后，有 $p-1$（$p \leqslant N$）条路段与目标路段位于同一个社区内，则针对目标路段和其所在的社区内其他路段的交通流短时预测问题，输入矩阵由 $N \times r$ 维降到 $p \times r$ 维，输入矩阵可表示为

$$\boldsymbol{X}^t = \begin{bmatrix} x'_{t-r+1} \\ x'_{t-r+2} \\ \vdots \\ x'_t \end{bmatrix}^{\mathrm{T}} = \begin{bmatrix} x_{1t-r+1} & x_{1t-r+2} & \cdots & x_{1t} \\ x_{2t-r+1} & x_{2t-r+2} & \cdots & x_{2t} \\ \vdots & \vdots & \ddots & \vdots \\ x_{pt-r+1} & x_{pt-r+2} & \cdots & x_{pt} \end{bmatrix} \qquad (6\text{-}29)$$

式中：$\boldsymbol{X}^t$ 是一个 $p \times r$ 的矩阵，是下层 LSTM NN 层的输入；$\boldsymbol{x}'_t$ 是一个 $p \times 1$ 的列向量且 $\boldsymbol{x}'_t = (x_{1t}, x_{2t}, \cdots, x_{pt})^{\mathrm{T}}$。相应的目标路段和其所在的社区内其他路段 $t+h$ 时刻

的交通路预测值用 X_{t+h}^{t} 表示为

$$X_{t+h}^{t} = (x_{1t+h}, x_{2t+h}, \cdots, x_{pt+h})^{\mathrm{T}} \qquad (6\text{-}30)$$

2）时空特征提取及预测

基于 LSTM NN 的交通流时空序列时空特征提取及短时预测方法的主要思路如流程图 6-17 所示。图 6-17 示出输入矩阵 $X^{t} = (x_{t-r+1}', x_{t-r+2}', \cdots, x_{t}')$ 先通过一个 LSTM 隐层，再通过一个 Dropout 函数后输入到一个稠密层，即全连接网络，最后通过一个激活函数输出预测结果 $\hat{X}_{t+h}^{t}$。

（1）LSTM 隐层。本节采取两层 LSTM 叠加的方式，每一层由若干个记忆单元构成。对于 t 时刻第一层记忆单元来说，输入是 X^{t}，上一个时刻第一层记忆单元状态 c_{t-1}^{1} 和上一时刻输出值 h_{t-1}^{1}，生成的是 t 时刻记忆单元状态 c_{t}^{1} 和经过输出门限过滤后的输出值 h_{t}^{1}。c_{t}^{1} 和 h_{t}^{1} 将传输给 $t+1$ 时刻第一层的记忆单元和 t 时刻第二层记忆单元。因此，t 时刻第二层记忆单元的输入是上一时刻第二层记忆单元状态值 c_{t-1}^{2}，输出值 h_{t-1}^{2} 和 t 时刻第一层记忆单元的输出 h_{t}^{1}，输出是 h_{t}^{2}，两层记忆单元的输入和输出在时间上的展开形式如图 6-18 所示。

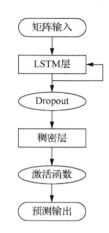

图 6-17 基于 LSTM NN 的交通流短时预测流程图

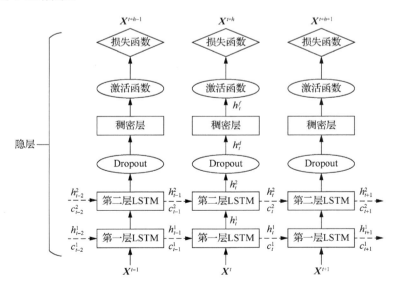

图 6-18 LSTM NN 中记忆单元的输入和输出在时间上的展开形式

对于第一层的记忆单元来说，t 时刻的输入是一个二维矩阵 $\boldsymbol{X}^t$，记忆单元分成 r 步对该二维矩 $\boldsymbol{X}^t$ 阵进行学习，数据输入输出流程示意图如图 6-19 所示。可以看出，t 时刻记忆单元先学习 $\boldsymbol{x}'_{t-r+1}$ 的数据并将 c_{t-r+1} 和 h_{t-r+1} 反馈至自身，随后该记忆单元以 c_{t-r+1} 和 h_{t-r+1} 为输入学习向量 $\boldsymbol{x}'_{t-r+2}$，之后将 c_{t-r+2} 和 h_{t-r+2} 反馈给自身。如此循环学习 r 步之后，记忆单元完成对二维的矩阵 $\boldsymbol{X}^t$ 的学习，输出 h_t^1 和 c_t^1 给 $t+1$ 时刻的记忆单元和第二层的记忆单元。同理，对于 $t+1$ 时刻记忆单元来说，它的 r 步学习过程中的输入输出分别是：（第 1 步：输入为 h_t^1、c_t^1 和 $\boldsymbol{x}'_{t-r+2}$，输出为 c_{t-r+2} 和 h_{t-r+2}）→（第 2 步：输入为 c_{t-r+2}、h_{t-r+2} 和 $\boldsymbol{x}'_{t-r+2}$，输出为 c_{t-r+3} 和 h_{t-r+3}）→ $\cdots$ →（第 r 步：输入为 c_t、h_t 和 $\boldsymbol{x}'_{t+1}$，输出为 c_{t+1}^1 和 h_{t+1}^1）。

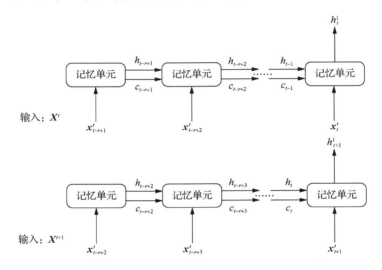

图 6-19　第一层记忆单元对二维矩阵输入处理流程示意图

（2）Dropout 函数。为防止预测模型出现过拟合的情况，模型在 LSTM 层输出时添加了一个 Dropout 函数。过拟合情况会造成模型对于训练数据集拟合效果很好，对测试数据集的预测效果很差的结果。研究结果证明添加 Dropout 函数可以有效地防止人工神经网络在训练数据时出现过拟合情况[194]。Dropout 函数是指在每次训练时以 β 的概率让 LSTM 层若干个输出节点失效。在本次训练中，被"遗弃"的节点无论输入是何值，输出值都会被设置为 0，但在下一次训练中又会以 $1-\beta$ 的概率保留在网络中。Dropout 函数让模型每次训练都像是在训练一个新的网络，有效地避免了模型在训练过程中产生共适应的情况。Dropout 函数结构如图 6-20 所示，图中左边为模型没有添加 Dropout 函数的网络结构，图中右边为网络添加的 Dropout 函数发生作用后产生的网络结构。

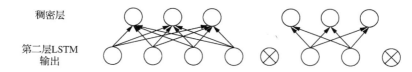

稠密层

第二层LSTM
输出

图 6-20　Dropout 函数结构

（3）稠密层。稠密层是指该层网络上的每个神经元与前一层所有的神经元进行连接，LSTM 层学习的是输入矩阵的时空特征信息，为了将这些时空特征信息与预测向量联系起来，在 LSTM 输出后添加一个稠密层。稠密层可以表示为 LSTM 输出向量乘以一个权重矩阵再加上一个偏置向量得到，即

$$h_t^f = W_d h_t^d + b_f \tag{6-31}$$

式中：W_d 为稠密层的权重矩阵；b_f 为稠密层的偏置向量。

（4）激活函数和损失函数。通过试验对比，本节选取线性函数作为激活函数，即

$$f(x) = x \tag{6-32}$$

式中：x 为稠密层的输出向量。

此外，为了让模型输出更贴近实际数据，需定义损失函数，在模型训练过程中以损失函数最小为优化目标。考虑到交通流数据是连续值，本节选用平方差函数作为损失函数，即

$$L(W, b) = \frac{1}{2} \sum_{t=1}^{T} \left\| X_{t+h}^t - \hat{X}_{t+h}^t \right\|_2^2 = \frac{1}{2} \sum_{t}^{T} \sum_{i=1}^{p} (x_{it+h} - \hat{x}_{it+h})^2 \tag{6-33}$$

式中：W 表示所有权重的集合；b 为所有偏置；T 为训练样本的个数。

模型训练的目标是使 $L(W, b)$ 达到最小，本节选用梯度下降法中最流行的算法之一，自适应矩估计（adaptive moment estimation, Adam）算法[195]，实现参数的更新和优化。

（5）训练步骤。基于 CD-LSTM NN 框架的交通流短时预测模型训练样本数据的具体过程如下所示。

样本数据训练过程
输入：$X^t = (x_{t-r+1}^t, x_{t-r+2}^t, \cdots, x_t^t)$ 在样本集内
1）输入到第一层 LSTM 层，计算函数 $h_t^1 = o_t^1 \odot g(c_t^1)$，其中 $g(\bullet)$ 为 sigmoid 函数；
2）传送到第二层 LSTM 层，计算函数 $h_t^2 = o_t^2 \odot g(c_t^2)$；
3）通过 Dropout 函数，得到 h_t^d；
4）通过稠密层，计算函数 $h_t^f = W_d h_t^d + b_f$；
5）通过激活函数，并计算损失函数 $L(W, b)$；
6）利用 Adam 算法更新模型内各层的权重矩阵和偏置向量

6.2.3.3　基于自适应正交遗传算法的模型参数选取

为了使预测精度达到最优，在数据训练过程中需对模型相关参数进行组合试验，从中选取最优的参数值组合方式。本节提出一种基于自适应正交遗传算法（self-adaptive orthogonal genetic algorithm，SOGA）的模型参数选取方法，主要包括参数集合定义、染色体编码与解码设计、适应度函数的设计、自适应正交交叉算子设计四部分。

1）参数集合定义

本节选取隐层节点个数、Dropout 函数遗弃概率和分批训练数据时批尺寸（batch size）三个方面的四个关键参数作为待设置参数集，其参数名称、变量、最小值和最大值如表 6-3 所示。

表 6-3　选择参数集

参数名称	变量	最小值（l_j）	最大值（u_j）
第一层 LSTM 层节点个数	θ_1	10	250
第二层 LSTM 层节点个数	θ_2	10	250
Dropout 概率	θ_3	0.1	0.9
批尺寸	θ_4	20	180

2）染色体编码与解码设计

本节中的染色体编码采用自然数编码，种群中的第 i 个个体 P_i 包含 4 个参数，即

$$P_i = P_i(\theta_{i1}, \theta_{i2}, \theta_{i3}, \theta_{i4}) \tag{6-34}$$

式中：P_i 的可行解空间为 $[l, u] = [(l_1, l_2, l_3, l_4), (u_1, u_2, u_3, u_4)]$，其中 $[l_j, u_j]$ 代表第 j 个参数的取值范围（表 6-3）。

编码的过程是分别将每个因素的可行解空间 $[l_j, u_j]$ 离散化为 Q 个水平，从而得到一个正交表 $L_M(Q^N) = [a_{ij}]_{M \times N}$，其中，$a_{ij} \in \{0, 1, \cdots, Q-1\}$，$a_{ij}$ 为个体 P_i 的第 j 个因素经编码后得到的水平值；$N=4$；$M = Q^J$，Q 为奇数，J 为正整数。染色体编码（chromosome encoding，CE）算法如下所示。

CE 算法

Step.1　计算正交表的水平组合数 $M = Q^J$，J 为满足不等式 $J \geq \dfrac{\log(N(Q-1)+1)}{\log Q}$ 的最小正整数；

Step.2　构造基本列

　　for $k=1$ to J do

　　　　$j = \dfrac{Q^{k-1} - 1}{Q - 1} + 1$

　　　　for $i=1$ to Q^J do

$$a_{ij} = \left\lfloor \frac{i-1}{Q^{J-1}} \right\rfloor \mod Q$$

    end for

   end for

 Step.3 构造非基本列

   for k=2 to J do

$$j = \frac{Q^{k-1}-1}{Q-1} + 1$$

    for s=1 to j-1 do

     for t=1 to Q-1 do

$$a_{j+(s-1)(q-1)+t} = (a_s \times t + a_j) \mod Q$$

     end for

    end for

   end for

 Step.4 选取前 N 列数列组成正交表 $L_M(Q^N)$

  染色体的解码过程是将一组水平值组合 $(a_{i1}, a_{i2}, a_{i3}, a_{i4})$ 转化为待选择参数取值范围内的实数值组合 $P_i = P_i(\theta_{i1}, \theta_{i2}, \theta_{i3}, \theta_{i4})$ 的过程，解码过程为

$$\theta_{ij} = \begin{cases} l_j & a_{ij} = 0 \\ l_j + a_{ij} \times \dfrac{u_j - l_j}{Q-1} & 1 \leqslant a_{ij} \leqslant Q-2 \ , \ i \in \{1,2,\cdots,M\} \ , \ j \in \{1,2,3,4\} \\ u_j & a_{ij} = Q-1 \end{cases} \quad (6\text{-}35)$$

  3）适应度函数的设计

  参数选取的目标是使输出预测值与实际值差异最小或者为零，本节选用模型定义的损失函数 $\boldsymbol{L(W,b)}$ 构造如下适应度函数 F_{fit}，用于评价模型的精度，即

$$F_{\text{fit}} = \frac{1}{\boldsymbol{L(W,b)}} = \frac{2}{\sum\limits_{t=1}^{T} \left\| \boldsymbol{X}_{t+h}^t - \hat{\boldsymbol{X}}_{t+h}^t \right\|_2^2} \quad (6\text{-}36)$$

式中：F_{fit} 为损失函数构造 $\boldsymbol{L(W,b)}$ 的倒数，因此 F_{fit} 越大，说明模型对训练样本集的拟合效果越好。

  4）自适应正交交叉算子设计

  对每对满足概率 p_c 的个体对进行自适应正交交叉操作，设 $P_1(\theta_{11}, \theta_{12}, \theta_{13}, \theta_{14})$ 和 $P_2(\theta_{21}, \theta_{22}, \theta_{23}, \theta_{24})$ 是两个父代个体，σ_0 为两个父代个体第 j 维相似度阈值，P_1 和 P_2 的自适应正交交叉算子（self-adaptive orthogonal crossover，SOC）的设计算法如下所示。

SOC 算法
Step.1 统计父代个体在 4 个维度上相似度低的维度个数 b，b 定义为 $b = Num(|\theta_{1j} - \theta_{2j}| > \sigma_0)$
Step.2 运用 CE 算法构造设计因素个数为 b，水平数为 F 的正交数组 $L_E(F^b) = [a_{ts}]_{E \times b}$
Step.3 生成 E 个子代个体 $p_i'(\theta_{i1}', \theta_{i2}', \theta_{i3}', \theta_{i4}')$

```
for t=1 to E do
    s=1
    for j =1 to 4 do
        if | θ₁ⱼ − θ₂ⱼ |≤ σ₀
```

$$\theta'_{tj} = \frac{\theta_{1j} + \theta_{2j}}{2}$$

```
        else if | θ₁ⱼ − θ₂ⱼ |＞ σ₀
```

$$\theta'_{tj} = \min(\theta_{1j}, \theta_{2j}) + a_{ts} \frac{\max(\theta_{1j}, \theta_{2j}) - \min(\theta_{1j}, \theta_{2j})}{F - 1}$$

```
            s= s+1
        end if
    end for
end for
```

Step.4 分别计算 E 个新生子代 p' 的适应度函数值，取适应度值最大的个体 p'_{opt} 为父代 P_1 和 P_2 的子代

注：σ_0 取 0.005，水平数 F 取 2。

5）基于 SOGA 的模型参数选取算法实现

本节采用 Python 语言，在 Keras+Tensorflow 平台上开发基于 SOGA 的模型参数选取算法，具体流程如下。

（1）种群初始化。构造正交数组 $L_M(Q^N)$，产生 M 个体，每个个体是一个参数集的取值组合。令水平数 $Q=9$，则 $M=Q^J=9^2=81$。调用 LSTM NN 模型，将 M 个个体逐个输入到模型中，训练样本数据集并输出损失函数值，计算 M 个个体的适应度。根据适应度值的大小，对 M 个个体进行从大到小的排序，取前 $I=50$ 个个体作为试验的最初种群。为保持个体分布的均匀性，从 I 个体中随机选取 $D=10$ 个体生成初始种群 P_0。

（2）自适应正交交叉操作。随机配对种群 P_{gen} 中的个体，以概率 $p_c = 0.75$ 对每对个体进行自适应正交交叉操作，产生新的子代个体，调用 LSTM NN 模型，计算子代个体的适应度，挑选子代个体中适应度最大的个体加入种群 C_{gen}。

（3）变异操作。以变异概率 $p_m = 0.1$ 对种群 P_{gen} 任意一个个体 P_i 进行变异操作：①产生一个随机整数 $j \in [1,N]$ 和一个随机正整数 $z \in [0, Q-1]$；②令个体 P_i 的第 j 个因素值为 $p_{ij} = l_j + z \times (u_j - l_j/Q-1)$。将新生成的个体加入种群 G_{gen}，调用 LSTM NN 模型，计算种群 G_{gen} 中个体的适应度。

（4）选择操作。为保持种群的多样性，对种群（$P_{gen} + C_{gen} + G_{gen}$）的适应度值进行排序，挑选适应度最大的前 $\lfloor D * 70\% \rfloor$ 个体，放入下一代种群 P_{gen+1} 中，再从种群（$P_{gen} + C_{gen} + G_{gen}$）剩余的个体里，随机选取 $D - \lfloor D * 70\% \rfloor$ 个体放入下一代种群 P_{gen+1}。

（5）判断终止条件。设 t 为迭代次数，F_{mean}^t 为第 t 次迭代中适应度函数均值。

$t = t + 1$，判定 t 是否达到预设的最大迭代次数，或者 $|F_{mean}^t - F_{mean}^{t-1}| \leqslant 0.05$。若满足，则迭代终止，输出标定参数的最优取值，否则返回步骤（2）。

6.2.3.4　模型评价指标

本节采用平均绝对百分误差 MAPE、均方根误差 RMSE 和一致性指数 D 对预测模型的预测精度进行评价。这三类指标的定义如下。

1）平均绝对百分误差 MAPE

$$\text{MAPE} = \frac{1}{N} \sum_{i=1}^{N} \left| \frac{x_i - \hat{x}_i}{x_i} \right| \times 100\% \qquad (6\text{-}37)$$

式中：N 为需要预测的总的时间长度；x_i 为交通流实际值；$\hat{x}_i$ 为交通流预测值。

2）均方根误差 RMSE

$$\text{RMSE} = \sqrt{\frac{1}{N} \sum_{i=1}^{N} (x_i - \hat{x}_i)^2} \qquad (6\text{-}38)$$

3）一致性指数 D

$$D = 1 - \frac{\sum_{i=1}^{N} (x_i - \hat{x}_i)^2}{\sum_{i=1}^{N} (|x_i - \overline{x}| + |\hat{x}_i - \overline{x}|)^2} \qquad (6\text{-}39)$$

式中：$\overline{x}$ 是实际交通流序列的平均值。一致性指数 D 是用来衡量交通流实际值与预测值之间变化是否一致的指标。一致性指数 D 的取值范围为[0,1]，取值越接近于 1，说明二者之间的拟合度越高。

6.2.4　实例分析与讨论

6.2.4.1　数据准备

本节试验是在第 3 章和 6.1 节试验结果基础上开展的，因此试验选取的路网对象、路网上传感器的布设情况、交通流序列采集时间段和采集时间间隔等详细信息与第 3 章和 6.1 节的实例分析部分相一致。在 6.1 节将城市道路交通网络中的交通流空间相关的路段划分成 13 个社区的基础上，选取第 7 个社区内路段集作为试验对象。路网中共有 186 条路段被划分到第 7 个社区，本节将对这 186 条路段进行交通流短时预测，并用该社区内 ID 号为 HI9083 路段（该路段位于德胜门外大街上）的预测结果与 LSTM NN 模型[182]和 BP 神经网络预测模型[108]预测结果作对比分析，用以验证预测模型的有效性和准确性。位于第 7 个社区的路段集及路段 HI9083 在路网中的分布情况如图 6-21 所示。

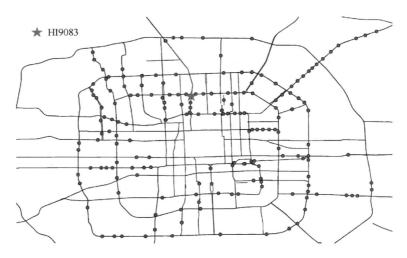

图 6-21　第 7 个社区内路段集在路网中的分布情况

　　此外，试验选取行驶速度（单位为 km/h）序列为待训练和预测的交通流序列，并将 2012 年 10 月 8～31 日共计 24d 的数据分为两个集合：前 17d（即 2012 年 10 月 8～24 日）的数据为训练数据集；后 7d 的数据为测试数据集合。试验目的是根据 t 时刻前 r 个时间段 $(t-r+1, t-r+2, \cdots, t)$ 的行驶速度数据预测 t 时刻后第 $h=1$ 个时间段的行驶速度值，即第 $t+1$ 时刻的行驶速度。

　　在进行模型训练之前采用 $l1$ 趋势滤波对原始行车速度时间序列进行趋势滤波处理，滤波之后的处理效果图如图 6-22 所示。图 6-22（a）～（d）分别为 HI9083 路段周一（2012 年 10 月 8 日）、周三（2012 年 10 月 10 日）、周五（2012 年 10 月 12 日）和周六（2012 年 10 月 13 日）共 4d 的行驶速度时间序列经 $l1$ 趋势滤波处理前后的数值对比图。

　　本节在 Keras+Tensorflow 平台上实现本节提出的基于 CD-LSTM NN 的交通流短时预测模型的构建。在进行预测试验前，采用基于 SOGA 的模型参数选取算法对预测模型关键参数组合值迭代运算，从中选取最优的关键参数组合值。在给定一个关键参数组合后，模型会对训练数据集合进行参数估计，训练次数为 100 次。图 6-23 为 SOGA 算法迭代收敛过程，从图中可以看出算法在迭代次数达到 12 次时满足收敛条件。从本节算法实现过程可以看出，该算法的初始种群构成是本算法主要耗时部分，需要运行 9^2=81 次 LSTM NN 预测模型，直至算法运行结束，共调用了 81 次+253 次=334 次 LSTM NN 预测模型，LSTM NN 预测模型平均每次训练耗时 0.5h，因此 SOGA 算法共耗时约 167h，得到的预测模型关键参数最优组合为 $(\theta_1, \theta_2, \theta_3, \theta_4) = (100, 100, 0.2, 20)$。

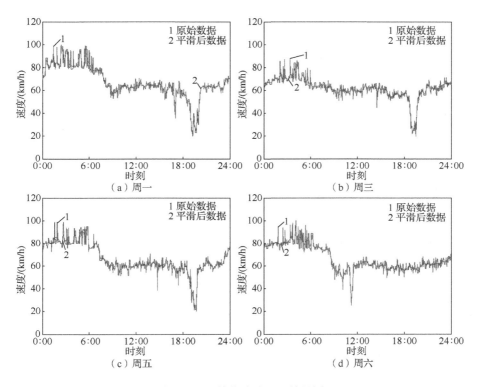

图 6-22 *l*1 趋势滤波处理效果图

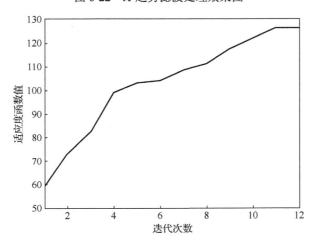

图 6-23 SOGA 算法迭代收敛过程

6.2.4.2 结果与分析

本节将依据参数选取试验得到的最优参数值组合,对测试样本进行预测试验。

由于 LSTM NN 模型对交通流的预测结果不受输入数据的时间区间大小影响[182]，本次试验设 $r=5$，即依据 t 时刻前 10min 内的行驶速度值预测第 $t+1$ 个时刻的行驶速度。表 6-4 列出了 186 条路段的预测结果评价指标值的描述性统计值，从表 6-4 中可以看出，186 条路段预测结果的 MAPE 值均小于 9.6%，RMSE 值均小于 5，D 值均大于 0.96。结果表明，本节提出的 CD-LSTM NN 模型对于这 186 条路段的行车速度预测效果较好。

表 6-4　MAPE、RMSE 和 D 的描述性统计值

指标	最小值	最大值	均值	标准差
MAPE/%	0.2805	9.5754	1.2992	1.1706
RMSE	0.3388	4.8467	1.0815	0.6479
D	0.9673	0.9994	0.9966	0.0043

图 6-24～图 6-26 分别给出了北京市道路交通网络中位于第 7 个社区的 186 条路段于 2012 年 10 月 25 日～31 日共 7d 的行车速度的预测结果评价指标取值情况，其中图 6-24 为平均绝对百分误差 MAPE 的取值情况，图 6-25 为均方根误差 RMSE 的取值情况，图 6-26 为一致性指数 D 的取值分布情况。

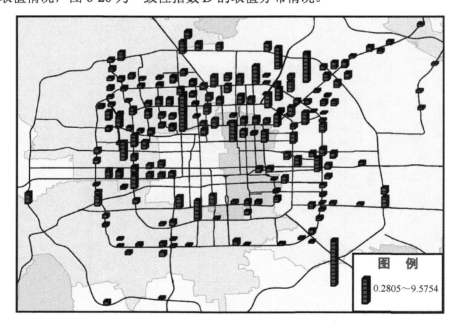

图 6-24　MAPE 值分布情况

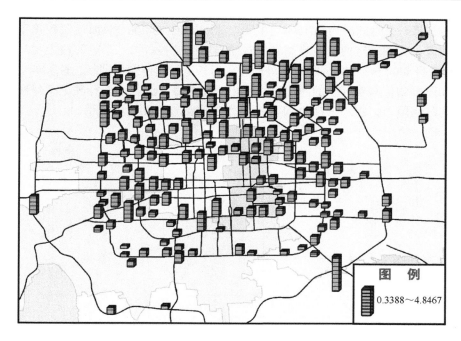

图 6-25 RMSE 值分布情况

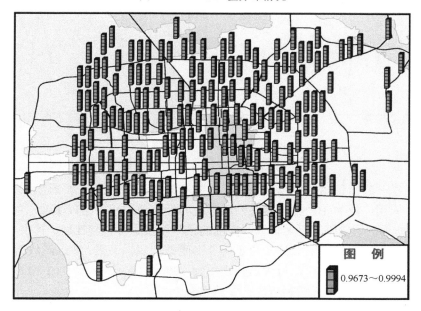

图 6-26 D 值分布情况

图 6-27 给出了路段 HI9083 上行驶速度预测值与实际值对比情况，其中第一列为 7d 的数据对比情况，同时分别从 7d 的数据里提出两个时间段的数据进行放

大比较：第一个时间段为 2012 年 10 月 25 日 17:00～24:00，该时间段覆盖了晚高峰时间段，行驶速度曲线在晚高峰的时候出现了波谷；第二个时间段为 2012 年 10 月 28 日 0:00～7:00，该时间段处于夜间时段，行驶速度值曲线出现波峰。从两个时间段预测值与实际值的对比可以看出，在波峰、波谷这些行驶速度变换比较剧烈的时间段内，CD-LSTM NN 模型预测的结果都很贴近实际值。

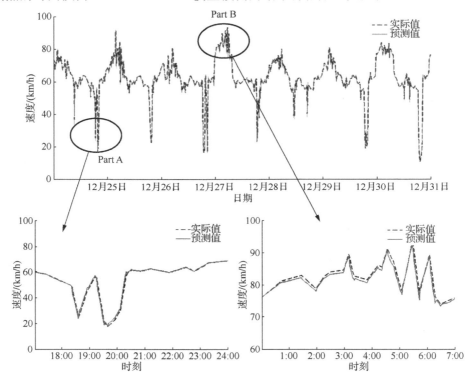

图 6-27　HI9083 的预测值与实际值对比情况

为了进一步验证本节提出的预测模型的有效性和准确性，本节选取理论较为成熟，且应用广泛的 BP 神经网络预测模型和没有经过相关路段集选取的 LSTM NN 模型作为对比模型，用来与本节提出的预测模型进行试验比较。其中 BP 神经网络预测模型选取激活函数为双曲正切 S 形函数和线性函数，训练函数为 L-M 优化函数，目标误差为 10^{-5}，最大迭代次数为 1000，学习速率为 0.01；LSTM NN 模型的参数设置与 CD-LSTM NN 的参数设置一样。

图 6-28 为三类模型 7d 的预测结果对比图和出现波峰、波谷时间段的数据对比放大。从图 6-28 中可直观看出本节提出的 CD-LSTM NN 模型预测效果最好，BP NN 模型次之，LSTM NN 模型最差。此外，三类模型的 MAPE、RMSE 和 D 评价指标对比如表 6-5 所示。对比结果表明，考虑交通流的空间相关性可以提高

交通流短时预测的精度，单纯的 LSTM NN 模型对于单个路段[182]或者小范围路网[247]的交通流短时预测效果较好，但是随着路网规模的变大，太多无关的路段会影响目标路段的交通流预测的精度。因此，在进行 LSTM NN 模型预测之前，交通流相关性较强路段集选取的工作很有必要。

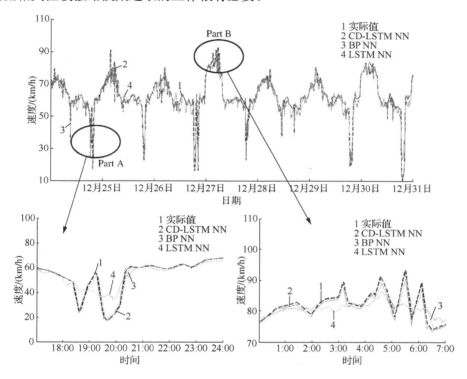

图 6-28　三类模型的预测结果对比图

表 6-5　三类模型的评价指标对比

指标	CD-LSTM NN	BP NN	LSTM NN
MAPE	0.95	1.54	6.83
RMSE	0.8315	1.3085	4.5043
D	0.9987	0.9869	0.9573

　　此外，本节还模拟了路网中传感器失效的情况，分析由于传感器失效造成的数据缺失对 CD-LSTM NN 模型预测结果的影响。模拟试验设计为：场景一，在路段 HI9083 自身传感器失效的情况下，CD-LSTM NN 模型的预测结果；场景二，在路段 HI9083 及第 7 个社区有部分传感器失效的情况下,其中试验分别模拟了第 7 社区内随机选取 10%、20%、30%、50% 和 60% 的传感器失效的情况。图 6-29 为在第 7 社区内 10% 的传感器失效场景下，失效传感器在路网中的分布情况，其

中空心圆圈代表了该处传感器处于失效的状态，实心圆圈代表该处传感器处于正常工作的状态。

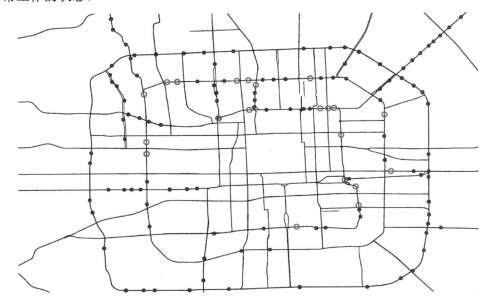

图 6-29　失效传感器位置分布图

表 6-6 为不同模拟场景下 CD-LSTM NN 模型预测结果的 MAPE、RMSE 和 D 指标结果对比。从表 6-6 中可以看出，在目标路段 HI9083 传感器失效的情况下，本节提出的算法预测结果的 MAPE、RMSE 和 D 分别为 1.65、1.535 和 0.981，预测效果良好，结果也证明了 CD-LSTM NN 模型对传感器故障造成交通数据缺失的修复效果较好。同时，失效的传感器占总的传感器百分比为 10%时，MAPE、RMSE 和 D 分别为 1.83、2.105 和 0.975，其预测结果的评价指标与场景一的评价指标值差不多。失效的传感器占总的传感器百分比为 20%时，预测结果与失效 10%相比，预测效果又稍微变差了一些。随着失效的传感器所占百分比变大，预测结果的误差值有所变大，但预测误差仍在可接受范围之内，且从 D 值可以看出预测结果与实际值之间的变化趋势大体一致。

表 6-6　不同场景下的评价指标

指标	场景一	场景二失效传感器的比例				
		10%	20%	30%	50%	60%
MAPE	1.65	1.83	1.85	2.71	4.43	4.5
RMSE	1.535	2.105	2.236	2.93	3.32	3.46
D	0.981	0.975	0.971	0.968	0.961	0.961

6.2.5 小结

本节在基于城市道路交通网络结构特性的基础上，提出了一种应用网络社区探测并结合 LSTM 网络的短时交通流预测方法。首先，利用社区结构分析方法探索在路网中与目标路段交通状态相关性较强的路段；其次，利用 LSTM NN 框架对区域内路段的交通流时空序列构成的二维矩阵序列学习其时空特征，进而完成多断面交通流预测；最后，针对 LSTM NN 参数选择问题，提出了一种基于自适应正交遗传算法的模型参数优选算法。通过对比试验结果验证了本节提出的算法的有效性。结果表明，考虑路段交通流空间相关性可以提升交通流预测精度。

此外，基于 CD-LSTM 的预测模型是多断面输出预测模型，适用于大规模路网的交通流预测。通过模拟不同规模传感器失效的场景，分析比较由于失效传感器造成的数据缺失对本节提出算法的预测效果的影响，结果表明 CD-LSTM NN 模型在传感器故障造成数据缺失情况下，其适应性良好，具有较强的鲁棒性。

7 道路交通运行安全辨识

7.1 基于安全域的交通事故检测

7.1.1 简述

　　近年来，交通事故主动预防已成为交通安全分析领域的研究热点，交通事故主动预防侧重于研究并开发交通事故预警模型，用于区分正常交通运行条件和交通事故高风险运行条件[196]。交通事故预警模型可在一个较短的时间段内（通常是5~10min）识别当前的交通运行安全状态并估计下一个时间段内交通事故发生的可能性，这对于制定积极有效的交通事故预防策略以减轻高风险交通事故的发生至关重要。目前，一些城市管理系统已经成功地将交通事故预警模型应用到系统内，为城市管理策略的制定提供决策依据，例如可变限速系统（variable speed limit，VSL），该系统已经被广泛应用于美国和欧洲国家[197]。VSL 系统的目的就是依据目前道路交通运行条件实时确定合适的行驶速度，从而提高道路交通运行的安全性。

　　交通事故预警是交通安全分析专业人员关注的一个重要问题，人们已在这一方面开展了广泛研究。依据对建立交通事故预警模型过程中交通数据使用情况的分析，可以将目前的研究分为两类[198]，即集计分析和非集计分析。

　　集计分析通常按照特定的时间段（小时、周、月或者是年）和特定的位置（具体的道路段）将交通数据划分为若干个集合体，如某条具体道路上某段时间内发生的交通事故频率，然后以这些集合体为基本单位展开问题的讨论。集计分析方法一般都假设交通事故相关因素（如交通流特征、环境条件和道路的几何设计等）与交通事故频率（如总的事故频率、某些特定类型的事故频率和交通事故严重等级等）之间存在着对数线性关系[199]或者是非线性关系[200]，然后利用这种关系预测交通事故频率。

　　随着先进的城市交通智能感知技术的普及，如地磁传感器、微波雷达检测器、超声波检测器和视频图像检测器等，交通数据可以在很短的时间（30s、1min 等）内采集到，因此每个交通事故所对应的详细的交通信息（如交通流数据、气象数据等）可实时采集并与交通事故进行匹配。这种匹配好的数据格式让研究人员从微观角度（单个交通事故级别上）去进行交通安全分析成为可能，图 7-1 为用于城市道路交通安全分析交通数据采集示意图。

事故数据

交通流检测器

图 7-1 道路交通安全数据采集示意图

非集计分析方法是以单个交通事故为单位的研究方法，交通事故预警属于非集计分析方法。目前大量研究已经利用交通检测器采集的实时交通流数据，通过分析交通流变量与交通事故之间的统计关系建立回归模型，如简单/配对案例-对照逻辑回归模型（simple/matched-case logistic regression model）[201]和贝叶斯配对案例-对照逻辑回归模型（Bayesian matched-case logistic regression model）[202]。通过构建逻辑回归模型发现交通流变量与交通事故的发生是显著相关的，可以通过解析方法将交通流变量对交通事故的影响体现出来。然而，使用逻辑回归模型的一个常见假设是交通流变量是相互独立的，这会造成逻辑回归模型在交通安全预测时受到限制。

为了弥补逻辑回归模型的缺陷，数据挖掘/机器学习方法被应用于交通事故预警中。常见的方法有 k 近邻算法[203]、神经网络[204]、贝叶斯网络模型[205]和支持向量机[206]。随之产生的问题是交通事故相关因素选择问题。适当的交通事故相关因素选择可以帮助研究人员辨识和提取有意义的信息，从而减少学习时间和提高预测的精度。目前被广泛使用的交通流变量选取方法有分类与回归树（classification and regression tree，CART）模型[207]、随机森林（random forest）算法[208]和频繁模式树（frequent pattern tree）算法[209]等。

本章将从基于交通流因素的交通事故检测方法和交通事故风险预测方法两方面对交通事故预警进行分析，本节主要研究基于交通流因素的交通事故检测方法，而交通事故风险预测方法研究将在 7.2 节开展。交通事故检测方法主要是研究区分交通事故发生后的交通流特征和正常运行交通流特征的方法（图 7-2）。以实时交通流数据为输入的交通事故检测方法优点在于检测精度较高，缺点在于该方法是一种"事后"检测方法，这种检测方法只能提供"被动"的安全策略。

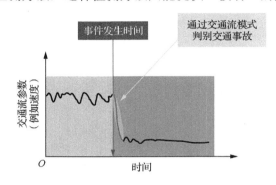

图 7-2　基于交通流因素的交通事故检测

　　与现有的交通安全分析方法不同，本节尝试从区域划分的角度去进行交通事故检测。交通安全域理论主要是将交通运行状态所有可能性集合用一个状态空间表征，该状态空间由交通事故的风险因素构成。状态空间一般可以划分为两个区域，即安全区域和非安全区域。安全区域是指交通在安全条件下运行的状态集合，非安全区域是指交通在事故高风险条件下运行的状态集合，因此可通过判别交通状态值处在哪个子区域内实时辨识交通运行安全状态。交通安全域分析理论主要工作之一就是确定安全域和非安全域的边界。

7.1.2　安全域相关理论

　　安全域（safety region，SR）是一种从域的角度描述目标系统可安全稳定运行区域的定量模型，安全域边界与系统运行点的相对关系可提供定量化的系统不同状况下的运行安全裕度，从而为控制策略的制定提供依据[210]。

　　广义上说，若对象的运行状态落在安全域，则表示对象的运行状态是正常、安全的。若对象的运行状态落在除安全域以外的其他区域，可能有两种情况：其一为对象已经处于不健康、不正常的运行状态，且这将导致非安全事件（如事故）的发生；其二为对象虽然已经处在不健康、不正常的运行状态，但其不会直接导致非安全事件的发生。本节研究中，仅把会直接导致非安全事件发生的运行状态划分至非安全域中，而对于不会直接导致非安全事件的运行状态仍然划分至安全域中，是一个狭义的安全域概念。

　　基于狭义的安全域概念，从道路交通安全的角度出发，交通安全域是由与路段交通运行安全影响显著的因素（如交通流量、速度、占有率的统计量）所确定的能描述交通安全运行的状态区域，在这里称与路段交通运行安全影响显著的因素为状态特征变量。本节将利用交通安全域判断路段上交通运行状态是否正常，可用数学语言表达如下。

假设向量 $X = (X_1, X_2, \cdots, X_M)$ 是一个交通流参数向量，M 是交通流参数个数。$X_i = (x_{1i}, x_{2i}, \cdots, x_{Ni})^{\mathrm{T}}$ 是第 i 个交通流参数观测值向量，其中 $i = 1, 2, \cdots, M$，N 是观测值个数。$F = \{f_1, f_2, \cdots, f_k\} = g(X)$ 是交通流参数向量经过特征选择（特征提取）得到的状态变量，其中 g 是一个变换函数且 $k \leqslant M$。对于一个交通系统来说，它的状态空间 U 由状态变量 F 构成且可划分为两个区域（交通安全域 E 和非安全域 $\bar{E}$），则 U 满足：$U = E \cup \bar{E}$ 且 $E \cap \bar{E} = \Phi$。

交通安全域 E 为可表征交通正常运行条件（没有交通事件发生）下的状态值集合。若 t 时刻的交通运行状态值 P_t 落在交通安全域 E 内，则表示对象的运行状态是正常的安全的。图 7-3 是一个由特征变量 F_1 和 F_2 构成的二维状态空间。P_1 和 P_2 分别表示交通运行状态处于安全运行和非安全（有交通事故发生）运行两种情况下的状态点。对于 P_1 来说，可进一步计算安全裕度来获得定量化的辨识结果。安全裕度一般被定义为状态点到安全域边界的最小距离（图 7-3）。当状态点越靠近交通安全边界，即安全裕度越小时，表明交通系统发生事故的风险越大，此时可提醒相关决策人员采取相应的预防维护措施，保障交通系统的安全运行。

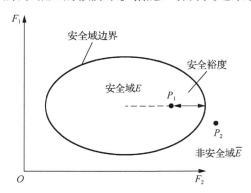

图 7-3　特征变量 F_1 和 F_2 构成的二维状态空间

针对城市道路交通系统，从区域划分的角度出发实现交通事故检测一般需要经过以下三个步骤。

1）关键影响因素提取

分析并掌握交通流参数与交通安全状态的关系，选取便于获取同时能够充分反映交通运行安全状态变化，并灵敏地体现交通事故发生后的交通流特征与正常运行交通流特征区别的关键影响因素，利用关键影响因素构造交通运行安全状态空间，为了统一，本节将这一步统称为"状态特征变量提取"。

2）交通安全域边界估计

依据提取的状态特征变量获取状态特征变量空间中的状态点，完成安全域边界估计，将状态特征变量空间划分为不同区域，不同的区域代表了不同的交通运行安全状态。

3）交通事故检测

基于实时交通流数据计算交通运行安全状态点，根据已完成的边界估计，将状态点对应至某一区域，若状态点位于安全域内，则可进一步计算安全裕度，获得定量化的状态辨识结果。

图 7-4 为基于交通安全域的交通安全事故检测流程。

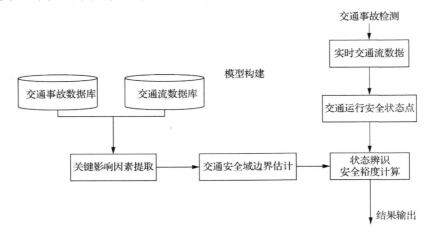

图 7-4　基于交通安全域的交通事故检测流程

在基于交通安全域的交通事故检测过程中，状态特征变量的提取及安全域边界的估计对于模型精度具有十分重要的影响，因此本节将在下述中对前两个步骤（模型构建部分）的实现进行详细介绍和说明。

7.1.3　交通安全域估计和事故检测

7.1.3.1　基于序列向前选择和主成分分析的状态特征变量提取

用于表征交通事故风险的交通流变量一般是基于检测到的交通流数据（如速度、流量和占有率）或者交通流数据的统计量（如交通流均值、方差等）进行提取的。若检测到的交通流变量包含过多的不相关或冗余的信息，会使得模型训练结果变得含有噪声和不可靠的。为此，本节提出一种基于序列向前选择（sequential forward selection，SFS）和主成分分析（principal component analysis，PCA）的状态特征变量提取方法，并构造交通运行安全状态空间。

设 SFS-PAC 模型的输入向量 V 由一个观测交通流变量向量 $X = (X_l)_{N \times 1} = (x_{li})_{N \times M}$ 和一个对应的交通运行安全状态类别向量 $Y = \{Y_1, Y_2, \cdots, Y_N\}^T$ 构成，则待判断的数据序列 V 可表示为

$$V = \{(X_l, Y_l) \mid l = 1, 2, \cdots, N\} = \{(x_{l1}, x_{l2}, \cdots, x_{lM}, Y_l) \mid l = 1, 2, \cdots, N\} \quad (7\text{-}1)$$

式中：X_l 是观测样本集中第 l 个样本，每个 X_l 包含 M 个观测变量；$Y_l \in \{1, -1\}$，$Y_l = 1$ 时表示发生交通事故；$Y_l = -1$ 表示没有发生交通事故。

基于序列向前选择方法和主成分分析的状态特征选取方法的目的在于提取最小的状态特征集合 $F = \{f_1, f_2, \cdots, f_k\}(k \leqslant M)$，用以表征观测变量集合，从而实现降低特征空间的维度。其选取方法的具体步骤如下。

1）利用序列向前选择方法从观测变量集合 X 中选取一个最优的变量子集 $S(S \subset X)$。序列向前选择方法首先从一个空集开始，每次选择一个观测变量 $X_i(i = 1, 2, \cdots, M)$ 加入 S 中，使得目标函数 $G(S, X, D)$ 达到最优[211]。

$$S_d = S_{d-1} \bigcup \arg\max_{X_i} G(S_{d-1} \bigcup X_i, X, D) \quad (7\text{-}2)$$

式中：d 表示变量子集 S 中变量的个数，且 $d \leqslant M$；D 表示目标函数中使用的分类模型，在本节中，采用了 k 邻近算法作为目标函数中的分类算法。

2）对于最优变量子集 S，利用主成分分析提取相应的统计变量作为最终的状态特征变量。主成分分析方法通过投影将变量子集 S 分解为两个子空间（由主成分组成的低维特征子空间和剩余子空间）[212]，分别在这两个空间内计算统计指标 T^2 和 SPE 统计量作为最终的状态特征变量。

T^2 和 SPE 统计量数学表达式：

$$T_l^2 = s_l P_b \lambda^{-1} P_b^T s_l^T, \quad l = 1, 2, \cdots, N \quad (7\text{-}3)$$

$$SPE_l = s_l (I - P_b P_b^T) s_l^T, \quad l = 1, 2, \cdots, N \quad (7\text{-}4)$$

式中：s_l 是子集中第 l 个样本数；P_b 是主元为 b 的加载向量组成的矩阵；I 是单位矩阵。

7.1.3.2　基于最小二乘支持向量机的安全域边界估计方法

最小二乘支持向量机（least squares support vector machine，LSSVM）分类器是支持向量机（support vector machine，SVM）的改进。最小二乘支持向量机分类器将原始数据映射到一个高维的特征空间，利用分类间隔最大化来构造一个最优的分类超平面，从而实现对数据的分类[213]。

给定一个样本集 $\{(F_l, O_l) \mid l = 1, 2, \cdots, N\}$，其中 F_l 是输入数据集，即状态变量，O_l 是输出数据集，即分类结果。为了对数据集实现分类，LSSVM 必须找到一个最优的分类超平面，这个超平面的求解问题可转化为约束优化问题，即

$$
\begin{cases}
\min \boldsymbol{J}(\boldsymbol{\omega}, \xi) = \dfrac{1}{2} \boldsymbol{\omega}^{\mathrm{T}} \boldsymbol{\omega} + \dfrac{1}{2} \gamma \sum_{l=1}^{N} \xi_l^2 \\
\text{s.t. } O_l[\boldsymbol{\omega}^{\mathrm{T}} \varphi(F_l) + \eta] = 1 - \xi_l, \ l = 1, 2, \cdots, N
\end{cases}
\tag{7-5}
$$

式中：J 是目标函数；$\boldsymbol{\omega}$ 是分类超平面的法向量；η 是相应的偏置项；$\varphi(F_l)$ 是一个非线性映射函数，将输入数据 F_l 映射到一个高维的特征空间；γ 是正则化参数。

将约束化问题变成无约束化问题，建立拉格朗日（Lagrange）函数：

$$
L(\omega, \eta, \xi, \alpha) = J(\omega, \xi) - \sum_{l=1}^{N} \alpha_l \{ O_l[\boldsymbol{\omega}^{\mathrm{T}} \varphi(F_l) + \eta] \} - 1 + \xi_l \}
\tag{7-6}
$$

式中：α_l 是 Lagrange 乘子。根据卡鲁什-库恩-塔克（Karush-Kuhn-Tucker，KKT）条件，$L(\omega, \eta, \xi, \alpha)$ 对各变量求导等于 0，有

$$
\begin{cases}
\partial L / \partial \omega = 0 & \rightarrow & \displaystyle\sum_{l=1}^{N} \alpha_l \varphi(F_l) = \omega \\
\partial L / \partial \eta = 0 & \rightarrow & \displaystyle\sum_{l=1}^{N} \alpha_l = 0 & l = 1, 2, \cdots, N \\
\partial L / \partial \xi_l = 0 & \rightarrow & \alpha_l = \gamma \xi_l \\
\partial L / \partial \alpha_l = 0 & \rightarrow & O_l[\boldsymbol{\omega}^{\mathrm{T}} \varphi(F_l) + \eta] + \xi_l - 1 = 0
\end{cases}
\tag{7-7}
$$

根据这四个条件，消去 ω 和 ξ 之后可得到一个线性方程组：

$$
\begin{bmatrix} 0 & l^{\mathrm{T}} \\ l & K + \gamma^{-1} I \end{bmatrix}
\begin{bmatrix} \eta \\ \alpha \end{bmatrix}
= \begin{bmatrix} 0 \\ O \end{bmatrix}
\tag{7-8}
$$

式中：$\boldsymbol{l} = (l, l, \cdots, l)^{\mathrm{T}}$；$\boldsymbol{O} = (O_1, O_2, \cdots, O_N)^{\mathrm{T}}$；$\boldsymbol{\alpha} = (\alpha_1, \alpha_2, \cdots, \alpha_N)^{\mathrm{T}}$；$\boldsymbol{I}$ 是一个单位矩阵；$\boldsymbol{K}$ 是一个核矩阵。

本节选用径向基函数为核函数：

$$
K(F_l, F) = \exp\left(\frac{-\| F - F_l \|^2}{2\sigma^2} \right)
\tag{7-9}
$$

式中：σ 是 RBF 核的宽度参数。

在给定 η 和 $\boldsymbol{\alpha}$ 情况下，LSSVM 的分类决策函数可表示为

$$
f(F_l) = \mathrm{sgn}\left[\sum_{l=1}^{N} \alpha_l K(F_l, F) + \eta \right]
\tag{7-10}
$$

上述分类决策函数就是需要估计的交通安全域边界的函数表达式。

7.1.3.3　具体实施步骤

在实时检测交通事故之前，应先确定交通安全域的边界。本节用一种基于 SFS-PCA-LSSVM 的交通安全域估计方法，从区域划分的角度对交通安全状态进行判断，从而实现交通事故检测的目的。图 7-5 为基于交通安全域的城市道路交通事故检测流程。

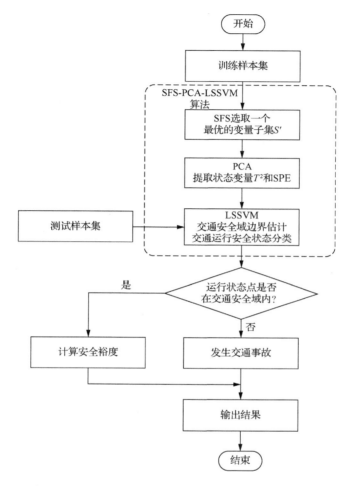

图 7-5　基于 SFS-PCA-LSSVM 的交通事故检测流程

城市交通事故检测流程主要特点如下。

（1）采集交通事故数据和非交通事故数据，为城市道路交通事故检测提供训练和测试数据。交通事故数据包括交通事故信息（如事故发生地、事故发生时间等）和检测到的交通流数据（如速度、流量和占有率等）。非事故数据指在安全运行状态（未发生交通事故）下的交通流数据。

（2）利用 SFS-PCA 提取可表征交通运行安全状态的特征变量，构造状态空间。首先对于观测交通流变量集合 X，利用 SFS 选取一个最优的变量子集 S；其次对最优子集 S 进行主成分分析，计算统计量 T^2 和 SPE，这两个统计量构造了一个反映交通运行安全状态变化的二维状态空间。

（3）将上述二维状态特征向量 $F = \{T^2, \mathrm{SPE}\}$ 作为最小二乘支持向量机的输入变量并进行分类，分为安全运行和非安全运行两类状态，同时获得交通安全域边界。

（4）基于交通安全域边界估计结果，对测试样本集进行分类。计算测试样本集对应的交通运行状态点，判断状态点落在状态空间中的哪个区域。如果状态点位于非安全域，则表示相应的交通运行状态处于不安全的条件下，即有交通事故发生；若位于安全域内，则表示交通运行状态在安全的条件下，计算相应的安全裕度，获得定量化的辨识结果。

7.1.4　实例分析与讨论

7.1.4.1　数据准备

交通流因素与交通事故发生关系的研究需要大量高密度布设交通流检测设备获取的海量交通流数据以及信息完备的交通事故数据。但是，本书作者目前难以获取国内城市的大量的信息完备的交通事故数据，由于样本量有限，无法直接对交通流因素与交通事故发生关系进行研究。因此，利用美国加州交通运输局公布的海量交通流数据和交通事故数据来探索交通流因素和交通事故发生间的关系。

本节以美国阿拉米达市内的 I-880 快速路作为研究对象，对其交通运行安全状态和交通事故进行辨识分析。该路段全长 55km，由南向北方向沿路设置了 70 个线圈传感器。该路段上的交通事故数据及相应的交通流监测数据被用于模型的建立，数据采集的时长为 2011 年 1 月 1 日至 2012 年 12 月 31 日。交通流监测数据取自加州交通运输局道路检测系统（PeMS）中公布的数据，系统以 5min 为一个统计间隔，统计路段内每个车道的交通流、占有率和速度等交通流参数。例如，在时间区间 00:00 的交通流数据代表了从 00:00:00 到 00:04:59 这个测量周期内检测到的交通流数据，在时间区间 23:55 的交通流数据代表从 23:55:00 到 23:59:59 这个测量周期内检测到的交通流数据。

（1）交通事故数据。首先，需确定与交通事故发生地对应的传感器位置，本节根据交通事故发生的位置，选取离交通事故发生最近的下游传感器作为事故发生点传感器，同时选取离事故发生点传感器最近的上游和下游传感器共同作为研究对象，现场数据采集示意图如图 7-6 所示。然后，在选定传感器的基础上，将传感器于事故发生时间附近的一定时间区间内采集到的交通流数据形成交通事故数据集。本节除了交通事故所处的时间段外，还采集事故发生前 5～10min 时间段共三个时间段内传感器采集到的交通流数据作为交通事故数据集。例如，如果一个事故发生的时间在 13:32，距离起点 8.2km 处，那么离事故发生最近的传感器就是 8.5km 处的传感器，事故发生所处的时间为 13:30，交通流数据所对应的时间间隔为 13:20、13:25 和 13:30。

（2）非交通事故数据。为了消除交通事故发生地点对交通运行安全状态分析结果的影响，利用配对案例-对照方法（matched case-control method）[199,214] 对非交通事故数据进行采集。在配对案例-对照方法中，首先确定交通事故数据，对于

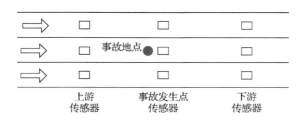

图 7-6 现场数据采集示意图

每个选定的交通事故，一些非交通流变量（如位置、事故发生的时刻、事故发生时是星期几等）被称为需要配对对照的因素。对于一个给定交通事故相关联的传感器和数据统计周期，一个相应的非事故数据集合可通过采集同一个检测器不同日期中相同时间区间的交通流数据构成。在本节中，对于每一个交通事故来说，事故发生前一个星期和事故发生后一个星期同一个时间点未发生事故的交通流数据作为非事故数据。例如，某个交通事故发生在 2011 年 4 月 26 日，则对应的非事故数据采集时间为 2011 年 4 月 19 日和 2011 年 5 月 3 日。

（3）无效数据的剔除。在本节中，满足下述条件的数据被认为是无效数据：①平均占有率大于 100%；②速度大于 100km/h；③平均速度大于 0km/h 而流量等于 0；④占有率大于 0 而流量等于 0；⑤流量大于 0 而占有率等于 0。

根据上述的数据采集方法，共有 417 个事故数据和 830 个非事故数据满足要求。对于每一个样本，采用每个传感器流量、占有率和速度的均值和标准方差作为道路交通运行安全状态辨识的观测变量，共 $3 \times 3 \times 2 = 18$ 个变量。

表 7-1 列出了数据集的采集格式。

表 7-1 数据集的采集格式

数据类型	位置和时段	采集格式
事故数据	检测器位置	事故发生点传感器 上下游传感器
	检测时段	事故发生时间所处时间段和发生前 5～10min 两个时间段
非事故数据	检测器位置	与事故数据相同
	检测时段	事故发生前一个星期和事故发生后一个星期同一个时间段

7.1.4.2 状态特征变量的提取

利用序列向前选择方法对 18 个观测变量进行选取，最终选取了 8 个变量构成最优子集，即下游传感器的速度标准差（downstream standard deviation of speed，DDS）、事故发生点的平均占有率（crash location average occupancy，CAO）、上游传感器的速度标准差（upstream standard deviation of speed，UDS）、事故发生点的占有率标准差（crash location standard deviation of occupancy，CDO）、下游传感器的速度平均值（downstream average speed，DAS）、上游传感器的占有率标准差

（upstream standard deviation of occupancy，UDO）、事故发生点的速度平均值（crash location standard deviation of speed，CDS）和下游占有率均值（downstream average occupancy，DAO）。可以得出，与交通事故发生相关的变量主要是速度和占有率。同时，利用 SPSS 软件对上述 8 个变量进行多重共线性检验，计算两两变量的相关系数，观测变量的相关系数矩阵如表 7-2 所示。从表 7-2 可以看出，某些变量之间存在较高相关性，例如 DAO 和 DAS 的相关性是 0.825，接近于 1，意味着需要引入其他的特征提取方法消除这些相关性。

表 7-2　观测变量的相关系数矩阵

	DDS	CAO	UDS	CDO	DAS	UDO	CDS	DAO
DDS	1	0.069	-0.014	0.057	0.171	0	-0.413	0.042
CAO	0.069	1	0.096	-0.357	0.041	-0.202	0.153	-0.348
UDS	-0.014	0.096	1	0.237	0.045	-0.729	-0.422	0
CDO	0.057	-0.357	0.237	1	0.097	-0.312	-0.699	0.121
DAS	0.171	0.041	0.045	0.097	1	0.016	-0.115	0.825
UDO	0	-0.202	-0.729	-0.312	0.016	1	0.283	0.053
CDS	-0.413	0.153	-0.422	-0.699	-0.115	0.283	1	-0.096
DAO	0.042	-0.348	0	0.121	0.825	0.053	-0.096	1

为了消除变量之间的高度相关性，利用主成分分析对 8 个变量做进一步处理。累计贡献率达到 80%时确认主元的个数，最终主元个数被选为 3 个。图 7-7 显示了前 3 个主成分的贡献率，分别为 47.5%、22.3%和 13.7%。同时，通过式（7-3）和式（7-4）计算 T^2 和 SPE 统计量，作为最小二乘支持向量机的输入参数。

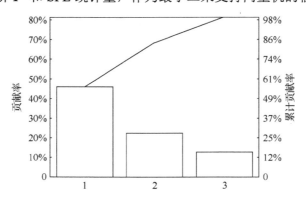

图 7-7　前 3 个主成分的累积方差贡献率

7.1.4.3　交通事故检测

本节利用最小二乘支持向量机对交通运行安全域边界进行估计并对交通运行的安全状态进行判别，区分出有交通事故发生的交通运行状态。在试验设计中，采用 k-折交叉检验选取训练数据集和测试数据集。k-折交叉检验法是指将数据集分为 k 份，$k-1$ 份用来做训练数据，剩下的 1 份数据作为测试数据。本节选用 4-折交叉试验来确定数据集，即 75%的数据组成训练数据集，25%的数据构成测试样本集，分类结果如图 7-8 所示。在图 7-8（a）中，交通安全域边界由测试样本集训练得到，该曲线尝试着将事故数据的状态值和非事故的状态值分成两类，分别放在不同的区域内。在图 7-8（b）给出了测试样本数据集的状态值在构成的状态空间中的位置，同时根据状态值属于状态空间内的哪个区域辨识交通运行安全状态，判断是否有事故发生。

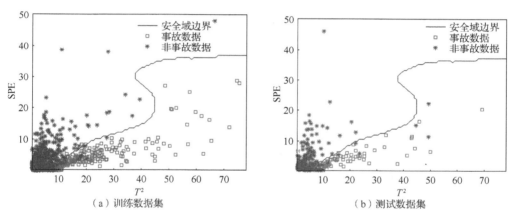

（a）训练数据集　　　　　　　　　　　　　　（b）测试数据集

图 7-8　4-折分类结果

从图 7-8 可以直观得出，利用序列向前选择和主成分分析法提取状态特征变量，再利用最小二乘支持向量机估计交通安全域边界，进而利用安全域对交通运行状态进行判别的方法是有效的。然而，仍然有必要引入定量的方法对基于交通安全域的交通事故检测结果进行评估。

选用正确率（correct rate，CR）评价模型分类的准确度（交通状态辨识的准确度），CR 计算公式如下所示：

$$CR = \frac{总样本中被正确分类的个数}{总样本的个数} \times 100\% \qquad (7-11)$$

为了说明 SFS-PCA 对状态变量提取的有效性，本节将其与 SFS-LSSVM 和 PCA-LSSVM 方法进行试验对比。依据式（7-11），SFS-PCA-LSSVM 模型的正确率为 88.84%，SFS-LSSVM 模型的正确率为 77.19%，PCA-LSSVM 模型的正确率为 68.82%。为了进一步说明模型的交通事故检测性能，将三个模型的分类结果以散点图的形式进行展示。在图 7-9 中，图像的 X 轴为样本数据对应状态值的编号。为了便于理解，本节对样本数据依据状态进行分类集中展示，其中第 1～417 个数据点为交通事故的数据点，第 418～1254 个数据点为非交通事故数据点，一条虚线将这两类数据集分割开来。图像的 Y 轴从下往上依次表示交通运行状态的种类：第一类为非事故数据类（non-crash 类），第二类为事故数据类（crash 类）。当第 1～417 个数据点落在事故数据类时，则表明交通安全状态辨识正确，反之，辨识错误。从图 7-9（a）和（b）可以看出，交通事故数据点落在非事故数据上的散点比事故数据上的散点更为密集，即 SFS-LSSVM 和 PCA-LSSVM 两个模型将大多数的事故数据点错误辨识为非事故数据点。然而，本节提出的 SFS-PCA-LSSVM 模型将绝大多数的数据点都正确地分类到相应的类别里，尤其是事故样本［如图 7-9（c）所示］。因此，SFS-PCA-LSSVM 模型的辨识性能要优于 SFS-LSSVM 和 PCA-LSSVM 两个模型的辨识性能。

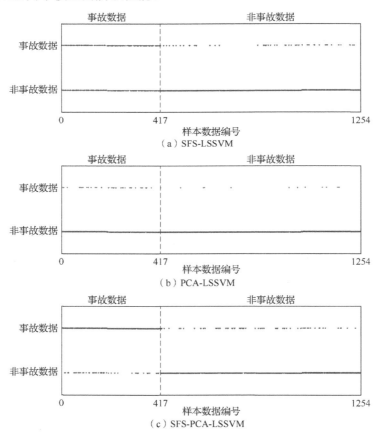

图 7-9　三个模型的辨识结果

　　在现实场景中，非事故数据集往往要比事故数据集大很多，CR 评价的是整体样本的辨识效果，无法体现其中对于小样本种类的数据辨识的效果。为了克服种类数据分布不均衡的问题，采用受试者工作特征曲线下的面积（area under the receiver operator characteristic curve，AUC）[215]对本节提出的模型进行进一步评价。通常 AUC 的值介于 0.5~1.0，AUC 的值越大，说明模型辨识性能越好。图 7-10 给出了三个模型的 ROC（receiver operating characteristic）曲线，其中横坐标为假正类率（false positive rate），即非交通事故数据划分正确的样本数占辨识结果中被划分为非交通事故数据的样本总数的比例；纵坐标为真正类率（true positive rate），即交通事故数据划分正确的样本数占交通事故数据总样本数的比例。通过计算 ROC 曲线下的面积得到 AUC 值，SFS-LSSVM 模型的 AUC 值为 0.6983，PCA-LSSVM 模型的 AUC 值为 0.5495，SFS-PCA-LSSVM 模型的 AUC 值为 0.8894，见表 7-3 的第 4 行。比较的结果表明，前两类模型把大部分的样本数据辨识为非交通事故数据，虽然相应的 CR 值较高，但 AUC 值低。而 SFS-PCA-LSSVM 模型对事故数据的正确辨识率要高于其他两类模型，因此其 AUC 值高于其他两类模型的 AUC 值。SFS-PCA-LSSVM 模型的辨识性能要优于 SFS-LSSVM 模型和 SFS-PCA-LSSVM 模型的辨识性能，这与 CR 分析的结果相一致。

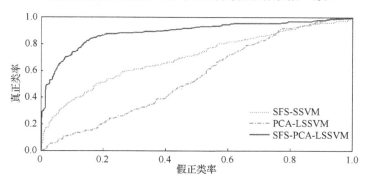

图 7-10　三个模型的 ROC 曲线

　　由于交通安全域的边界估计依赖于训练样本集的大小，两个额外的试验（三重交叉验证试验和二重交叉验证试验）被用来做比较分析。表 7-3 给出了三种模型的 CR 值和 AUC 值。从表 7-3 中可以看出，对于不同的训练样本集，SFS-PCA-LSSVM 模型的 CR 值与 AUC 值均高于另外两个模型的 CR 值与 AUC 值。同时，随着训练样本集越大，相应的 CR 值和 AUC 值会越高。通过试验比较可以得出，对于不同规模的训练样本集，充足的训练样本可以提升模型辨识结果的准确率。同时，状态特征变量提取效果的好坏直接影响模型最终的辨识效果，该结论在文献[206]中已得到证实，而在本节试验中，可进一步得出基于混合特征提取算法的状态变量提取方法要优于基于单个算法的状态变量提取方法。

表 7-3　　不同训练集下三种模型的 CR 值和 AUC 值

模型	CR/%			AUC		
	四重	三重	二重	四重	三重	二重
SFS-LSSVM	77.19	76.12	75.54	0.6983	0.6854	0.6887
PCA-LSSVM	68.82	68.34	67.70	0.5495	0.5456	0.5456
SFS-PCA-LSSVM	88.84	88.28	88.16	0.8894	0.8850	0.8806

7.1.4.4　安全裕度的计算

依据得到的交通安全区域边界，交通系统运行状态被划分为两类：安全运行状态和有交通事故发生的状态。当交通状态点被划分在交通安全域内时，计算相应的安全裕度值，给出定量化的辨识结果。本节采用分割逼近求解状态点到安全域边界最短欧氏距离[216]。以 2012 年 6 月 21 日 16:25 时距离起点 4.8km 处监测点为例，如图 7-11 所示，此时状态点为 P（39.3533,22.7842），通过计算点 P 到安全域边界的最小距离，得到此时安全裕度为 4.5167。

目前安全裕度已经在轨道列车关键设备的安全风险评估中得到应用[210]，而安全裕度对于交通事故预警同样拥有巨大的潜在应用价值。本节以距离起点 4.8km 处监测点为例，该处于 2012 年 6 月 28 日时间区间的 16:25 发生交通事故，P_3 表示此时的交通状态点，同时事故发生的前两个时间区间（时间段 16:20 和 16:15）的交通状态点也被计算出来，分别用 P_2 和 P_1 表示。三个交通运行状态点不同时间点下的安全裕度值如图 7-12 所示，其中 P_1 的安全裕度值为 5.4525，P_2 的安全裕度值为 3.1780，在第三个时间区间时，交通事故发生，状态点 P_3 位于非安全域内。在事故发生之前的两个时间区间内，安全裕度值由 5.4525 变为 3.1780，交通运行安全性程度变差，状态点有向事故区域转移的趋势。

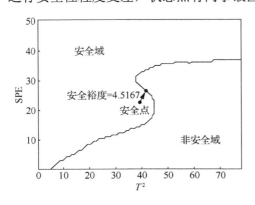

图 7-11　状态 P (39.3533, 22.7842)的安全裕度

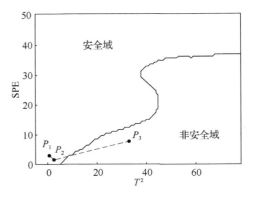

图 7-12　不同时间点下的安全裕度值

7.1.5　小结

本节提出了一种基于 SFS-PCA-LSSVM 的交通安全域估计方法，并将交通安全域应用到交通运行安全状态辨识和交通事故检测中。

首先，在对交通运行安全状态进行监测时，18 个交通流参数的统计量被采集并进行分析。SFS 方法从这 18 个交通流参数的统计量中提取了 8 个观测变量，构成了一个最优子集 S。

其次，为了消除这 8 个观测变量相关性较高的问题，采用 PCA 对其做进一步降维处理，从而得到 T^2 和 SPE 两个统计量。这两个统计量成为表征交通运行安全的状态特征变量，并构造了相应的状态空间。

再次，以 T^2 和 SPE 作为 LSSVM 的输入，估计交通安全域的边界，并对交通运行状态进行实时辨识。

最后，经过试验对比结果表明，本节提出的方法对于交通运行安全状态的辨识是有效的，辨识正确率较高且不同规模训练样本集的准确度均达到 0.88 以上。同时，基于混合特征提取算法的交通安全域估计方法对于交通事故检测的效果要优于基于单个特征提取算法的交通安全域估计方法，如 SFS-LSSVM 和 PCA-LSSVM 模型。

7.2　基于可靠性理论的交通事故风险预测

7.2.1　简述

区别于交通事故检测，交通事故风险预测（图 7-13）主要研究事故发生前交通流特性，寻找交通事故征兆因子。交通事故风险预测是以实时交通流数据为输入，预测下一个时间段内交通事故发生的可能性，为动态交通安全控制提供决策依据。

可靠性分析理论认为当目标系统各要素的联合作用满足某些特定条件时，会导致目标系统运行失效[217]。可靠性分析理论将系统运行状态所有可能性集合用一个状态空间表征，该状态空间由系统的风险因素（随机变量）构成，每个随机变量服从一定的分布。在状态空间中，系统的安全和危险状态的临界函数被定义为极限状态函数。极限状态函数将状态空间划分为两个区域，即安全域和非安全域。通过求解状态空间中风险因素的联合概率密度在安全域内的积分，得到系统发生事故的概率值。

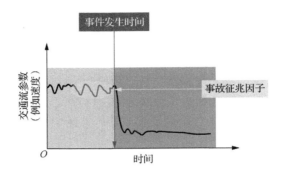

图 7-13　基于交通流因素的交通事故风险预测

　　从可靠性分析方法可以看出，可靠性分析方法与交通安全域分析方法有很多相似的地方。但是传统的可靠性分析理论得到可靠性指数是一个宏观的统计量，无法对单个事故进行实时预测。然而，在结合交通安全域的概念后，可靠性分析方法可以做宏观评价的同时，又可以对单个事故进行预测。

　　在交通运行安全分析中，每一次交通事故都可以被解释为交通系统的故障，结构体可靠性理论与交通运行安全分析理论有一定的相似之处。因此，可以利用交通流变量组合来表示交通系统的潜在危险，并利用可靠性分析方法对交通运行安全状态进行综合分析，包括宏观的统计分析和实时的交通事故风险预测。

　　部分研究者还探讨了可靠性分析理论在道路交通事故风险预测中应用的可行性[196]，如 Jovanovic 等[218]对可靠性理论中的基本术语，概念和交通安全理论的基本术语、概念进行了关联和映射，指出结构体可靠性理论和交通安全理论之间存在一定的相似性。他们给出了路段可靠性的定义，并利用可靠性分析理论对路段上交通事故发生频率和连续两次交通事故的平均间隔时间进行了预测。Yu 等[219]也对可靠性理论在交通安全分析中应用的可能性进行了探讨，并分别分析了交通流参数和天气环境对路段可靠性的影响，找出可以表征道路交通运行安全状态的变量。目前国内外对于基于可靠性分析理论的道路交通安全分析的研究很少，很多工作尚未开展，针对可靠性理论在交通安全分析中的应用的相关理论有待进一步深化。

　　本节研究工作以 7.1 节的研究成果为基础，将交通安全域的概念和可靠性分析的概念相结合，对道路交通运行安全状态进行综合分析。主要包括宏观的统计分析和面向单个交通事故的实时交通事故风险预测。本节基于可靠性分析方法，提出了一种交通可靠性模型：首先，针对状态特征变量的提取，利用 CART 模型来提取对交通事故风险影响显著的交通流变量，用来作为状态变量；其次，针对构建的状态空间，求取联合概率密度函数，为城市道路交通事故风险的宏观统计评价提供数据基础；再次，利用支持向量机估计交通系统的极限状态方程，为交通事故风险的预测提供依据；最后，通过实例分析验证论文提出的算法的有效性。

7.2.2 可靠性分析理论

结构可靠性分析是指在一个给定的极限状态条件下计算结构体失效的概率[220]，可通过下式计算：

$$P_f = \int_{G(X) \leqslant 0} f_x(x) \mathrm{d}x \qquad (7\text{-}12)$$

式中：x 是能够影响结构功能的基本随机变量向量；$y = G(x)$ 是极限状态函数（limit state function，LSF），$G(x) = 0$ 是极限状态平面，该平面将结构体的状态空间划分为非安全区域 $G(x) \leqslant 0$ 和安全区域 $G(x) \leqslant 0$；$f_x(x)$ 是随机变量 $x_1, x_2, \cdots, x_n$ 的联合概率密度函数。

然而，在大多数的实际应用场景中，联合概率密度函数 $f_x(x)$ 获取很困难，因此，一般采用近似方法来计算结构体的失效概率，常见的近似方法有一阶可靠性分析（the first order reliability methods，FORM)）[221]、二阶可靠性分析（the second order reliability methods，SORM）[222]。近似方法求解的主要思路是在标准正态空间中计算原点到极限状态平面的最短距离 β，β 被称为可靠性指数。同时，失效概率可通过 $P_f = \Phi(-\beta)$ 计算得到，其中 Φ 是标准正态函数的累计分布函数。

Hasofer-Lind 指数 β [221]是在可靠性分析中应用最为广泛的可靠度指数之一，可以表示为

$$\beta = \min_{x \in F} \sqrt{(x - m)^{\mathrm{T}} C^{-1} (x - m)} \qquad (7\text{-}13)$$

式中：x 为随机变量的集合；m 为均值；C 为方差矩阵；F 为失效区域。

在未经过转换的原始状态空间中，方程（7-13）的求解可转换为寻找与极限状态平面相切的最小椭圆[223]，该相切点被称为设计检验点（design point）。相切椭圆可表示为

$$(x - m)^{\mathrm{T}} C^{-1} (x - m) = \beta^2 \qquad (7\text{-}14)$$

7.2.3 交通可靠性模型的建立

本节通过可靠性分析模型揭示交通流变量与交通事故风险之间的关系，进而对交通事故风险进行预测。图 7-14 所示为将可靠性理论应用到交通事故风险预测中主要的建模过程示意图。其基本特点如下所述。

（1）将数据分为训练数据集和测试数据集两部分。训练数据集用于实现交通可靠性模型参数估计，测试数据集用来检验交通可靠性模型预测交通事故风险的性能。

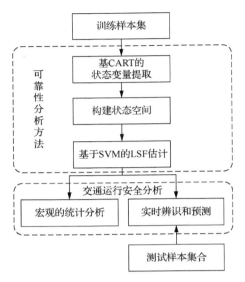

图 7-14　建模过程示意图

（2）选取体现交通运行状态的随机变量，该随机变量也称为交通运行安全的状态特征变量，利用状态变量构建状态空间。本节采用分类与回归树模型（classification and regression tree，CART）从观测变量中选取贡献最显著的变量作为状态特征变量。观测交通流变量是 ITS 系统检测目标路段实时获取的交通流数据。

（3）在状态特征变量选取的基础上，拟合每个变量的分布函数，同时计算状态变量的联合分布函数。

（4）通过支持向量机（support vector machine，SVM）近似估计极限状态函数（limit state function，LSF），极限状态平面将状态空间划分为安全域和非安全域两部分。

（5）在给定极限状态函数的基础上，从两方面对交通事故风险进行分析。一方面是基于长期历史数据进行交通事故风险的宏观统计分析，在此过程中计算交通系统的可靠度指数 β 和设计检验点；另一方面是交通事故风险的实时分析，即实时辨识和预测交通事故风险。在本节中，宏观统计分析用训练数据集，实时在线评估用测试数据集完成。

7.2.4　实例分析与讨论

7.2.4.1　数据准备

本节以美国阿拉米达市内的 I-880 快速路作为研究对象，对其交通事故风险进行分析，其中路段的选取、数据来源、数据格式定义和无效数据剔除方法请参照 7.1.4 节。然而本部分工作重点在于揭示交通事故发生的征兆因子，在匹配交通事故数据时，仅仅关注事故发生前一段时间内事故发生处的交通流状况，因此数据的筛选略有不同。

（1）交通事故数据。仅仅取离事故发生地点最近的下游传感器的数据进行研究，如图 7-15 所示。为了对交通事故风险进行预测，重点研究事故发生前一段很短的时间内的交通流特性与交通事故发生的关系，因此确定时间区间的方法与7.1.4 节中采用的方法略有不同。此处取事故发生时段的前 5～10min 作为研究对象。例如，如果一个事故发生在 13:32，在距离起点 8.2km 处，离事故发生最近为8.5km 处的传感器，则事故发生所处的时间区间为 13:30，交通流数据所对应的时间区间为 13:20 和 13:25。

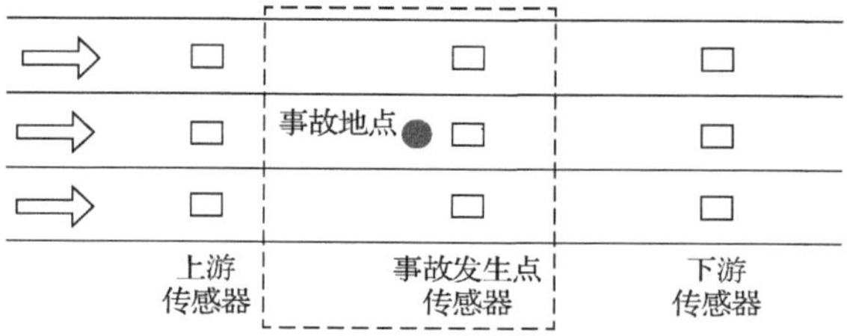

图 7-15　现场数据采集方法示意图

（2）非交通事故数据。请参见 7.1.4 节。

数据采集方式如表 7-4 所示。

表 7-4　数据采集方式

数据类型	位置和时段	采集方式
事故数据	检测器位置	事故发生点传感器
	检测时段	事故发生前 5～10min 两个时间段
非事故数据	检测器位置	与事故数据相同
	检测时段	事故发生前一个星期和事故发生后一个星期同一个时间段

通过上述方法收集与事故、非事故相关的观测数据，同时对这些观测数据进行统计。对于每一个交通事件（非交通事件），有 6 个统计量（称为观测交通流变量）：速度均值（crash location average speed，CAS）、速度标准方差（crash location standard deviation of speed，CDS）、流量均值取对数值（logarithm of crash location average volume，log CAV）、流量标准方差（crash location standard deviation of volume，CDV）、占有率均值（crash location average occupancy，CAO）和占有率标准方差（crash location standard deviation of occupancy，CDO）。经过无效数据剔除处理后，共有 455 个事故数据和 1039 个非事故数据满足条件。现场数据采集方法示意图如图 7-15 所示。

7.2.4.2　状态特征变量选取

不相关或冗余的观测变量可能会导致交通可靠性模型变得嘈杂和不可靠，因此在训练的过程中，用分类与回归树模型对 7.2.4.1 节得到的 6 个观测变量做进一步处理，选取有意义的状态变量。CART 是一种生成决策树方法，通过递归将观测变量拆分成子集，使每个子集包含目标变量类似的状态。模型根据变量在树中出现次数和所处的位置给出其重要度值，最终根据变量的重要度选取有意义的变量[206]。CART 具有出色的分类能力，因此被广泛应用于特征选取中。在本节中，CART 通过 SAS 统计软件实现的，最后变量选取结果如表 7-5 所示。CDO 和 log CAV 被选为用于表征交通运行状态的状态变量。

表 7-5　状态变量选取结果

变量名称	变量描述	均值	标准差	重要度
CDO	事故发生点的占有率均方差	1.6727	1.2351	1
log CAV	流量均值取对数值	2.5432	0.2626	0.785

7.2.4.3　状态空间构建

为了构建交通运行状态空间，需要对状态变量的分布函数进行拟合，并计算其联合分布函数。本节选取五类常见的分布函数，即高斯、伽马、指数、对数正态和韦伯分布，以及拟合状态变量的分布函数。拟合过程通过 MATLAB 实现，在实现过程中，利用最大似然法（maximum likelihood method）[219]估计分布函数内的参数值，同时选取贝叶斯信息准则（the Bayesian information criterion, BIC）作为评价拟合效果的准则，BIC 可通过以下公式进行求解：

$$\text{BIC} \approx -2 \cdot \ln p(x \mid M) = -2\ln(\hat{L}) + k \cdot [\ln(n) - \ln(2\pi)] \qquad (7\text{-}15)$$

式中：x 是观测数据；n 数据个数；k 是待估计参数的个数；$p(x|M)$是给定 M 模型下观测数据 x 的边际似然函数；$\hat{L}=p(x \mid \hat{\theta}, M)$ 是似然函数的最大值。

当 BIC 值越小，拟合效果越好。在 5 个候选分布函数中，正态分布拟合效果最优，拟合结果对比如表 7-6 所示。

表 7-6　状态变量分布函数拟合结果对比

分布函数	CDO			log CAV		
	是否覆盖	BIC	是否选择	是否覆盖	BIC	是否选择
正太分布	是	2415.90	是	是	31.24	是
指数分布	是	2433.10	否	是	3845.10	否
对数正太分布	是	2877.30	否	是	308.27	否
伽马分布	是	2826.16	否	是	210.18	否
韦伯分布	是	2532.20	否	是	483.78	否

拟合对比结果显示，状态变量 CDO 和 log CAV 都服从高斯分布，高斯分布可表示为

$$f(x) = \frac{1}{\sqrt{2\pi}\sigma} \exp\left[-\frac{(x-\mu)^2}{2\sigma^2}\right] \qquad (7\text{-}16)$$

式中：μ 和 σ 分别为变量的均值和方差。

在计算交通运行状态空间的联合概率密度函数之前，需要将相关的状态变量 CDO 和 log CAV，转换为两个互相独立且服从标准正态分布的变量。设变量 x_1 代表 CDO，变量 x_2 代表 log CAV，根据前面的分布拟合结果可知，x_1 和 x_2 均服从正态分布。通过下面式子将变量 x_1、x_2 转换为标准高斯变量 y_1、y_2：

$$y_1 = \frac{x_1 - \mu_1}{\sigma_1}, \quad y_2 = \frac{x_2 - \mu_2}{\sigma_2} \qquad (7-17)$$

设 ρ 为 y_1 和 y_2 的相关系数，它们协方差 C 的 Cholesky 分解[224]结果为 $C = LL^{\mathrm{T}}$，其中 $L = \begin{pmatrix} 1 & 0 \\ \rho & \sqrt{1-\rho^2} \end{pmatrix}$。

假设 u_1、u_2 为两个相互独立且服从标准高斯分布的随机变量，y_1 和 y_2 应满足 $y_1 = g_1(u_1, u_2) = u_1$，$y_2 = g_2(u_1, u_2) = \rho u_1 + \sqrt{1-\rho^2} u_2$。则随机变量 y_1 和 y_2 的联合概率密度函数可表示为

$$
\begin{aligned}
f_{y_1 y_2} &= \frac{f_{u_1 u_2}}{|J(u_1, u_2)|}\Bigg|_{\substack{u_1 = g_1^{-1}(y_1, y_2) \\ u_2 = g_2^{-1}(y_1, y_2)}} \\
&= \frac{f_{u_1} f_{u_2}}{\sqrt{1-\rho^2}}\Bigg|_{\substack{u_1 = g_1^{-1}(y_1, y_2) \\ u_2 = g_2^{-1}(y_1, y_2)}} \\
&= \frac{1}{2\pi\sqrt{1-\rho^2}} \exp\left\{\frac{-1}{2(1-\rho^2)}[y_1^2 - 2\rho y_1 y_2 + y_2^2]\right\}
\end{aligned} \qquad (7-18)
$$

上述式中：$f_{y_1 y_2}$ 为 y_1 和 y_2 的联合概率密度函数，$f_{u_1 u_2}$ 是 u_1、u_2 的联合概率密度函数，f_{u_1} 和 f_{u_2} 分别是 u_1 和 u_2 的密度函数，$J(u_1, u_2)$ 是雅可比矩阵（Jacobi matrix），且

$$
|J(u_1, u_2)| = \begin{vmatrix} \dfrac{\partial y_1}{\partial u_1} & \dfrac{\partial y_1}{\partial u_2} \\ \dfrac{\partial y_2}{\partial u_1} & \dfrac{\partial y_2}{\partial u_2} \end{vmatrix} = \begin{vmatrix} 1 & 0 \\ \rho & \sqrt{1-\rho^2} \end{vmatrix} = \sqrt{1-\rho^2}
$$

则状态变量 x_1、x_2 的联合概率密度函数 $f_{x_1 x_2}$ 为

$$
\begin{aligned}
f_{x_1 x_2} &= \frac{f_{y_1 y_2}}{|J(y_1, y_2)|}\Bigg|_{\substack{y_1 = \frac{x_1 - \mu_1}{\sigma_1} \\ y_2 = \frac{x_2 - \mu_2}{\sigma_2}}} = \frac{f_{y_1 y_2}}{\sigma_1 \sigma_2}\Bigg|_{\substack{y_1 = \frac{x_1 - \mu_1}{\sigma_1} \\ y_2 = \frac{x_2 - \mu_2}{\sigma_2}}} \\
&= \frac{1}{2\pi\sigma_1\sigma_2\sqrt{1-\rho^2}} \exp\left\{\frac{-1}{2(1-\rho^2)}\left[\left(\frac{x_1 - \mu_1}{\sigma_1}\right)^2 - 2\rho\left(\frac{x_1 - \mu_1}{\sigma_1}\right)\left(\frac{x_2 - \mu_2}{\sigma_2}\right) + \left(\frac{x_2 - \mu_2}{\sigma_2}\right)^2\right]\right\}
\end{aligned}
$$

$$(7-19)$$

从式（7-19）可知，状态变量函数的联合概率密度函数 $f_{x_1 x_2}$ 服从双变量高斯

分布，三维空间中联合概率密度函数如图 7-16 所示。

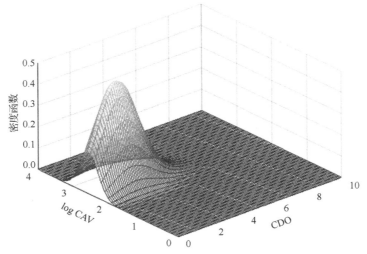

图 7-16　状态变量的联合概率密度函数

7.2.4.4　极限状态函数估计

支持向量机是一种通过超平面对数据进行两类分类的统计分类算法。在可靠性分析中，极限状态函数（LSF）作用与 SVM 中的超平面相似，因此在本节中采用 SVM 模型对状态空间的极限状态函数 $G(x) = 0$ 进行估计。

设一组训练数据 $(X_1, l_1), (X_2, l_2), \cdots, (X_N, l_N)$，其中 $X = [x_1, x_2]^T$ 代表前述中由 CART 提取的状态变量组成的矩阵。$X_i = (x_{i1}, x_{i2}), i = 1, 2, \cdots, N$，代表训练集中第 i 个样本。$l_i \in \{-1, 1\}$，$l_i = -1$ 表示该数据属于事故数据，$l_i = 1$ 表示该数据属于非事故数据。

根据 SVM 中对于超平面方程的描述，极限状态函数可表示为

$$G(x) = w \cdot h(x) + b \tag{7-20}$$

式中：w 是极限状态平面的法向量；$h(x)$ 是映射函数，将数据映射到高维空间中；b 是常数。

可将 LSF 求解问题看作为以最大裕度（maximum margin）为目标的优化问题。通过引入拉格朗日算子，优化问题相应的对偶二次规划问题为

$$\begin{cases} \min_{\alpha} \dfrac{1}{2} \sum_{i=1}^{N} \sum_{j=1}^{N} l_i l_j \alpha_i \alpha_j (h(X_i) \cdot h(X_j)) - \sum_{i=1}^{N} \alpha_i \\ \text{s.t.} \ \sum_{i=1}^{N} l_i \alpha_i = 0 \\ \alpha_i \geqslant 0, \quad i = 1, 2, \cdots, N \end{cases} \tag{7-21}$$

对上述对偶问题进行求解[225]，得到 $\alpha_i (i = 1, 2, \cdots, N)$ 的取值，则 LSF 的参数估计为

$$w = \sum_{i=1}^{N} \alpha_i l_i h(X_i), \quad b = \frac{1}{n_{SV}} \left[\sum_{i=1}^{N} l_i - \sum_{i=1}^{N} \sum_{j=1}^{N} l_j \alpha_j (h(X_i) \cdot h(X_j)) \right] \quad (7\text{-}22)$$

式中：n_{SV} 是支持向量的数量，支持向量是离边界最近的向量，若 $\alpha_i > 0$，则向量 $X_i = (x_{i1}, x_{i2})$ 是一个支持向量，α_i 可通过求解式（7-21）得到。LSF 最终表示为

$$G(x) = \sum_{i=1}^{N} \alpha_i l_i h(X_i) h(X) + b = \sum_{i=1}^{N} \alpha_i l_i K(X_i, X) + b \quad (7\text{-}23)$$

式中：$K(X_i, X)$ 为核函数。在本节中，采用线性核函数，即

$$K(X_i, X) = X_i^{\mathrm{T}} X \quad (7\text{-}24)$$

在本节中，70%的数据组成训练数据集，用于 $f_x(x)$ 和 LSF 的参数估计，根据式（7-23）和式（7-24），LSF 方程如下式所示：

$$G(x) = -0.6617 x_1 - 1.6551 x_2 + 6.5076 \quad (7\text{-}25)$$

LSF 方程描述了提取状态特征变量［即占有率标准方差（CDO）和流量均值取对数值（log CAV）］对交通事故风险的影响：当占有率和流量越大，越容易发生交通事故。图 7-17（a）和（b）分别描绘了三维空间和二维空间中的极限状态函数的空间示意图。在图 7-17（a）中可以非常直观地得出 LSF：$G(x) = 0$ 也服从高斯分布；在图 7-17（b）中，LSF 将状态空间划分为两个区域，即安全域和非安全域。区域的划分为 7.2.4.5 节计算可靠度指数 β 和预测交通事故风险奠定基础。

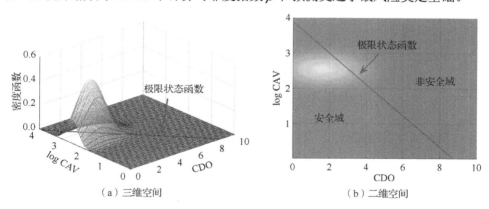

（a）三维空间　　　　　　　　　　（b）二维空间

图 7-17　极限状态函数的空间示意图

7.2.4.5　交通事故风险预测

根据结构可靠性分析理论中可靠性指数 β 的定义，β 是与失效概率 P_f 紧密相关的。可靠性指数 β 越大，则失效概率 P_f 越小。因此，失效概率 P_f 的求解问题可转化为可靠性指数 β 的求解问题。在本节中，采用基于表格的椭球方法[223]计算可

靠度指标 β。在图 7-18 中，稍大一些的椭圆，被称为 $1-\sigma$ 椭圆，对应的方程为 $(x-m)^T C^{-1}(x-m)=1$。通过训练数据集，状态变量的相关系数 ρ 为 0.1004。相关系数 ρ 的值表明两个状态变量并不是高度相关的，因此在图 7-18 中，$1-\sigma$ 椭圆的长半轴几乎与 x 坐标轴平行，没有发生偏转。与 LSF 相切的椭圆被称为关键椭圆，它是 $1-\sigma$ 椭圆缩小（或扩大）β 倍，LSF 与关键椭圆的切点为（3.2，2.47）。根据本节的试验数据，可靠性指数 β 的值为 1.3310，则事故概率 $P_f = \Phi(-\beta) = 0.0916$。此处的事故概率 P_f 是一个宏观统计量，而非单个交通事故的发生概率。可靠性指数 β 提供了一个新的视角去研究交通安全分析相关理论，在将来可以将靠性指数 β 进一步应用于交通安全评价中，例如将可靠性指数作为一个新的指标对交通安全等级进行分级，或者依据可靠性指数识别道路网络中事故黑点，即事故多发路段。

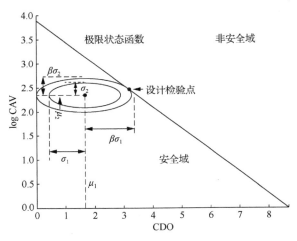

图 7-18　$1-\sigma$ 椭圆、关键椭圆和设计检验点

通过计算可靠度指标 β，对交通事故风险进行了宏观统计性评价。然而，仍需要对面向单个交通事故的交通事故风险进行实时分析。这里利用测试数据集（剩下的 30%的数据集）实现在线的交通事故风险预测。在将状态空间划分为安全域和非安全区域的基础上，当状态表征点满足 $G(x) \leqslant 0$，即状态表征点落在非安全区域时，表明系统处于危险状态，即有可能发生交通事故；当满足 $G(x) > 0$ 时，即状态表征点落在安全区域内，表明交通系统处在安全区域，发生交通事故的概率较小，交通事故风险预测结果示意图如图 7-19 所示。在测试集合中，132 个事故数据和 317 个非事故数据被用来检验模型的性能。如表 7-7 所示，交通可靠性模型判别交通运行安全状态总体正确率为 84.41%，对于事故数据正确率为 78.79%，对于非事故正确率为 86.75%。此外，为了说明交通可靠性模型的优越性，

将交通事故风险预测中最常用的贝叶斯逻辑回归模型（Bayesian logistic regression model）与本节提出的交通可靠性模型进行试验对比，对比结果如表 7-7 所示。可以得出，在非事故数据分类中两个模型的准确率几乎相等，但是在事故数据分类中交通可靠性模型的分类结果明显要优于贝叶斯逻辑回归模型的分类结果，总体上交通可靠性模型要优于贝叶斯逻辑回归模型。此外，结果证明了利用可靠性分析模型对交通事故风险预测是可行的，而且预测准确度在一个可接受的范围内。

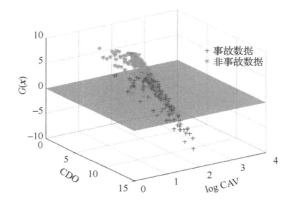

图 7-19　交通事故风险预测结果示意图

表 7-7　两种交通事故风险预测模型对比结果

交通可靠性模型			贝叶斯逻辑回归模型		
事故数据	非事故数据	准确率/%	事故数据	非事故数据	准确率/%
104	42	78.79	71	40	53.78
28	275	86.75	61	277	87.38

7.2.5　小结

本节提出了一种基于可靠性理论的交通可靠性模型，并将交通可靠性模型应用到城市道路交通事故风险预测中。

首先，在对交通系统运行状态进行观测时，提取了 6 个统计量作为表征交通系统运行状态的观测变量。利用 CART 模型对 6 个观测变量进行处理，提取了两个变量，即 CDO 和 log CAV 作为交通可靠性模型的输入变量。

其次，为了估计状态空间的联合概率密度函数，用 5 个常用的分布函数对状态变量的观测数据进行拟合，结果表明 CDO 和 log CAV 均服从正态分布。在此基础上，给出了交通运行安全状态空间的联合概率密度函数的数学推导过程，得到该函数是一个双变量的正态分布函数。

再次，基于 SVM 模型对极限状态函数进行估计。极限状态函数将状态空间划分成两个区域：安全域和非安全域。

最后，利用历史数据计算出可靠性指数，对道路交通事故风险进行综合评价，同时基于 LSF 方程实现交通事故风险实时预测。

此外，对比分析了交通可靠性模型和贝叶斯逻辑回归模型在交通运行安全预测中的性能。试验结果表明，本节提出的交通可靠性模型预测准确率较高，将可靠性理论应用到交通事故风险分析中是切实可行的。

参 考 文 献

[1] 北京交通发展研究院. 2015 年北京交通发展年报[DB/OL]. [2015-10-25] http://www.bjtrc.org.cn/JGJS.aspx?id= 5.2&Menu =GZCG.

[2] 北京交通发展研究院. 2016 年北京交通发展年报 [DB/OL]. [2016-12-28]http://www.bjtrc.org.cn/ JGJS.aspx?id=5.2&Menu =GZCG.

[3] 孙秩轩. 基于数据挖掘的道路交通事故分析研究[D]. 北京: 北京交通大学, 2014.

[4] 刘昕宇. 基于数据挖掘的道路交通事故序列模式与严重程度预测研究[D]. 北京: 北京交通大学, 2016.

[5] CHEN Y, LIU M. Predicting real-time crash risk for urban expressways in China[J]. Mathematical Problems in Engineering, 2017(2017): 1-10.

[6] 吴刚. 高速公路交通流预测及事故预警方法研究[D]. 天津: 天津大学, 2014.

[7] 江永生. 基于交通流因素的城市道路交通事故分析预测研究[D]. 西安: 西安建筑科技大学, 2009.

[8] 龙建成. 城市道路交通拥堵传播规律及消散控制策略研究[D].北京: 北京交通大学, 2009.

[9] 吴建军, 高自友, 孙慧君, 等. 城市交通系统复杂性: 复杂网络方法及其应用[M]. 北京: 科学出版社, 2010.

[10] 荣力锋. 基于复杂网络理论的城市道路交通网络演化规律研究[D]. 成都: 西南交通大学, 2014.

[11] DUCRUET C, LUGO I. Structure and dynamics of transportation network: Models, methods and applications [M]. The SAGE Handbook of Transport Studies, SAGE, 2013: 347-364.

[12] MUKHERJEE S. Statistical analysis of the road network of India [J]. Pramana-Journal of Physics, 2012, 79(3):483-491.

[13] 赵玲. 城市道路网络结构分析及其对交通流的影响研究[D]. 长沙: 中南大学, 2013.

[14] MASUCCI A P, STANILOV K, BATTY M. Exploring the evolution of London's street network in the information space: A dual approach [J]. Physical Review E, 2014, 89: 012805.

[15] 吴洲豪. 基于对偶拓扑的城市路网复杂性案例研究[D]. 西安: 长安大学, 2014.

[16] JIANG B, CLARAMUNT C. Topological analysis of urban street networks [J]. Environment & Planning B Abstract, 2004, 31(1):151-162.

[17] KALAPALA V, SANWALANI V, CLAUSET A, et al. Scale invariance in road networks [J]. Physical Review E, 2006, 73(2 pt 2):88-99.

[18] 高中华, 李满春, 陈振杰, 等. 城市道路网络的小世界特征研究[J]. 地理与地理信息科学, 2007, 23(4): 97-102.

[19] 王雪. 基于复杂网络理论的城市路网特性研究[D]. 西安: 长安大学, 2014.

[20] MASUCCI A P, SMITH D, CROOKS A, et al. Random planar graphs and the London street network[J]. The European Physical Journal B, 2009, 71(2):259-271.

[21] ZHAO S, ZHAO P, CUI Y. A network centrality measure framework for analyzing urban traffic flow: A case study of Wuhan, China[J]. Physica A Statistical Mechanics & Its Applications, 2017, 478:143-157.

[22] 马春宇. 复杂网络理论及其在交通网络中的应用[D]. 沈阳: 东北大学, 2010.

[23] 张尊栋. 道路交通网络多模态动态性建模研究[D]. 北京: 北京交通大学, 2010.

[24] TIAN Z, JIA L, DONG H, et al. Analysis of Urban road traffic network based on complex network [J]. Procedia Engineering, 2016, 137:537-546.

[25] WATTS D J, STROGATZ S H. Collective dynamics of 'small-world' networks[J]. Nature, 1998, 393:440-442.

[26] BARABáSI A L, ALBERT R. Emergence of scaling in random network[J]. Science, 1999, 286: 509-512.

[27] 任晓龙, 吕琳媛. 网络重要节点排序方法综述[J]. 科学通报, 2014, 59(12): 1175-1197.

[28] 刘建国, 周涛, 汪秉宏. 个性化推荐系统的研究进展[J]. 自然科学进展, 2009, 19:1-15.

[29] BURT R S, MINOR M J. Applied network analysis: A methodological introduction[J]. Canadian Journal of Sociology, 1983, 63(3): 856-858.

[30] BONACICH P. Factoring and weighting approaches to status scores and clique identification[J]. The Journal of Mathematical Sociology, 1972, 2: 113-120.

[31] KITSAK M, GALLOS L K, HAVLIN S, et al. Identification of influential spreaders in complex networks[J]. Nature Physics, 2010, 6(11):888-893.

[32] 汪小帆, 李翔, 陈关荣. 网络科学导论[M]. 北京: 高等教育出版社, 2012.

[33] GAO C, LAN X, ZHANG X, et al. A bio-inspired methodology of identifying influential nodes in complex networks[J]. Plos One, 2013, 8(6):e66732.

[34] GARAS A, SCHWEITZER F, HAVLIN S. A k-shell decomposition method for weighted networks[J]. New Journal of Physics, 2012, 14(8):083030.

[35] HAGE P, HARARY F. Eccentricity and centrality in networks[J]. Social Networks, 1995, 17(1):57-63.

[36] FREEMAN L C. Centrality in social networks conceptual clarification[J]. Social Networks, 1978, 1(3):215-239.

[37] EVERETT M G, BORGATTI. S P. The centrality of groups and classes[J]. The Journal of Mathematical Sociology, 1998, 23(3):181-201.

[38] ESTRADA E, RODRÍGUEZVELÁZQUEZ J A. Subgraph centrality in complex networks[J]. Physical Review E Statistical Nonlinear & Soft Matter Physics, 2005, 71(2):056103.

[39] FREEMAN L C, BORGATTI S P, White D R. Centrality in valued graphs: A measure of betweenness based on network flow[J]. Social Networks, 1991, 13(2):141-154.

[40] ESTRADA E, HATANO N. Communicability in complex networks[J]. Physical Review E Statistical Nonlinear & Soft Matter Physics, 2008, 77(3 Pt 2):036111.

[41] ESTRADA E, HIGHAM D J, HATANO N. Communicability betweenness in complex networks[J]. Physica A Statistical Mechanics & Its Applications, 2009, 388(5):764-774.

[42] NEWMAN M E J. A measure of betweenness centrality based on random walks[J]. Social Networks, 2005, 27(1):39-54.

[43] SERGEY B, LAWRENCE P. The anatomy of a large-scale hypertextual Web search engine[J]. Computer Networks, 1999, 56(18):3825-3833.

[44] KIM S J, LEE S H. An improved computation of the PageRank algorithm[C]// Proceedings of the 24th BCS-IRSG European Colloquium on IR Research: Advances in Information Retrieval. Springer-Verlag, 2002:73-85.

[45] LI Q, ZHOU T, LÜ L, et al. Idendiying influential spreaders by weighted LeaderRank[J], Physica A, 2014, 404:47-55.

[46] POULIN R, BOILY M C, MÂSSE B R. Dynamical systems to define centrality in social networks[J]. Social Networks, 2000, 22(3):187-220.

[47] 孙睿, 罗万伯. 网络舆论中节点重要性评价方法综述[J]. 计算机应用研究, 2012, 29(10): 3606-3608.

[48] 李鹏翔, 任玉晴, 席酉民. 网络节点（集）重要性的一种度量指标[J]. 系统工程, 2004, 22:13-20.

[49] 陈勇, 胡爱群, 胡啸. 通信网中节点重要度评估的节点收缩方法[J]. 系统工程理论与实践, 2006, 26:79-83.

[50] SULLIVAN J L, NOVAK D C, AULTMAN-HALL L, et al. Identifying critical road segments and measuring system-wide robustness in transportation networks with isolating links: A link-based capacity-reduction approach[J]. Transportation Research Part A Policy & Practice, 2010, 44(5):323-336.

[51] SHEN H F, JIA L M, WANG X J, et al. Evaluation indexes and identification method of key nodes based on structural characteritics of road network[J]. Journal of Highway and Transportation Research and Development, 2012, 29(9): 138-142.

[52] 洪增林, 刘冰砚, 张亚培. 复杂网络在交通网络节点重要度评估中的应用[J]. 西安工业大学学报, 2014, 34(5): 404-410.

[53] 张勇, 屠宁雯, 姚林泉. 城市道路交通网络脆弱性辨识方法[J]. 中国公路学报, 2013, 26(4): 154-161.

[54] 赵妍, 李华, 王方. 基于 k-shell 的城市路网关键路段识别方法[J]. 系统工程, 2014, 32(5): 105-110.

[55] 张喜平, 李永树, 刘刚, 等. 城市复杂交通网络道路重要性评估方法[J]. 复杂系统与复杂性科学, 2015, 12(3): 7-13.

[56] 邱世崇, 陆百川, 马庆禄, 等. 基于时空特性分析和数据融合的交通流预测[J]. 武汉理工大学学报(信息与管理工程版), 2015(2):156-160.

[57] 吴建军, 徐尚义, 孙会君. 混合交通流时间序列的去趋势波动分析[J]. 物理学报, 2011, 60(1):800-806.

[58] 梁中军. 基于时空相关分析的短时交通流量预测方法研究[D]. 重庆: 重庆邮电大学, 2010.

[59] 赵婷婷, 张毅, 周彧, 等. 城市路网交通流的空间互相关性[J]. 清华大学学报(自然科学版), 2011(3):313-317.

[60] YANG Y, QIN Y, LI X, et al. Correlation patterns of highway segment travel times[C]//Transportation Research Board Annual Meeting, Washington DC, 2015.

[61] 刘康, 段滢滢, 陆锋. 基于拓扑与形态特征的城市道路交通状态空间自相关分析[J]. 地球信息科学学报, 2014, 16(3):390-395.

[62] 邹海翔, 乐阳, 李清泉. 城市交通状态的空间依赖性和异质性分析[J]. 城市交通, 2015(3):9-16.

[63] GAO P, LIU Z, TIAN K, et al. Characterizing traffic conditions from the perspective of spatial-temporal heterogeneity[J]. ISPRS International Journal of Geo-Information, 2016, 5(3):34.

[64] ERMAGUN A, CHATTERJEE S, LEVINSON D. Using temporal detrending to observe the spatial correlation of traffic[J]. Plos One, 2017, 12(5): e0176853.

[65] 田保慧, 郭彬. 基于时空特征分析的短时交通流预测模型[J]. 重庆交通大学学报(自然科学版), 2016, 35(3):105-109.

[66] 曾嵘. 基于时空关联状态的多路段断面短时交通量预测模型研究[D]. 西安: 长安大学, 2012.

[67] XING T, ZHOU X. Finding the most reliable path with and without link travel time correlation: A lagrangian substitution based approach[J]. Transportation Research Part B Methodological, 2011, 45(10):1660-1679.

[68] ZOCKAIE A, NIE Y, WU X, et al. Impacts of correlations on reliable shortest path finding: A simulation-based study[J]// Transportation Research Record: Journal of the Transportation Research Board. 2013,2: 1-9.

[69] CHEN B Y, WILLIAM H, LAM K, et al. Reliable shortest path finding in stochastic networks with spatial correlated link travel times[J]. International Journal of Geographical Information Science, 2012, 26(2):365-386.

[70] RAN B, TAN H, WU Y, et al. Tensor based missing traffic data completion with spatial-temporal correlation[J]. Physica A Statistical Mechanics & Its Applications, 2016, 446(8):54-63.

[71] LI L, LI Y, LI Z. Efficient missing data imputing for traffic flow by considering temporal and spatial dependence[J]. Transportation Research Part C Emerging Technologies, 2013, 34(9):108-120.

[72] WALIM, LAURAW. Real-time road traffic prediction with spatio-temporal correlaitons[J]. Transportation Research Part C, 2011, 19(4):606-616.

[73] ERMAGUN A, LEVINSON D. Spatiotemporal traffic forecasting: Review and proposed directions[J]. Transport Reviews, 2018, 38(6): 1-29.

[74] YANG Y. Spatial-temporal dependency of traffic flow and its implications for short-term traffic forcasting[D]. Hong Kong: The University of Hong Kong, 2006.

[75] HEAD K L. Event-based short-term traffic flow prediction model[J]. Transportation Research Record, 1995, 1510: 45-52.

[76] MESSER C, THOMAS URBANIK I I. Short-term freeway traffic volume forecasting using radial basis function neural network[J]. Transportation Research Record Journal of the Transportation Research Board, 1998, 1651(1):39-47.

[77] STATHOPOULOS A, KARLAFTIS M G. A multivariate state space approach for urban traffic flow modeling and prediction[J]. Transportation Research Part C Emerging Technologies, 2003, 11(2):121-135.

[78] LINT J W C V, HOOQENDOORN S P, ZUVLEN H J V. Freeway travel time prediction with state-space neural networks: Modeling state-space dynamics with recurrent neural networks[J]. Transportation Research Record Journal of the Transportation Research Board, 2002, 1811(1):347-369.

[79] LINT J W C V. Reliable real-time framework for short-term freeway travel time prediction[J]. Journal of Transportation Engineering, 2006, 132(12):921-932.

[80] JIANG H, ZOU Y, ZHANG S, et al. short-term speed prediction using remote microwave sensor data: Machine learning versus statistical model[J]. Mathematical Problems in Engineering, 2016(1965):1-13.

[81] DJURIC N, RADOSAVLJEVIC V, CORIC V, et al. Travel speed forecasting by means of continuous conditional

random fields[J]. Transportation Research Record Journal of the Transportation Research Board, 2011 (2263): 131-139.

[82] 常刚, 张毅, 姚丹亚. 基于时空依赖性的区域路网短时交通流预测模型[J]. 清华大学学报(自然科学版), 2013(2):215-221.

[83] CAI P, WANG Y, LU G, et al. A spatiotemporal correlative k-nearest neighbor model for short-term traffic multistep forecasting[J]. Transportation Research Part C Emerging Technologies, 2016, 62:21-34.

[84] LEVINA M, TSAO Y D. On forecasting freeway occupancy and volumes[J]. Transportation Research Record: Journal of the Transportation Research Board, 1980, 773: 47-49.

[85] HAMED M M, AL-MASAEID H R, SAID Z M B. Short-term prediction of traffic volume in urban arterials[J]. Journal of Transportation Engineering, 1995, 121(3):249-254.

[86] WILLIAMS B M, HOEL L A. Modeling and forecasting vehicular traffic flow as a seasonal ARIMA process: Theoritical basis and empirical results[J]. Journal of Transportation Engineering, 2003, 129(6):664-672.

[87] KUMAR S V, VANAJAKSHI L. Short-term traffic flow prediction using seasonal ARIMA model with limited input data[J]. European Transport Research Review, 2015,7: 21.

[88] KAMARIANAKIS Y, PRASTACOS. P. Forcasting traffic flow conditions in a urban network-comparison of multivariate and univariate approaches[J]. Transportation Research Record: Journal of the Transportation Research Board, 2003, 1857: 74-84.

[89] VILLIAMS B M, Multivariate vehicular traffic flow prediction-evaluationg of ARIMAX modeling [J]. Transportation Research Record: Jouranl of the Transportation Research Board, 2001,1776: 194-200.

[90] LEE S, FAMBRO D. Application of subset autogressive integrated moving average model for short-term freeway traffic volume forecasting[J]. Transportation Research Record: Journal of the Transportation Research Board, 1999, 1678: 179-188.

[91] NICHOLSON H, SWANN D C. The prediction of traffic flow volumes based on spectral ananlysis[J]. Transportation Research Record: Journal of the Transportation Research Board, 1974, 8(6):533-538.

[92] GHOSH B, BASU B, O'MAHONY M. Multivariate short-Term traffic flow forecasting using time-series analysis[J]. IEEE Transactions on Intelligent Transportation Systems, 2009, 10(2):246-254.

[93] OKUTANI I, STEPHANEDES Y J. Dynamic prediction of traffic volume through Kalman filtering theory[J]. Transportation Research Part B, 1984, 18(1):1-11.

[94] WANG Y, PAPAGEORGIOU M. Real-time freeway traffic state estimation based on extended Kalman filter: A general approach[J]. Transportation Research Part B Methodological, 2005, 39(2):141-167.

[95] 石曼曼. 基于卡尔曼滤波的短时交通流预测方法研究[D]. 成都: 西南交通大学, 2012.

[96] 董春娇, 邵春福, 周雪梅, 等. 基于交通流参数相关的阻塞流短时预测卡尔曼滤波算法[J]. 东南大学学报(自然科学版), 2014, 44(2):413-419.

[97] YU G J, ZHANG C, ZHUANG L et al. Short-term traffic flow forecasting based on Markov chain model[C]// IEEE IV2003 Intelligent Vehicles Symposium. Proceedings, Columbus, 2003: 203-212.

[98] 丁栋, 朱云龙, 库涛, 等. 基于影响模型的短时交通流预测方法[J]. 计算机工程, 2012, 38(10):164-167.

[99] GHOSH B, BASU B, O'MAHONY M. Bayesian time-series model for short-term traffic flow forecasting[J]. Journal of Transportation Engineering, 2007, 133(3):180-189.

[100] SUN S, ZHANG C, YU G. A bayesian network approach to traffic flow forecasting[J]. IEEE Transactions on Intelligent Transportation Systems, 2006, 7(1):124-132.

[101] DAVIS G A, NIHAN N L, Nonparametric regression and short-term freeway traffic forecasting[J]. Journal of Transportation Engineering, 1991, 117(2): 178-188.

[102] CHANG H, LEE Y, YOON B et al., Dynamic near-term traffic flow prediction: System oriented approach based on past experiences[J]. IET Intelligent Transport systems, 2012, 6(3): 292-305.

[103] 于滨, 郜珊华, 王明华, 等. K 近邻短时交通流预测模型[J]. 交通运输工程学报, 2012, 12(2):109-115.

[104] 谢海红, 戴许昊, 齐远. 短时交通流预测的改进 K 近邻算法[J]. 交通运输工程学报, 2014(3):87-94.

[105] ZHANG Y, LIU Y. Traffic forecasting using least squares support vector machines[J]. Transportmetrica, 2009, 5(3):193-213.

[106] ASIF M T, DAUWELS J, CHONG Y G, et al. Spatiotemporal patterns in large-scale traffic speed prediction[J]. IEEE Transactions on Intelligent Transportation Systems, 2014, 15(2):794-804.

[107] 许子鑫. 基于支持向量机回归的短时交通流预测研究与实现[D]. 广州: 华南理工大学, 2012.

[108] ÇETINER B G, SARI M, BORAT O. A neural network based traffic-flow prediction model[J]. Mathematical & Computational Applications, 2010, 15(2):269-278.

[109] QUEK C, PASQUIER M, LIM B B S. POP-TRAFFIC: A novel fuzzy neural approach to road traffic analysis and prediction[J]. IEEE Transactions on Intelligent Transportation Systems, 2006, 7(2):133-146.

[110] CHAN K Y, DILLON T S, SINGH J, et al. Neural-network-based models for short-term traffic flow forecasting using a hybrid exponential smoothing and levenberg–marquardt algorithm[J]. IEEE Transactions on Intelligent Transportation Systems, 2012, 13(2):644-654.

[111] 李松, 刘力军, 解永乐. 遗传算法优化 BP 神经网络的短时交通流混沌预测[J]. 控制与决策, 2011, 26(10):1581-1585.

[112] 关伟, 蔡晓蕾. 城市环路交通流实时滚动预测实用模型[J]. 交通运输系统工程与信息, 2006, 6(4):13-17.

[113] CHROBOK R, POTTMEIER A, MARINÓSSON S F, et al. On-line Simulation and traffic forecast: Applications and results[C]// Internet, Multimedia Systems and Applications. 2002:113-118.

[114] 吴楠. 基于仿真的交通运行状态预测与评价方法研究[D]. 昆明: 昆明理工大学, 2013.

[115] KAN S, SUN L. A traffic system performance prediction model based on microscopic traffic simulation and short-term traffic volume prediction[J]. Journal of Tongji University, 2008, 36(11).

[116] 贺国光, 马寿峰. 基球小波分解与重构的交通流短时预测法[J]. 系统工程理论与实践, 2002, 22(9):101-106.

[117] XIAO H, SUN H, RAN B. Fuzzy-neural network traffic prediction framework with wavelet decomposition[J]. Transportation Research Record Journal of the Transportation Research Board, 2003, 1836: 16-20.

[118] 张亚平, 张起森. 尖点突变理论在交通流预测中的应用[J]. 系统工程学报, 2000, 15(3):272-276.

[119] 王科伟, 徐志红. 基于混沌时间序列的道路断面短时交通流预测模型[J]. 交通运输工程与信息学报, 2010, 8(1):70-74.

[120] 张慧永. 基于贝叶斯网络的交通事故态势研究[D]. 长春: 吉林大学, 2013.

[121] ATKINS R M, TURNER W H, DUTHIE R B, et al. Injuries to pedestrians in road traffic accidents[J]. Bmj, 1988, 297(6661):1431-1434.

[122] LEFLER D E, GABLER H C. The fatality and injury risk of light truck impacts with pedestrians in the United States[J]. Accid Anal Prev, 2004, 36(2):295-304.

[123] 刘建齐, 陈兰, 刘建武. 道路交通事故预测中的灰色预测 GM(1,1)模型[J]. 广西交通科技, 2003, 28(4):106-109.

[124] 卫丽君. 基于 GM-BP 模型的交通事故预测[D]. 西安: 西安科技大学, 2011.

[125] OH C, OH J, RITCHIE S,et al. Real time estimation of freeway accident likelihood[C]// Proceedings of the 80th Annual Meeting of Transportation Research Board, Washington, DC, USA, 2001.

[126] OH J S, OH C, RITCHIE S G, et al. Real-time estimation of accident likelihood for safety enhancement[J]. Journal of Transportation Engineering, 2005, 131(5):358-363.

[127] OH C, OH J S, RITCHIE S G. Real-time hazardous traffic condition warning system: framework and evaluation[J]. IEEE Transactions on Intelligent Transportation Systems, 2015, 6(3):265-272.

[128] LEE C, SACCOMANNO F, HELLINGA B. Analysis of crash precursors on instrumented freeways[J]. Transportation Research Record Journal of the Transportation Research Board, 2002, 1784:1-8.

[129] ABDEL-ATY M, PANDE A. Classification of real-time traffic speed patterns to prediction crashes on freeways[C]// In Proceedings of the 83th Annual Meeting of Transportation Research Board, Washington, DC, USA, 2004.

[130] ABDEL-ATY M, UDDIN N, PANDE A, et al. Predicting freeway crashes from loop detector data by matched

case-control logistic regression[J]. Transportation Research Record Journal of the Transportation Research Board, 2004, 1897(1):88-95.

[131] PANDE A, ABDEL-ATY M. Assessment of freeway traffic parameters leading to lane-change related collisions[J]. Accident Analysis & Prevention, 2006, 38(5):936-948.

[132] HOSSAIN M, MUROMACHI Y. Understanding crash mechanisms and selecting interventions to mitigate real-time hazards on urban expressways[J]. Transportation Research Record Journal of the Transportation Research Board, 2011, 2213(-1):53-62.

[133] XU C, LIU P, WANG W, et al. Evaluation of the impacts of traffic states on crash risks on freeways[J]. Accident Analysis and Prevention, 2012, 47: 162-171.

[134] SUN B, DONG D, LIU S. Bayesian belief net model-based traffic safety analysis on the freeway environment[C]// Proceedings of the 5th International Conference on Transportation Engineering . Dalian,　September 2015: 2754-2760.

[135] SHI Q, ABDELATY M, YU R. Multi-level Bayesian safety analysis with unprocessed automatic vehicle Identification data for an urban expressway[J]. Accident analysis and prevention, 2015, 88:68-76.

[136] STEINHAEUSER, K, CHAWLA, N V, GANGULY, A. R. Complex networks as a unified framework for descriptive analysis and predictive modeling in climate science[J]. Statistical Analysis and Data Mining, 2010, 4(5): 497-511.

[137] GUEZ O, GOZOLCHIANI A, BEREZIN Y, et al. Climate network structure evolves with North Atlantic Oscillation phases[J]. Europhysics Letters, 2012.98(3):1-5.

[138] MARTIN R L, Oeppen J E. The identification of regional forecasting models using space-time correlation functions [J]. Transactions of the Institute of British Geographers, 1975, 66: 95-118.

[139] BOX G, JENKINS G. Time series analysis: Forecasting and control [M]. San Francisco: Wiley, 1976:256-268.

[140] TSONIS, A A, ROEBBER, P J. The architecture of the climate network[J]. Physica A, 2004，333, 497-504.

[141] DONGES J F, ZOU Y, MARWAN N, et al. Complex networks in climate dynamics[J]. The European Physical Journal Special Topics, 2009, 174(1):157-179.

[142] BOND C F, RICHARDSON K. Seeing the fisher z-transformation [J]. Psychometrika, 2004, 69(2): 291-303.

[143] AGRYZKOV T, OLIVER J L, Tortosa L, et al. An algorithm for ranking the nodes of an urban network based on the concept of PageRank vector [J]. Applied Mathematics and Computation. 2012, 219: 2186-2193.

[144] AGRYZKOV T, TORTOSA L, VICENT J F. New highlights and a new centrality measure based on the adapted pagerank algorithm for urban networks [J]. Applied Mathematics and Computation. 2016, 291: 14-29.

[145] QUARTERONI A, SACCO R, SALERI F. Numerical mathematics [M]. Berlin: Springer, 2007: 192-202.

[146] 吴建军. 城市交通网络拓扑结构复杂性研究[D]. 北京: 北京交通大学, 2008.

[147] 赵月, 杜文, 陈爽.复杂网络理论在城市交通网络分析中的应用[J]. 城市交通, 2009(1):57-65.

[148] FREEMAN L C. Centrality in social networks conceptual clarification[J]. Social Networks, 1979, 1: 215-239.

[149] Freeman L C. A set of measures of centrality based on betweenness[J]. Sociometry, 1977, 40(1):35-41.

[150] 李朴, 武子晗. 基于复杂网络理论的城市轨道交通网络结构特性[J]. 都市快轨交通, 2014, 27(5):35-38.

[151] 郭亚军. 综合评价理论、方法及应用[M]. 北京: 科学出版社, 2007:14-29.

[152] 于会, 刘尊, 李勇军. 基于多属性决策的复杂网络节点重要性综合评价方法[J]. 物理学报, 2013, 62(2): 46-54.

[153] 罗二平, 龚志文. 关于主成分分析的 TOPSIS 法在产瓷区区域创新能力评价中的应用[J]. 企业经济, 2007 (7) :32-34.

[154] 钱吴永, 党耀国, 熊萍萍, 等. 基于灰色关联定权的 TOPSIS 法及其应用[J]. 系统工程, 2009 (8) :124-126.

[155] 吴智诚, 张江山, 陈盛. 基于熵权法赋权的 TOPSIS 法评价水体营养类型[J]. 水利科技, 2007 (1) :22-24.

[156] 陈明. MATLAB 神经网络原理与实例精解[M]. 北京：清华大学出版社, 2013: 189-204.

[157] POWELL M J D. Radial basis functions for multivariable approximation: a review[J]. Algorithms for Approximation, 1987:143-167.

[158] 梁斌梅, 韦琳娜. 改进的径向基函数神经网络预测模型[J]. 计算机仿真, 2009, 26 (11) :191-194.

[159] 任婧婧, 王华奎, 谢印庆. 基于 ROLS 的径向基函数神经网络实现数字调制自动识别[J]. 科技情报开发与经济, 2006, 16(13):181-183.

[160] 庞振, 徐蔚鸿. 一种基于改进k-means的RBF神经网络学习方法[J]. 计算机工程与应用, 2012, 48(11):161-163.

[161] 杨盛春, 贾林祥. 神经网络内监督学习和无监督学习之比较[J]. 江苏建筑职业技术学院学报, 2006, 6(3):55-58.

[162] PAN T L, SUMALEE A, ZHONG R X et al. Short-term traffic state prediction base on temporal-spatial correlation[J]. IEEE Transactions on Intelligent Transportation Systems. 2013,14(3):1242-1256.

[163] MA X, GAO L, YONG X, et al. Semi-supervised clustering algorithm for community structure detection in complex networks[J]. Physica A Statistical Mechanics & Its Applications, 2010, 389(1):187-197.

[164] JIN H, WANG S, Li C. Community detection in complex networks by density-based clustering[J]. Physica A Statistical Mechanics & Its Applications, 2013, 392(19):4606-4618.

[165] GONG M, LIU J, MA L, et al. Novel heuristic density-based method for community detection in networks[J]. Physica A Statistical Mechanics & Its Applications, 2014, 403(6):71-84.

[166] LAI D, LU H, NARDINI C. Finding communities in directed networks by PageRank random walk induced network embedding[J]. Physica A Statistical Mechanics & Its Applications, 2010, 389(12):2443-2454.

[167] WANG W, LIU D, LIU X, et al. Fuzzy overlapping community detection based on local random walk and multidimensional scaling[J]. Physica A Statistical Mechanics & Its Applications, 2013, 392(24):6578-6586.

[168] WU F, HUBERMAN B A. Finding communities in linear time: a physics approach[J]. The European Physical Journal B, 2004, 38(2):331-338.

[169] ARTHUR D, VASSILVITSKII S. k-means++: the advantages of careful seeding[C]// Eighteenth Acm-Siam Symposium on Discrete Algorithms. Society for Industrial and Applied Mathematics, New Orleans, Louisiana, 2007:1027-1035.

[170] JIANG Y, JIA C, YU J. An efficient community detection method based on rank centrality[J]. Physica A Statistical Mechanics & Its Applications, 2013, 392(9):2182-2194.

[171] RODRIGUEZ A, LAIO A, Clustering by fast search and find of density peaks[J].Science, 2014, 344(6191): 1492-1496.

[172] LI Y, JIA C, YU J. A parameter-free community detection method based on centrality and dispersion of nodes in complex networks[J]. Physica A Statistical Mechanics & Its Applications, 2015, 438:321-334.

[173] MARTIN E, Hans-PETER K, JÖRG S et al. A density-based algorithm for discovering clusters in large spatial databases with noise [C] // Proceedings of the Second International Conference on Knowledge Discovery and Data Mining, Portland Oregon, 1996: 226-231.

[174] HU Y, LI M, ZHANG P, et al. Community detection by signaling on complex networks.[J]. Physical Review E Statistical Nonlinear & Soft Matter Physics, 2008, 78(2):016115.

[175] ZHENG X, CHEN W, WANG P, et al. Big Data for Social Transportation[J]. IEEE Transactions on Intelligent Transportation Systems, 2016, 17(3):620-630.

[176] 焦琴琴. 基于深度学习的路网短时交通流预测[D]. 西安: 长安大学, 2016.

[177] LECUN Y, BENGIO Y, HINTON G. Deep learning[J]. Nature, 2015, 521(7553):436-444.

[178] HUANG W, SONG G, HONG H, et al. Deep architecture for traffic flow prediction: deep belief networks with multitask learning[J]. IEEE Transactions on Intelligent Transportation Systems, 2014, 15(5):2191-2201.

[179] LV Y, DUAN Y, KANG W, et al. Traffic flow prediction with big data: a deep learning approach[J]. IEEE Transactions on Intelligent Transportation Systems, 2015, 16(2):865-873.

[180] POLSON N, SOKOLOV V. Deep learning predictors for traffic flows[J]. Transportation Research Part C Emerging Technologies, 2016, 79:1-17.

[181] 罗向龙, 焦琴琴, 牛力瑶, 等. 基于深度学习的短时交通流预测[J]. 计算机应用研究, 2017, 34(1):91-93.

[182] MA X, TAO Z, WANG Y, et al. Long short-term memory neural network for traffic speed prediction using remote microwave sensor data[J]. Transportation Research Part C Emerging Technologies, 2015, 54:187-197.

[183] POLSON N G, SOKOLOV V O. Deep learning for short-term traffic flow prediction[J]. Transportation Research Part C Emerging Technologies, 2017, 79:1-17.

[184] ZHAO Z, CHEN W, WU X, et al. LSTM network: a deep learning approach for short-term traffic forecast[J]. Iet Intelligent Transport Systems, 2017, 11(2):68-75.

[185] MA X, DAI Z, HE Z, et al. Learning traffic as images: A deep convolutional neural network for large-scale transportation network speed prediction[J]. Sensors (Basel, Switzerland), 2017, 17(4):185.

[186] PARK D, RILETT L R. Forecasting freeway link travel times with a multilayer feedforward neural network[J]. Computer-Aided Civil and Infrastructure Engineering, 2010, 14(5):357-367.

[187] LINT J W C V. Reliable real-time framework for short-term freeway travel time prediction[J]. Journal of Transportation Engineering, 2006, 132(12):921-932.

[188] ZHONG M, SHARMA S, LINGRAS P. Refining genetically designed models for improved traffic prediction on rural roads[J]. Transportation Planning & Technology, 2005, 28(3):213-236.

[189] ALECSANDRU C, ISHAK S. Hybrid model-based and memory-based traffic prediction system[J]. Transportation Research Record Journal of the Transportation Research Board, 2004, 1879(1):59-70.

[190] LEUNG Y. W. WANG Y.. An Orthogonal Genetic Algorithm with Quantization for Global Numerical Optimization[J]. IEEE Transactions on Evolutionary Computation. 2001,5(1):41-53.

[191] 江中央, 蔡自兴, 王勇. 求解全局优化问题的混合自适应正交遗传算法[J]. 软件学报, 2010, 21(6): 1296-1307.

[192] 张明, 冯坤, 江志农. 基于动态自学习阈值和趋势滤波的机械故障智能预警方法[J]. 振动与冲击, 2014, 33(24):8-14.

[193] 弓晋丽, 彭贤武. 城市道路交通流时间序列模式相似性分析[J]. 公路交通科技, 2013, 30(11):119-123.

[194] HINTON G E, SRIVASTAVA N, KRIZHEVSKY A, et al. Improving neural networks by preventing co-adaptation of feature detectors[J]. Computer Science, 2012, 3(4): 212-223.

[195] KINGMA D, BA J. Adam: A method for stochastic optimization[J]. Computer Science, 2014,1:1-15.

[196] SHI Q. Urban expressway safety and efficiency evaluation and improvement using big data[D]. Florida: University of Central Florida, 2014.

[197] CHANG G L, PARK S Y, PARACHA J. Intelligent transportation system field demonstration[J]. Transportation Research Record Journal of the Transportation Research Board, 2011, 2243(-1):55-66.

[198] SHI Q, Abdel-Aty M. Big Data applications in real-time traffic operation and safety monitoring and improvement on urban expressways[J]. Transportation Research Part C Emerging Technologies, 2015, 58:380-394.

[199] GUO F, WANG X, ABDELATY M A. Modeling signalized intersection safety with corridor-level spatial correlations.[J]. Accident Analysis & Prevention, 2010, 42(1):84-92.

[200] ASSAD M. Investigating the different characteristics of weekday and weekend crashes.[J]. Journal of Safety Research, 2013, 46(6):91-97.

[201] ZHENG Z, AHN S, MONSERE C M. Impact of traffic oscillations on freeway crash occurrences[J]. Accident Analysis and Prevention, 2010, 42(2):626.

[202] ABDEL-ATY M A, HASSAN H M, AHMED M, et al. Real-time prediction of visibility related crashes[J]. Transportation Research Part C Emerging Technologies, 2012, 24(9):288-298.

[203] LV L, TANG S, ZHAO H. Real-time highway traffic accident prediction based on the K-nearest neighbor method[C]// International Conference on Measuring Tecnology and Mechatronics Automation, Zhangjiajie, Hunan, April, 2009: 547-550.

[204] ABDEL-ATY M, PANDE A, DAS A, et al. Assessing safety on dutch freeways with data from infrastructure-based intelligent transportation systems[J]. Transportation Research Record Journal of the Transportation Research Board, 2008(2083): 153-161.

[205] KWON O H, RHEE W, YOON Y. Application of classification algorithms for analysis of road safety risk factor dependencies[J]. Accident Analysis & Prevention, 2015, 75:1.

[206] YU R, ABDEL-ATY M. Utilizing support vector machine in real-time crash risk evaluation[J]. Accident Analysis

and Prevention, 2013, 51(2):252.

[207] HOSSAIN M, MUROMACHI Y. Understanding crash mechanism on urban expressways using high-resolution traffic data[J]. Accident Analysis & Prevention, 2013, 57C(3):17.

[208] AHMED M M, ABDEL-ATY M A. The viability of using automatic vehicle identification data for real-time crash prediction[J]. IEEE Transactions on Intelligent Transportation Systems, 2012, 13(2):459-468.

[209] LIN L, WANG Q, SADEK A W. A novel variable selection method based on frequent pattern tree for real-time traffic accident risk prediction[J]. Transportation Research Part C Emerging Technologies, 2015, 55:444-459.

[210] 张媛. 基于案例域的列车关键设备服役状态辨识与预测方法研究[D]. 北京: 北京交通大学, 2014.

[211] LIU Y, ZHENG Y F. FS_SFS: a novel feature selection method for support vector machines[J]. Pattern Recognition, 2006, 39(7):1333-1345.

[212] RICHARD, A J, DEAN W W. Applied multivariate statistical analysis[M]. Publication Prentice Hall, Six ed, New Jersey, 2007.

[213] ÇALIŞIR D, DOGANTEKIN E. A new intelligent hepatitis diagnosis system: PCA-LSSVM[J]. Expert Systems with Applications, 2011, 38(8):10705-10708.

[214] XU C, LIU P, WANG W et al. Evaluation of The Impacts of Traffic States on Crash Risk on Freeways[J]. Accident Analysis and Prevention, 2012, 47: 162-171.

[215] CHEN S, WANG W, ZUYLEN H V. Construct support vector machine ensemble to detect traffic incident[J]. Expert Systems with Applications, 2009, 36(8):10976-10986.

[216] CHEN W H, CHEN S G. The distance between a point and a bezier curve on a bezier surface[J]. World Academy of Science Engineering & Technology, 2010,65: 540-543.

[217] NOWAK, A S., COLLINS K. R. Reliability of Structures[M]. Berlin, CRC Press, 2012.

[218] JOVANOVIĆ D, BAČKALIĆ T, BAŠIĆ S. The application of reliability models in traffic accident frequency analysis[J]. Safety Science, 2011,49:1246-1251.

[219] YU R, SHI Q, ABDELATY M. Feasibility of incorporating reliability analysis in traffic safety investigation[J]. Transportation Research Record: Journal of the Transportation Research Board. 2013,2386(1):35-41.

[220] BASAGA H B, Bayraktar A, Kaymaz I. An improved response surface method for reliability analysis of structures[J]. Structural Engineering & Mechanics, 2012, 42(2):175-189.

[221] HASOFER A M. Exact and invariant second-moment code format[J]. Journal of Engineering Mechanics Division, 1974, 100:111-121.

[222] KIUREGHIAN, A D, LIN H Z, HWANG S. Second-order reliability approximations[J]. Journal of Engineering Mechanics. 1987, 113(8):1208-1225.

[223] LOW B K, TANG W H. Reliability analysis using object-oriented constrained optimization[J]. Structural Safety, 2004, 26(1):69-89.

[224] WILLIAM H, TEUKOLSKY A, VETTERLING W et al. Numerical recipes in C: the art of scientific computing[M]. Cambridge University England Press, 1992.

[225] ALIBRANDI U, ALANI A M, RICCIARDI G. A new sampling strategy for SVM-based response surface for structural reliability analysis[J]. Probabilistic Engineering Mechanics, 2015, 41:1-12.